O CREDO DOS APÓSTOLOS

"Como fui edificado pelo exemplo da vida devocional de Lutero, que orava a Deus os Dez Mandamentos, o Pai Nosso e o famoso Credo dos Apóstolos! Assim, eu me alegrei ao descobrir esta publicação referente ao notável Credo. Ao ler suas páginas, parecia que o Prof. Franklin estava sentado ao meu lado, enquanto explicava o significado das frases desse símbolo e a sua importância para os crentes de todas as gerações e em todas as culturas. Ele acertou em cheio ao afirmar que o Credo sintetiza 'aquilo que é absolutamente essencial e inegociável para a fé cristã, de acordo com a Sagrada Escritura.'"

David Allen Bledsoe, missionário da International Mission Board; professor no Seminário Teológico Batista do Sul do Brasil; autor de *Igreja Regenerada: Uma Eclesiologia Bíblica, Histórica e Contemporânea* e *Zacharias C. Taylor: a Tocha do Evangelho no Brasil*

"Foi ouvindo o Pr. Franklin Ferreira que eu, ainda um jovem seminarista, fui alertado para a importância da catequese (discipulado) na igreja, usando os credos e confissões históricos. Guardei isso no coração. Estudando a história da igreja, vi como o Credo dos Apóstolos foi — e continua sendo — um documento decisivo para a formação de cristãos solidificados na sã doutrina. Pessoalmente, uso o Credo no discipulado das ovelhas que Deus confiou a mim. Como é bom poder contar com recursos preciosos como este livro do Pr. Franklin, que nos ajuda a explorar a sua riqueza! Recomendo-o com entusiasmo para pastores, líderes e ovelhas que desejam firmar os pés no terreno sólido da fé cristã."

Allen Porto, pastor na Primeira Igreja Presbiteriana de Barretos (SP); autor de *Produtividade Redimida*

"O Credo dos Apóstolos é um dos mais antigos e belos documentos do cristianismo. É por isso que suas palavras são tão importantes. Ainda que o Credo não tenha sido escrito pelos apóstolos, pode ser considerado o resumo histórico das verdades essenciais professadas pelos primeiros cristãos. O reformador Martinho Lutero valorizava esse documento, assim como outros tantos importantes personagens cristãos no decorrer da história. O Credo tem servido por séculos a fio como um tipo de baliza que tem ajudado a igreja a permanecer firme em suas doutrinas basilares. O Dr. Franklin Ferreira, com a habilidade de um cirurgião, descreve os valores e significado do Credo, proporcionando aos leitores o conhecimento de um guia seguro que os ajudará a permanecer incólumes num tempo de tanta distorção bíblica e teológica. Com certeza, a leitura deste livro vale a pena."

Renato Vargens, pastor na Igreja Cristã da Aliança (Niterói, RJ); autor de *Masculinidade em Crise e Seus Efeitos na Igreja* e *Reforma Agora: o Antídoto para a Confusão Evangélica no Brasil*

Dados Internacionais de Catalogação na Publicação (CIP) (Câmara Brasileira do Livro, SP, Brasil)

Ferreira, Franklin
    O credo dos Apóstolos : as doutrinas centrais da fé cristã / Franklin Ferreira. – 2. ed. – São José dos Campos, SP : Editora Fiel, 2024. – (Série triológica)

    Bibliografia
    ISBN 978-65-5723-372-6

    1. Credo Apostólico 2. Credo dos Apóstolos - Meditações 3. Doutrina cristã - Ensino bíblico 4. Oração - Cristianismo - Meditações 5. Vida cristã I. Título. II. Série.

24-224472 CDD-238.11

Elaborado por Eliane de Freitas Leite - CRB-8/8415

O Credo dos Apóstolos: as doutrinas centrais da fé cristã

Copyright © 2015 por Franklin Ferreira. Todos os direitos reservados.

•

Copyright © 2015 por Editora Fiel
Primeira edição: 2015
Segunda edição: 2024

Todos os direitos em língua portuguesa reservados por Editora Fiel da Missão Evangélica Literária.
PROIBIDA A REPRODUÇÃO DESTE LIVRO POR QUAISQUER MEIOS, SEM A PERMISSÃO ESCRITA DOS EDITORES, SALVO EM BREVES CITAÇÕES, COM INDICAÇÃO DA FONTE.

Os textos das referências bíblicas foram extraídos da versão Almeida Revista e Atualizada, 2ª ed. (Sociedade Bíblica do Brasil), salvo indicação específica.

•

Diretor: Tiago J. Santos Filho
Editor-chefe: Vinicius Musselman Pimentel
Coordenadoras Gráficas: Gisele Lemes e Michelle Almeida
Editores: Tiago J. Santos Filho e André G. Soares
Transcrição e preparação: Yago Martins
Revisor: Marilene Paschoal
Diagramador: Caio Duarte
Capista: Caio Duarte

ISBN brochura: 978-65-5723-372-6
ISBN e-book: 978-65-5723-373-3

Editora Fiel
Caixa Postal, 1601
CEP 12230-971
São José dos Campos-SP
PABX.: (12) 3919-9999
www.editorafiel.com.br

DEDICATÓRIA

Para Renato Garcia Vargens e Tiago José dos Santos Filho, amigos queridos e confessores da fé.

"Tendo, pois, irmãos, ousadia para entrar no santuário, pelo sangue de Jesus, pelo novo e vivo caminho que ele nos consagrou, pelo véu, isto é, pela sua carne, e tendo um grande sacerdote sobre a casa de Deus, cheguemo-nos com verdadeiro coração, em inteira certeza de fé, tendo os corações purificados da má consciência, e o corpo lavado com água limpa, retenhamos firmes a confissão da nossa esperança; porque fiel é o que prometeu" (Hb 10.19-23).

SUMÁRIO

Apresentação da série 13
Prefácio à segunda edição.. 15
Prefácio à primeira edição 17
Introdução 21

Preâmbulo
    I. Do coração para a boca.. 35
    II. O imperativo bíblico confessional.. 43
    III. A hermenêutica da fé.. 59
    IV. Recapitulação 79
    V. O Deus-Trindade.. 83

Primeiro artigo: Deus Criador
    I. Acima de nós e entre nós 97
    II. Um palco para Deus 105
    III. Aplicações da paternidade de Deus 111

Segundo artigo: Deus redentor
    I. Jesus como enredo unificador da Escritura 133
    II. O único Filho em quem o Pai se revela 143
    III. O senhorio de Jesus 149

IV. O nascimento virginal de Jesus 153
V. O mistério da encarnação.. 161
VI. "Homem de dores"... 169
VII. Crucificação e ressurreição 175
VIII. A vitória de Jesus Cristo 185
IX. Fé em Jesus Cristo, "nosso Senhor" 189
X. Julgamento final 195

Terceiro artigo: Deus restaurador
I. Deus, o Espírito... 207
II. A centralidade do Espírito 215
III. Uma comunhão visível.. 219
IV. Uma igreja para todos 225
V. A santa igreja 231
VI. O indicativo e o imperativo: "santa" e "santos" 245
VII. O futuro assegurado 251

Conclusão 263
Apêndice I: O desenvolvimento do símbolo de fé............................. 265
Apêndice II: Sobre a utilidade do Credo dos Apóstolos 273
Bibliografia... 283

APRESENTAÇÃO DA SÉRIE

A série Triológica é uma *trilogia* de Franklin Ferreira que tem o objetivo de apresentar os *três* pilares sobre os quais a vida cristã se assenta: doutrina, devoção e prática. Os documentos que servirão como base para cada volume também são *três*: o Credo dos Apóstolos, a oração do Pai Nosso e os Dez Mandamentos, respectivamente. Esses antigos escritos, por sua vez, chegaram a nós em *três* línguas: na ordem, latim, grego e hebraico. *Três* também foram as épocas em que foram produzidos: o mais antigo deles, os Dez Mandamentos, foi escrito antes da vinda de Cristo ao mundo; a oração do Pai Nosso foi proferida por Cristo durante sua estadia no mundo; já o Credo dos Apóstolos foi redigido depois da saída de Cristo do mundo.

Uma das mais belas e condensadas confissões de fé curiosamente foi composta pelos algozes de Cristo e estampada no topo da cruz na qual ele foi pendurado: "Jesus Nazareno, o Rei dos judeus" (Jo 19.19). O apóstolo João destaca que essa inscrição foi feita em *três* idiomas: "hebraico, grego e latim" (v. 20) — as mesmas línguas dos documentos nos quais a série Triológica se baseia. Todos os que se achavam em Jerusalém deviam ser capazes de ler a acusação com base na qual a sentença condenatória havia sido expedida. Ironicamente, porém, essa acusação dava testemunho a todos de quem Jesus, o Nazareno, era de fato: o Rei dos judeus. Por essa causa, as autoridades locais solicitaram a Pilatos que mudassem a redação da acusação para "ele disse: Sou o rei dos judeus" (v. 21). Contudo, a resposta do governador foi: "o que escrevi escrevi" (v. 22).

O motivo pelo qual o mundo odiava e odeia Jesus é precisamente a razão que nos leva a amá-lo: ele é o Rei dos judeus que, conforme as promessas do Antigo Testamento, veio para governar todas as nações e instaurar o eterno Reino de Deus no mundo. Assim, com verdade em nossos lábios, temos de confessar que Jesus Nazareno é o Rei dos judeus (doutrina); com o coração repleto de admiração, devemos nos deleitar nessa verdade (devoção); com mãos vívidas, precisamos pregar no topo de cada monte, prédio, casa e poste os mesmos dizeres que, em *três* idiomas, foram afixados no alto da cruz do Senhor (prática):

יֵשׁוּעַ הַנָּצְרִי מֶלֶךְ הַיְּהוּדִים
Ἰησοῦς ὁ Ναζωραῖος ὁ βασιλεὺς τῶν Ἰουδαίων
Iesus Nazarenus Rex Iudaeorum

O nosso desejo é que o Deus *triúno*, Pai, Filho e Espírito Santo, use esta *trilogia* para fortalecer a fé, renovar a devoção e santificar o comportamento de cada leitor. Aproprie-se do tesouro *trilíngue* da Igreja — o Credo dos Apóstolos, a oração do Pai Nosso e os Dez Mandamentos —, guarde-o no coração e fale da sua exuberância para todos.

André G. Soares
Editor

PREFÁCIO À SEGUNDA EDIÇÃO

Desde que foi lançado em 2015, meu livro sobre o *Credo dos Apóstolos* teve como propósito proporcionar uma explicação clara e de fácil entendimento de cada artigo dessa antiga confissão de fé, focando naqueles pontos que constituem o "cristianismo puro e simples". A boa recepção que o livro obteve ao longo destes anos evidencia quanto o *Credo* ainda ressoa em muitas pessoas que buscam compreender e viver as verdades fundamentais da fé cristã. É com imensa felicidade que ofereço agora uma edição atualizada deste trabalho, que inclui novas seções reflexivas sobre desafios atuais e explora de forma mais profunda questões teológicas e éticas que têm gerado debates acalorados na comunidade eclesiástica e na sociedade em geral.

Nesta nova edição revisada do Credo, mantive o compromisso de examinar cada artigo com clareza e simplicidade mantendo a fidelidade ao espírito do texto original. Porém, agora, por conta da crescente hostilidade contra o cristianismo na esfera pública em todo o Ocidente, introduzi três novas seções que tratam de questões essenciais ao debate contemporâneo, como homossexualidade e aborto, no contexto da reflexão sobre Deus Pai, o Criador, bem como sacramentos/ordenanças, ao refletir sobre a santa igreja católica. A inclusão desses temas específicos foi feita criteriosamente, não somente por sua importância atual, mas também por seu impacto direto no testemunho da fé cristã atualmente.

Incluir seções sobre homossexualidade e aborto é importante para lidarmos com esses assuntos com fidelidade à Escritura Sagrada e à tradição cristã. Em um mundo onde as opiniões sobre sexualidade e natalidade frequentemente geram debates acalorados, tive por objetivo apresentar uma visão que seja consistente com os ensinamentos cristãos, mas também sensível às necessidades pastorais dos leitores, buscando orientá-los de forma breve e direta na compreensão de como a fé pode ser aplicada aos debates desses temas.

Por último, a parte relativa a sacramentos/ordenanças tem como objetivo aprofundar a compreensão desses elementos centrais da prática litúrgica e eclesiástica cristã, investigando seu significado, propósito e importância como meios de se entrar e permanecer na santa igreja católica. A prática dos sacramentos/ordenanças, como a pregação, o batismo e a ceia do Senhor, não é apenas uma questão de tradição, mas um aspecto vital da fé que nos liga diretamente ao coração do evangelho.

Minha expectativa é que essa versão atualizada continue sendo uma fonte de edificação para todos que buscam uma compreensão mais profunda do *Credo dos Apóstolos* e de como ele é relevante em nossa vida cristã cotidiana. Que essa obra possibilite e incentive os leitores a viverem sua fé de forma mais completa e conscientemente ao lidarem com os desafios atuais à luz da verdade eterna do evangelho, como resumido no *Credo dos Apóstolos*.

Quero expressar minha gratidão a todos que me acompanharam nesta jornada. Oro e espero que este livro revisado e ampliado possa continuar trazendo bênçãos a muitos leitores em suas reflexões sobre as doutrinas centrais da fé cristã.

Ad maiorem Dei gloriam,

Franklin Ferreira
Reitor e professor de Teologia Sistemática
e História da Igreja no Seminário Martin Bucer
Montecassino, Itália, em setembro do Ano de Nosso Senhor de 2024

PREFÁCIO À PRIMEIRA EDIÇÃO

O objetivo desta obra é meditar sobre o antigo documento cristão conhecido como Credo dos Apóstolos. Por meio da exposição deste documento, gostaria de colocar diante do leitor os temas doutrinais cristãos que são absolutamente inegociáveis e vitais, se queremos preservar uma identidade cristã genuína nos dias atuais.

Muito da tradição protestante brasileira foi moldada pelo antigo fundamentalismo evangélico, nascido em fins do século XIX, e oriundo do sul dos Estados Unidos. Entre outros, este nos legou uma aversão aos credos da igreja e às confissões de fé. Mas, ao estudar sobre os martírios ocorridos no início da Reforma Protestante do século XVI, impressiona um incidente trágico ocorrido no começo do reinado de Henrique VIII, na Inglaterra – ocorrido antes da chegada da fé protestante àquele país, quando o rei ainda era católico e firme defensor desta confissão. Mesmo antes da chegada do protestantismo ao país, muitos pagaram o preço mais alto pela fé cristã. Um homem foi convocado a se apresentar ao Bispo de Coventry, e fizeram a ele uma perigosa pergunta: "É verdade que você ensinou o Credo dos Apóstolos, os Dez Mandamentos e o Pai Nosso em língua inglesa para os seus filhos?" E ele respondeu, corajosamente, ao bispo: "Sim, é verdade". Então, por tal crime, aquele pai foi queimado na estaca, e seus filhos, desterrados.[1] Para aqueles mártires, o ensino cristão como resumido no Credo dos Apóstolos era vital para a fé e a piedade saudáveis.

Ainda que muitos tenham sido criados num ambiente influenciado pelo conceito de rejeição aos credos da igreja e confissões de fé, precisamos voltar ao Credo dos Apóstolos. Os ensinos contidos neste documento são essenciais para nos guiar no tempo em que vivemos. Como veremos logo na introdução desta exposição, a Igreja cristã não seria igreja como a conhecemos hoje sem a doutrina cristã. Portanto, precisamos valorizar o ensino cristão, especialmente a base da nossa fé, aquilo que nos é mais caro, como afirmado e resumido no Credo dos Apóstolos.

Podemos pensar no edifício doutrinal como que formado por três andares básicos. Temos, no primeiro andar, o mais importante, as doutrinas cristãs consensuais, as quais quero enfatizar e apresentar neste trabalho; no segundo andar, temos aqueles ensinos que podemos chamar de doutrinas evangélicas, posto que tratam das doutrinas da graça como redescobertas na Reforma protestante do século XVI; e, no terceiro andar, podemos colocar as doutrinas distintivas das várias denominações protestantes, que ganharam importância especialmente a partir do século XVII: batismo, ceia do Senhor, o sistema de governo eclesial, etc. Não raro, pelo menos na percepção deste autor, somos muito precisos e rápidos em afirmar o segundo nível – as doutrinas evangélicas ou distintamente

---

1 No total sete pessoas influenciadas pelos ensinos do pré-reformador João Wycliffe, e conhecidos como "lolardos", foram queimadas na fogueira na cidade de Coventry por ensinarem aos seus filhos o Credo dos Apóstolos, os Dez Mandamentos e o Pai Nosso. Todos eram de origem humilde, e seus nomes eram: Mestre Archer (sapateiro), Thomas Bond ou Bowen (sapateiro), Mestre Hawkins (sapateiro), Robert Hockett, ou Hatchet ou Hatchets (sapateiro ou curtidor), Thomas Lansdail ou Lansdale (alfaiate), Mestre Wrigsham (luveiro) e uma viúva, Joan Smith ou Joanna Smyth, queimados em 4 de abril de 1520. Na cidade há um monumento, em Little Park Street, que, curiosamente, oferece a data de 1519 para os martírios. Cf. "Coventry Martyrs", em: https://en.wikipedia.org/wiki/Coventry_Martyrs. Para mais informações sobre João Wycliffe, cf. Franklin Ferreira, *Servos de Deus: Espiritualidade e Teologia na História da Igreja* (São José dos Campos: Fiel, 2014), p. 130-40.

protestantes, ou pelo menos algumas delas, especialmente nas polêmicas contra o catolicismo romano; e, algumas vezes, as principais desavenças entre os protestantes estão no terceiro nível – aquelas doutrinas que distinguem os diferentes grupos denominacionais. O nosso foco aqui será o primeiro nível, as doutrinas distintamente cristãs, ensinos comuns à mais ampla gama possível de cristãos. Trataremos, portanto, daqueles ensinos que homens e mulheres, crianças, adolescentes, jovens e adultos precisam conhecer para serem considerados, de fato, como cristãos. Estes precisam aceitar e apreciar como fundamentais os ensinos afirmados e confessados no Credo dos Apóstolos.

O objetivo desta obra, então, é expor os temas doutrinais que sempre têm sido reputados como bíblicos, ortodoxos e essencialmente consensuais entre todo o corpo cristão. Trataremos, portanto, daquilo que é conhecido como o "cristianismo básico", o "cristianismo puro e simples" (Richard Baxter; C. S. Lewis) – aquelas doutrinas absolutamente centrais e essenciais para a fé cristã.

Como o leitor notará, este livro, que se propõe ser um auxílio para a instrução cristã básica, tem um formato diferente. Em vez de capítulos, o livro é dividido em seções ou partes, seguindo a estrutura trinitária do Credo dos Apóstolos. O que pode ser considerado como capítulos são os artigos que compõem as várias seções ou partes deste documento. O sumário é estruturado para ajudar o leitor a localizar rapidamente qual artigo ou tema ele quer ler ou pesquisar, em conexão com a seção apropriada.

Para aqueles que desejarem estudos mais aprofundados sobre as doutrinas aqui expostas, especialmente a fundamentação histórica e exegética das mesmas, recomendo consultar a obra *Teologia Sistemática: uma Análise Histórica, Bíblica e Apologética para o Contexto Atual*, que escrevi em coautoria com Alan D. Myatt. O *Curso Vida Nova de Teologia Básica: Teologia Sistemática*, de minha autoria, pode ser de ajuda, sendo uma

O CREDO DOS APÓSTOLOS

versão mais resumida que a anterior. Ambos foram publicados por Edições Vida Nova.[2]

Esta obra, originalmente, nasceu de palestras que, transcritas, são aqui publicadas, com revisões, acréscimos, notas de rodapé e bibliografia. Tive o privilégio de expor o Credo dos Apóstolos em duas palestras realizadas em outubro de 2012, na 28ª Conferência Fiel para Pastores e Líderes do Ministério Fiel, em Águas de Lindóia, São Paulo. Depois proferi uma versão estendida desta exposição em fevereiro de 2014, na Escola Teológica Charles Spurgeon, em Fortaleza, Ceará.

Agradeço ao editor Tiago José dos Santos Filho e a revisora, Marilene Lino Paschoal. Agradeço, igualmente, a Yago de Castro Martins, que transcreveu com maestria as palestras que serviram de base para esta obra. Estendo minha gratidão a Gaspar Rodrigues de Souza Neto, que leu uma seção deste livro e fez importantes sugestões. Eventuais erros e imprecisões são de minha inteira responsabilidade. Sou, mais uma vez, especialmente grato a Deus por minha esposa, Marilene, e por minha filha, Beatriz, pelo amor e apoio constante em todo o tempo.

> "E digo-vos que todo aquele que me confessar diante dos homens também o Filho do homem o confessará diante dos anjos de Deus. Mas quem me negar diante dos homens será negado diante dos anjos de Deus." (Lc 12.8-9)

....

[2] O leitor notará que esta exposição se atém ao que é ensinado explícita ou implicitamente no Credo dos Apóstolos. Portanto, não serão desenvolvidos os ricos e profundos temas cristológicos definidos no Credo de Niceia, no Credo de Atanásio e na Definição de Fé de Calcedônia, ainda que sejam pressupostos neste estudo, como o leitor perceberá.

INTRODUÇÃO

Comecemos este estudo sobre o *Credo dos Apóstolos* citando as palavras de abertura da obra *A tradição cristã*, de Jaroslav Pelikan: "O que a igreja de Jesus Cristo acredita, ensina e confessa com base na palavra de Deus: essa é a doutrina cristã. (...) A igreja cristã não seria a igreja que conhecemos sem a doutrina cristã".[1] Esta é uma declaração bem ousada, especialmente em uma época como a nossa, onde o apreço pela doutrina, instrução e ensino cristãos tem sido lenta e melancolicamente colocado de lado. A ênfase de Pelikan é que se a igreja crê na Palavra de Deus, então, a partir da própria Palavra de Deus, aprenderemos alguns enunciados que são capitais e vitais para uma igreja que quer ser verdadeiramente cristã, enunciados esses que são chamados de *doutrina cristã*.

Diante disto, podemos declarar que não há igreja cristã que não confesse também doutrinas cristãs. Parece-me que a questão mais urgente, especialmente tendo em vista o momento em que vivemos, é: Quais são aquelas doutrinas essenciais para a fé cristã? Quais são aqueles enunciados deduzidos da Escritura que não têm como serem negociados? E, colocando-se a questão de forma dramática: Quais são aqueles ensinos bíblicos pelos quais somos chamados a viver e, se necessário, também a

---

[1] Jaroslav Pelikan, *A Tradição Cristã: o Surgimento da Tradição Católica 100-600*, vol. 1, *Uma História do Desenvolvimento da Doutrina* (São Paulo: Shedd, 2014), p. 25.

morrer? A resposta para estas perguntas está naqueles enunciados que encontramos no *Credo dos Apóstolos*.

O *Credo dos Apóstolos* é uma apresentação do ensino bíblico, ortodoxo e consensual, "aquilo que foi crido em todo lugar, em todo tempo e por todos" (*quod ubique, quod semper, quod ab omnibus*) os cristãos, para citar as famosas palavras de Vicente de Lérins, um Pai da Igreja do século VI.[2] Na época da Reforma protestante, Martinho Lutero valorizou o *Credo dos Apóstolos* em seu *Breve Catecismo* e no seu *Catecismo Maior*; João Calvino comentou-o para benefício da igreja em Genebra em sua obra *Instrução na Fé*, e o *Catecismo de Heidelberg* também comenta este *Credo*. Ainda que o *Breve Catecismo de Westminster* não tenha oferecido uma exposição do *Credo dos Apóstolos*, traz o *Credo* no seu apêndice. Além disso, ao mesmo tempo em que os protestantes valorizaram o *Credo*, ele também era, na mesma época, um símbolo de fé importante para os Ortodoxos e para os Católicos Romanos. Neste sentido, então, o *Credo dos Apóstolos* é essa apresentação do que é bíblico, ortodoxo, consensual e comum à ampla gama dos cristãos.

Diante disto, cabe-nos questionar se é possível ou razoável alguém se identificar como cristão e não crer em todas as cláusulas expressas no *Credo*. Será que alguém pode ser cristão e não crer no nascimento virginal de Cristo? Será que alguém pode ser cristão e não crer que Cristo morreu de

---

[2] Vicente de Lérins, *Commonitorium* II,3, citado em Henry Bettenson, *Documentos da Igreja Cristã* (São Paulo: ASTE, 1998), p 148-50. Uma das melhores obras sobre Vicente de Lérins é o livro de Thomas G. Guarino, *Vincent of Lérins and the Development of Christian Doctrine* (Grand Rapids: Baker Academic, 2013). Depois de questionar a noção popular de que Vicente era semipelagiano, e de rejeitar a errônea interpretação de que este dito famoso seria antiagostiniano, o autor conclui afirmando que tal dedução é uma distorção do pensamento de Vicente, e, citando William O'Connor, afirma que "uma leitura imparcial do *Commonitorium* não evidencia nenhum traço de semipelagianismo ou ataques secretos contra Agostinho e sua doutrina" (p. xxvi). Agostinho não é citado nem uma vez na obra. As heresias que Vicente rejeita em seu livro são, entre outras, o donatismo, o arianismo, o apolinarianismo, o pelagianismo e, especialmente, o nestorianismo (cf. XI-XV), ao mesmo tempo que polemiza contra Orígenes e Tertuliano. E em nenhum momento na obra as formulações soteriológicas de Agostinho são citadas, ainda mais equiparadas a estas heresias. Curiosamente, outra obra de Vicente de Lérins, *Excerpta Vincentii*, é uma "coletânea de frases sobre a Santíssima Trindade e sobre a Encarnação, em grande parte extraídas dos escritos de Agostinho" (p. xvii), deixando claro ser ele um "fervoroso admirador" da obra de Agostinho (p. xxvi). Deve-se destacar que a teologia católica rejeitou o ensino associado com o semipelagianismo como herético no sínodo de Orange, de 529.

fato, descendo à mansão dos mortos? Será que é possível alguém ser cristão e não crer na ressurreição do corpo? Alguém pode se dizer cristão e negar qualquer dos artigos ou enunciados do *Credo*?

O *Credo* oferece aquele núcleo da verdade cristã que determina e baliza se uma determinada igreja é cristã ou não. Um exemplo que podemos usar seria a ideia do Teísmo Aberto, que alcançou alguma popularidade em certos círculos e, durante algum tempo, aqui no Brasil. Tal teologia defende não somente que Deus não é todo-poderoso, mas também defende a impossibilidade de onisciência plena de Deus, em clara ruptura com o que é afirmado pela tradição clássica.[3] O *Credo*, por sua vez, afirma duas vezes que o Pai é todo-poderoso. A ideia original é que o Pai tem todo o poder. Se você notar o *Credo* ensina que por ser o Pai todo-poderoso é que ele pode ser o criador dos céus e da terra. Esta é uma declaração básica e sucinta. Uma pessoa pode se dizer cristã negando uma importante cláusula deste documento confessional? Será que ela pode se identificar como uma cristã genuína negando algum ponto desse documento?

O Credo dos Apóstolos

O *Credo*, como comumente é recitado por católicos, ortodoxos e protestantes, é o seguinte:

Creio em Deus, o Pai todo-poderoso, criador do céu e da terra.

E em Jesus Cristo, seu único Filho, nosso Senhor,
que foi concebido pelo poder do Espírito Santo, nasceu da Virgem Maria,
padeceu sob Pôncio Pilatos, foi crucificado, morto e sepultado;
desceu à mansão dos mortos; ressuscitou ao terceiro dia;

---

3 Para mais informações sobre este desvio da doutrina bíblica de Deus, cf. especialmente Douglas Wilson (org.), *Eu (Não) Sei (Mais) em quem Tenho Crido: a Falácia do Teísmo Relacional* (São Paulo, Cultura Cristã, 2006), e John Frame, *Não Há Outro Deus: uma Resposta ao Teísmo Aberto* (São Paulo, Cultura Cristã, 2006).

subiu aos céus; está sentado à direita de Deus Pai todo-poderoso, donde há de vir a julgar os vivos e os mortos.

Creio no Espírito Santo,
a santa Igreja católica, a comunhão dos santos,
a remissão dos pecados,
a ressurreição da carne,
a vida eterna.
Amém.

Segue o texto original em latim:

Credo in Deum Patrem omnipotentem, Creatorem caeli et terrae,
et in Iesum Christum, Filium Eius unicum, Dominum nostrum,
qui conceptus est de Spiritu Sancto, natus ex Maria Virgine,
passus sub Pontio Pilato, crucifixus, mortuus, et sepultus,
descendit ad inferos, tertia die resurrexit a mortuis,
ascendit ad caelos, sedet ad dexteram Dei Patris omnipotentis,
inde venturus est iudicare vivos et mortuos.

Credo in Spiritum Sanctum,
sanctam Ecclesiam catholicam, sanctorum communionem,
remissionem peccatorum,
carnis resurrectionem,
vitam aeternam.
Amen.

A versão do *Credo* que usaremos, porém, possui três modificações que o torna levemente diferente das traduções comuns. Tomo a liberdade de fazer uma pequena modificação no uso da vírgula na primeira sentença (seguindo o texto como está no *Livro de Concórdia* e no *Catecismo da Igreja Católica*). O texto tradicional diz: "Creio em Deus o Pai todo-poderoso, criador do céu e da terra", mas incluo uma vírgula após "Deus" por um motivo simples. O cristão crê em Deus Pai, Filho e Espírito. Meu foco aqui, portanto, será oferecer uma interpretação trinitária do *Credo dos Apóstolos*. Em outras palavras, aquele que adere àquilo que a igreja crê, afirma: "Creio em Deus, que se revela como Pai, Filho e Espírito Santo", o Deus-Trindade.

Em segundo lugar, sigo outra tradução da expressão latina *descendit ad inferos*, que é comumente traduzida para o português em algumas versões do *Credo* como "desceu ao inferno". Esta é uma tradução que não faz muito sentido à luz do dogma bíblico sobre a morte de Cristo – e comentaremos mais sobre isso adiante. Então, parece-me que uma tradução possível e mais acurada, seguindo o *Catecismo da Igreja Católica*, seria "Cristo desceu à mansão dos mortos".

Por fim, sei que algumas pessoas estranharão a estrutura gramatical do último artigo. No entanto, "Creio no Espírito Santo, a santa Igreja católica, a comunhão dos santos, a remissão dos pecados, a ressurreição da carne e a vida eterna" é a estrutura que faz mais sentido à luz do ensino bíblico. Nós não cremos *na* santa igreja católica ou *na* comunhão dos santos. Nós cremos no Espírito Santo e em tudo o que ele é e em toda a sua obra. A ideia que deve ser destacada é que tudo o que vem depois do "creio no Espírito" apresenta a obra do próprio Espírito Santo, na qual cremos.[4]

O Credo e as Escrituras

A pergunta que surge, então, é: Por que não há "creio... na Escritura"? Por que não há uma afirmação deste tipo? Nós cremos que a Escritura é

---

4 Heinrich Denzinger, *Compêndio dos Símbolos, Definições e Declarações de Fé e Moral* (São Paulo: Paulinas & Loyola), 2013, p. 19.

a Palavra de Deus. Cremos que, quando paramos para meditar no texto sagrado, Deus mesmo fala conosco por meio do Espírito Santo às nossas mentes e coração. Por que não há, então, "creio na Escritura Sagrada"?

Cirilo de Jerusalém afirmou que "esta síntese da fé não foi feita segundo as opiniões humanas: mas recolheu-se de toda a Escritura o que nela há de mais importante, para apresentar na íntegra aquilo e só aquilo que a fé ensina. E, tal como a semente de mostarda contém, num pequeno grão, numerosos ramos, do mesmo modo este resumo da fé encerra em algumas palavras todo o conhecimento da verdadeira piedade contido no Antigo e no Novo Testamento".[5] E João Calvino afirmou que é porque "ele [o *Credo*] nada contém de doutrina humana. Pelo contrário, é uma coleção de testemunhos certíssimos da Escritura".[6]

Em outras palavras, Cirilo e Calvino, de forma bem perspicaz, entenderam que somente se pode afirmar o *Credo* a partir de uma compreensão da inspiração da Sagrada Escritura. O *Credo* só tem razão de ser a partir da crença de que o Espírito Santo soprou as palavras que formam a Sagrada Escritura.

A Sagrada Escritura é um texto autoritativo. Nós temos de tratar com respeito o texto da Sagrada Escritura. Nós temos de receber o texto da Escritura em obediência. Então, por conta disso, podemos deduzir algumas doutrinas que são vitais, que são inegociáveis, que são testemunhadas pela Sagrada Escritura. Assim, não há "creio... na Escritura" porque todo o *Credo* depende da Sagrada Escritura. A Escritura, por assim dizer, é o que dá a linguagem e a estrutura ao *Credo*. A Escritura oferece os subsídios que formam o *Credo*.

---

[5] Cirilo de Jerusalém, *Cathecheses illuminandorum*, 5.12, citado em *Catecismo da Igreja Católica*, edição típica vaticana (São Paulo: Loyola, 2000), p. 60.
[6] João Calvino, "Instrução na Fé ou Catecismo de Calvino", em *João Calvino: Textos Escolhidos* (São Paulo: Pendão Real, 2008), p. 64.

INTRODUÇÃO

O Credo como "símbolo de fé"

Por volta do século IV começaram a circular histórias sobre o processo de formação do *Credo dos Apóstolos*. Há quem diga que cada um dos doze apóstolos foi oferecendo um dos artigos do *Credo*, formando o texto integral antes de cada um se separar, para pregar o evangelho em outras localidades. Isto, porém, é uma crença sem qualquer fundo de verdade histórica para corroborar essa posição. Tal suposição se tornou fora de moda no século XV. O *Credo dos Apóstolos* foi assim chamado não por ter sido escrito pelos apóstolos, mas por conter a doutrina apostólica, baseada no Antigo e Novo Testamentos. Por exemplo: ao lermos a afirmação de que o Pai todo-poderoso é o criador dos céus e da terra, nossa mente é automaticamente remetida ao primeiro capítulo de Gênesis, onde Deus simplesmente dá uma ordem e pela sua palavra céus e terra são criados. Deus simplesmente dá um comando e onde nada existia, passa a existir alguma coisa, seja terra, água, céus ou animais do campo, aves nos céus. O *Credo* não foi escrito pelos apóstolos, mas suas ideias podem ser deduzidas tanto do Antigo quanto do Novo Testamentos.

A história da formação do *Credo* está conectada com o nascimento da Igreja cristã.[7] A forma integral do que conhecemos hoje como *Credo dos Apóstolos* teve sua origem em torno do século VIII na Gália, atual França – mencionado num sermão de Cesário de Arles. Entretanto, partes dele já eram bem mais antigas e se acham nos escritos de alguns Pais da Igreja, e eram chamados de "regra de fé" ou "tradição". No final do século III, Hipólito de Roma, que foi presbítero na capital do Império, em sua obra *Tradição Apostólica*, ofereceu uma profissão de fé estruturada em forma de perguntas que lembra muito o *Credo*. Um escriba transcreveu uma explicação de Ambrósio de Milão ao "símbolo", por volta do fim do século IV. Agostinho

....

[7] Para uma breve história do *Credo dos Apóstolos*, cf. G. W. Bromiley, "Credo, Credos", em Walter Elwell (ed.), *Enciclopédia Histórico-Teológica da Igreja Cristã*, vol. 1 (São Paulo, Vida Nova, 2009), p. 365-67. Cf. também Denzinger, *Compêndio*, p. 19-28.

de Hipona não nos ofereceu a forma exata do *Credo* como temos hoje, mas uma profissão de fé muito parecida, também no século IV, em pelo menos dois sermões. Tirânio Rufo, no século V, elaborou uma explanação do "símbolo" para os cristãos de sua cidade natal, Aquileia – e que também é o primeiro fragmento do *Credo* a trazer a expressão "desceu aos infernos". De qualquer forma, o texto final do *Credo* apareceu no ritual batismal romano, no século X, recebida da liturgia gálica. Esta repetição de uma fórmula tripartida trinitária, referindo-se a cada pessoa divina, funcionou como um resumo daquilo que era e ainda é essencial à fé cristã. Curioso é que estes autores citem essa fórmula tripartida muito parecida com o *Credo dos Apóstolos*, mas nenhuma vez esta fórmula é igual à outra. Há algumas variações, algumas mudanças. Em um, uma doutrina é incluída; em outra, determinada doutrina não é mais enfatizada. Ainda assim, foi Irineu de Lyon, no começo do século III, quem primeiro falou de uma tradição apostólica, que estaria subordinada à Escritura, e que seria uma declaração de fé resumida, a respeito da qual não poderia haver debate algum.

Antes de prosseguirmos, talvez seja útil repetir que, para os Pais da Igreja, a tradição não era um corpo de ensinos que estaria ao lado da Escritura. A tradição seria um resumo daquilo que é essencial à fé como revelada na Sagrada Escritura, e que não é matéria de debate. Ou recebemos essa tradição como verdadeira, ou não nos encontramos mais, de fato, dentro da esfera da fé, devoção e comunhão cristã. Então, Irineu de Lyon chamava essas primeiras versões do *Credo* de tradição.

O *Credo* é chamado algumas vezes de "Símbolo de Fé" (*Symbolum Apostolicum*), e ainda é conhecido assim por algumas igrejas. No mundo romano antigo, quando o imperador tinha problemas nas fronteiras, por exemplo, com os povos bárbaros, ele enviaria suas legiões para proteger aquela fronteira das invasões bárbaras. Então, quando as tropas precisavam se separar para fazer algum tipo de movimento de cerco, por exemplo, os comandantes dessas legiões quebrariam um vaso, pegariam dois cacos que se encaixassem perfeitamente e cada um ficaria com um dos cacos. Se as tropas tivessem que se comunicar, como saber que o mensageiro não foi interceptado e a mensagem verdadeira não foi modificada? O legado mandaria o mensageiro para alcançar a outra tropa militar com o pedaço do caco do vaso. Ao chegar no acampamento, ele entregaria a mensagem com o caco do vaso, que seria unido com o caco do legado que estava recebendo a mensagem, e atestaria que a mensagem vinha realmente do comandante da outra unidade; que seria realmente uma mensagem legítima e que ele precisava acatar essa mensagem. A este reconhecimento dava-se o nome de "símbolo" (*symbolum*). Esta era, portanto, uma palavra de uso militar, que era empregada para impedir a interceptação da mensagem ou a corrupção da mensagem por algum inimigo. Essa palavra foi adaptada para o âmbito da fé cristã.[8] O "Símbolo de Fé" era um meio de reconhecimento entre cristãos que sustentavam a verdadeira fé bíblica. Como se identificaria, no mundo antigo, um cristão genuíno? Por ele, entre outras formas de reconhecimento, conhecer o *Credo*, também chamado de "símbolo".

Os cristãos do primeiro século acabaram criando vários artifícios para se preservarem. O cristão estava sentado em uma praça e tinha uma desconfiança que uma pessoa possuía um comportamento um pouco diferente, aparentemente cristão. Ele desenhava na areia, com uma vareta ou com o dedo, metade da imagem de um peixe. Se aquela pessoa, na praça ou no mercado, fosse cristã, ele completaria o desenho formando o peixinho. Peixe, no grego, se escreve ICHTUS, que servia como acrônimo da expressão *Iēsous Christos Theou Yios Sōtēr*, que significa "Jesus Cristo, Filho de Deus, Salvador". Então, eles se identificavam como cristãos. Isso era necessário porque a comunidade cristã era perseguida

....

[8] Justo L. González, *História Ilustrada do Cristianismo: a Era dos Mártires até a Era dos Sonhos Frustrados*, vol. 1 (São Paulo: Vida Nova, 2011), p. 68-69.

pelo império romano, nos primeiros séculos da história da igreja. Havia também grupos heréticos como gnósticos, marcionitas, montanistas, pelagianos e donatistas tentando perverter a mensagem da igreja cristã. A igreja, então, criou um grupo de sinais para proteger sua missão e sua mensagem. O *Credo*, o Símbolo de Fé, seria uma dessas salvaguardas.

Os primeiros escritores cristãos entendiam sagazmente que não adiantava debater a Escritura com os grupos heréticos à margem da igreja cristã, porque eles constantemente distorceriam a mensagem da Escritura, o significado dos textos particulares.[9] O que era importante era debater o *Credo*. Certa pessoa crê no Símbolo? Se sim, ela é reconhecida como cristã. Tal pessoa não crê no Símbolo? Isso seria mau sinal e indicaria que ela não tem a Escritura como a única Palavra de Deus e, por isso, estaria distorcendo ensinos centrais da fé cristã. Então, os primeiros escritores cristãos não perderiam tempo debatendo as Escrituras com os heréticos. Eles debateriam este resumo, chamado de Tradição ou Símbolo de Fé, que seria o símbolo de que uma pessoa aderiu de fato à fé cristã. Se ela aceitasse o *Credo*, aí sim eles debateriam a Bíblia com ela. Se ela não aceitasse o *Credo*, ela era considerada como à margem da igreja — alguém, inclusive, lutando contra a igreja.

---

9 Cf. Franklin Ferreira, *Servos de Deus: Espiritualidade e Teologia na História da Igreja* (São José dos Campos: Fiel, 2014), p. 40-50.

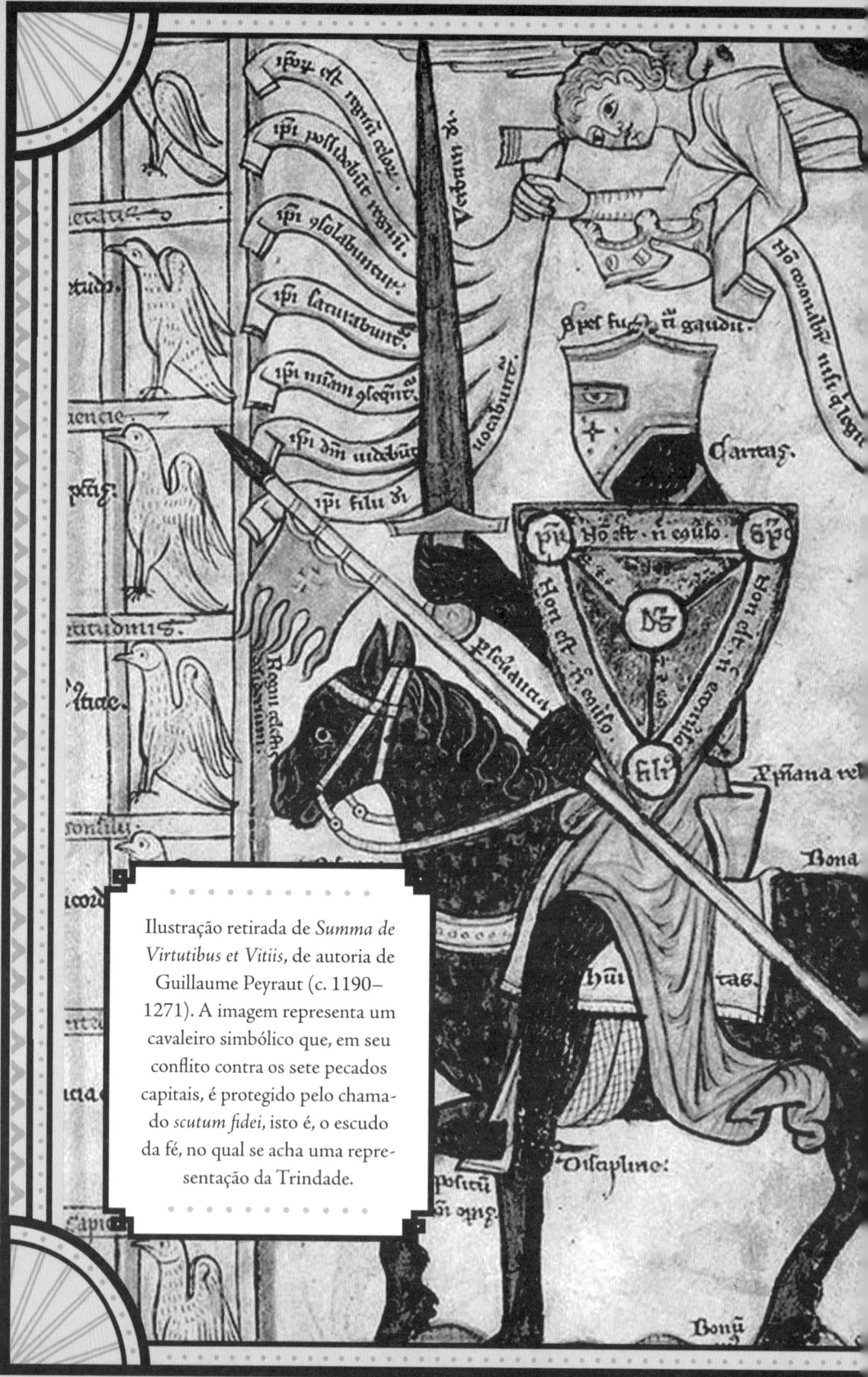

Ilustração retirada de *Summa de Virtutibus et Vitiis*, de autoria de Guillaume Peyraut (c. 1190–1271). A imagem representa um cavaleiro simbólico que, em seu conflito contra os sete pecados capitais, é protegido pelo chamado *scutum fidei*, isto é, o escudo da fé, no qual se acha uma representação da Trindade.

Preâmbulo

...

"Creio em Deus..."

I. DO CORAÇÃO PARA A BOCA

Comecemos esta exposição pela primeira palavra do Símbolo, "creio...". Alister McGrath, em seu comentário ao Credo, afirma: "O *Credo* foi escrito em latim e (...) suas palavras iniciais — *Credo in Deum* — são tradicionalmente traduzidas por 'creio em Deus'. (...) Traduções bem mais precisas seriam 'tenho confiança em Deus', 'deposito minha confiança em Deus' ou apenas 'confio em Deus'. A tradução (...) tem o objetivo de expressar uma declaração bem mais vigorosa".[1]

Para aqueles que vieram de um contexto católico romano, o que costuma ficar na memória a respeito do *Credo* é de sua recitação automática, em algum momento da missa. A pessoa aprendeu o *Credo* através de alguma aula de catequese e, algumas vezes, o recitou sem pensar, sem tentar entender cada cláusula. Essa recitação mecânica acaba por distorcer o significado da primeira palavra do Símbolo. A primeira palavra desse texto exige confiança em Deus. Esta primeira palavra não está desconectada do restante do texto. A ideia aqui é que somente podemos recitar o texto se confiarmos no que o texto está ensinando a nós. De outra forma, "*Credo*" não faz

---

1 Alister McGrath, *Creio* (São Paulo: Vida Nova, 2013), p. 22.

sentido. Portanto, o *Credo* exige que eu, pessoalmente, confie de fato em Deus, que vem a nós como Pai, Filho e Espírito Santo. O *Credo* pressupõe uma relação de confiança, de entrega àquele que é a matéria de fé do próprio *Credo*. Então, o "creio" implica confiança, compromisso e obediência.

Visto que este documento é um resumo daquilo que é mais importante na Bíblia, isso significa que quando eu coloco minha confiança naquilo que está sendo recitado e confessado no *Credo*, estou me comprometendo com aquelas doutrinas e ensinos bíblicos que não são negociáveis e são dignos de nossa obediência em suas implicações. Isso porque a expressão "credo" ou "creio", segundo J. N. D. Kelly, é "uma fórmula fixa que sumaria os artigos essenciais da fé cristã e que goza de sanção eclesiástica".[2] É uma afirmação dos pontos essenciais da fé cristã, com as quais se espera que todos os cristãos concordem.

Uma fé pessoal

A ideia aqui é que eu, pessoalmente, preciso confiar no Deus que eu confesso; preciso me agarrar àquele que eu estou confessando, isto é, Deus em sua revelação como Pai, Filho e Espírito Santo.

John Wesley pode nos servir como exemplo de uma confiança e crença que se agarra ao objeto da fé. Lembre-se que Wesley era pregador e doutor em Teologia pela Universidade de Oxford e já havia servido na própria universidade, ajudara os pobres e os necessitados e servira como missionário na Geórgia, nas Treze Colônias (que se tornariam os Estados Unidos). Depois de ter feito tudo isso, ele experimentou sua famosa e dramática mudança de vida, na reunião dos morávios em Aldersgate, em Londres. Ele tinha acabado de voltar completamente derrotado de um

....

2 Citado em R. P. Martin, "Credo", em J. D. Douglas, *O Novo Dicionário da Bíblia* (São Paulo: Vida Nova, 2006), p. 277.

I. Do coração para a boca

trabalho missionário na Geórgia. Ele era ortodoxo. Suas crenças eram ortodoxas. Ele cria nas doutrinas bíblicas do pecado original, da justificação pela graça e da santificação. Algo, porém, faltava a ele. Como ele mesmo diz posteriormente, ele tinha a fé, mas de um escravo, de um servo, não a fé exercida por um filho. Até que ele foi desafiado por alguns cristãos morávios a ir a uma reunião deles, em Londres. Sobre isto, ele relata:

> À noite [de 24 de maio de 1738] fui muito a contragosto a uma sociedade [reunião] na rua Aldersgate, onde alguém estava lendo o prefácio do comentário de Lutero sobre a epístola aos Romanos. Por volta de quinze minutos para as nove [horas], enquanto ele estava descrevendo a mudança que Deus opera no coração através da fé em Cristo, eu senti o meu coração estranhamente aquecido. Eu senti que confiava em Cristo, em Cristo somente, para a minha salvação; e foi-me dada a certeza de que ele havia levado os meus pecados, os meus próprios, e me havia salvo da lei do pecado e da morte.[3]

Essa é uma ilustração de um homem que conhecia intelectualmente as doutrinas centrais da fé cristã, que as abraçava e que chegou a pregá-las. Ele pregava sobre justificação pela graça. Ele pregava sobre a santificação como um princípio da vida cristã — de fato, Wesley enfatizava muito a santificação, de onde vem o motivo de Wesley e Whitefield, além de outros companheiros, serem chamados pejorativamente de metodistas, "os metódicos". No entanto, apesar de tudo isso, Wesley ainda não tinha alcançado confiança no Deus vivo. Isso só veio a mudar com uma pessoa lendo o prefácio à epístola de Romanos que Martinho Lutero havia escrito quase duzentos anos antes. Enquanto alguém lia aquele prefácio, o coração de Wesley foi estranhamente aquecido, e ele provou uma transformação, uma

....

3 Citado em Ferreira, *Servos de Deus*, p. 300.

mudança em seu coração – *sola gratia, sola fide*: somente pela graça, somente pela fé. Esse é um elemento importantíssimo. Quando eu digo: "creio em Deus", a ideia que o *Credo* ensina é mais do que a mera adesão intelectual aos seus enunciados. O que este símbolo exige e requer, como eco do texto bíblico, é que nós confiemos, que nós obedeçamos e que nós sejamos compromissados com os enunciados daquele documento.

Em nenhum lugar da Escritura os escritores canônicos tentaram provar a existência de Deus a partir da Criação. A Bíblia já pressupõe que Deus existe, e ao pressupor a existência de Deus no texto sagrado, a fé é requerida. Não há um meio termo. Ou aquele que é alcançado pela mensagem bíblica crê naquele que inspirou o texto bíblico ou ele permanece em desobediência e rebeldia. Mesmo em Romanos 1.18-31, Paulo não está argumentando a respeito da existência de Deus a partir da Criação, dos graus de beleza da Criação, de Deus como o primeiro motor, ou usando algum argumento parecido. Paulo simplesmente constata que a revelação de Deus na Criação é clara, e que por causa do nosso pecado os seres humanos distorceram essa revelação, preferindo adorar a criatura ao invés do Criador, e que por isso somos todos igualmente alvos da ira e do desprazer de Deus. Paulo não está argumentando ali sobre a existência de Deus a partir da Criação. Ele lembra que a Criação já pressupõe a existência de Deus. O Santo, o Todo-Poderoso, o Invisível, mas Real. E o que nós fazemos é distorcer essa revelação preferindo adorar aves, quadrúpedes, répteis e o próprio ser humano.

O que a Escritura ensina é que a fé é exigida de quem se aproxima de Deus. As Escrituras não apresentam a menor tentativa de provar a existência de Deus — fé é requerida daqueles que se aproximam de Deus. Portanto, a resposta apropriada daqueles alcançados pela revelação é: "Eu creio! Ajuda-me na minha falta de fé!" (Mc 9.24).

Ao exigir de nós fé e confiança no evangelho – uma vez que o *Credo* oferece o evangelho a nós, ao afirmar que Cristo morreu pelos nossos pecados, foi sepultado, e ressuscitou ao terceiro dia dentre os mortos – somos lembrados que tudo o que temos provém do próprio Deus. A fé, para o *Credo*, não é uma obra meritória, mas é autodenúncia. Quando o cristão confessa a sua fé, ele deixa claro que é pecador e dependente da graça de Deus. Desta forma, a fé, para o *Credo*, lembra as últimas palavras de Lutero: "Somos mendigos, essa é a verdade".

Neste contexto é importante afirmar que, seguindo o *Catecismo da Igreja Católica*, esta fé que é requerida de nós é uma graça concedida por Deus:

> Quando Pedro confessa que Jesus é o Cristo, o Filho do Deus vivo, Jesus declara-lhe que esta revelação não lhe veio da "carne e sangue", mas de "meu Pai, que está nos céus" [Mt 16.17; cf. Gl 1.15-16; Mt 11.25]. A fé é um dom de Deus, uma virtude sobrenatural infundida por Ele. "Para prestar esta adesão da fé, são necessárias a prévia e concomitante ajuda da graça divina e os interiores auxílios do Espírito Santo, o qual move e converte o coração para Deus, abre os olhos do entendimento, e dá 'a todos a suavidade em aceitar e crer a verdade'".[4]

Portanto, tal fé que afirma "creio em Deus", é um dom concedido e sustentado pelo Espírito Santo (At 13.48; Ef 2.8-9; Hb 12.2).

Precisamos fazer um destaque provocador, nesta altura. Esta seção do *Credo* não possui uma única palavra sobre o ser humano. Ele fala de Deus como criador, mas não fala do ser humano, como parte da criação. O foco do *Credo* é Deus: Quem é Deus, a obra de Deus na eternidade, a obra de Deus em Cristo, a obra de Deus por meio do Espírito na comunidade cristã. A ideia, então, é que quando nós confessamos o *Credo*, junto com nossos irmãos e irmãs, nós estamos confessando que dependemos da revelação; o que nós confessamos é matéria de revelação, que vem de

---

4 *Catecismo da Igreja Católica*, p. 50-51. A citação final provém do Conc. Vaticano II, Const. dogm. *Dei Verbum*, 5.

Deus a nós nas Escrituras; somos mendigos, precisamos ser vestidos com a veste de Cristo, não temos capacidade de deduzir racionalmente, à luz da Criação, aquelas verdades enunciadas pelo *Credo*.

Crer está acima e além daquilo que nós podemos saber por meio da tradição, da experiência e da razão. Agostinho de Hipona escreveu: "Portanto, creio tudo o que entendo, mas nem tudo que creio também entendo. Tudo o que compreendo conheço, mas nem tudo que creio conheço".[5] O destaque de Agostinho é brilhante. De um lado, nós somos chamados a crer, a confessar. Porém, nós não teremos capacidade de explicar racionalmente tudo o que confessamos. Há alguns elementos da nossa fé que estão além da razão. Há que se reconhecer que há paradoxos na Escritura, e que há um elemento de mistério em alguns dos dogmas cristãos. Deus habita na luz inacessível, e nós ainda estamos em trevas. Ainda estamos tateando. Então, Agostinho, com muita percepção, lembra que algumas verdades cristãs são, por assim dizer, suprarracionais. Não são contraditórias, mas estão além da nossa capacidade de compreendê-las. Por isso, nós temos de confessar: "Creio em Deus", "Eu confio em Deus", "Eu obedeço à revelação dada por ele". Então, o crer vai inclusive além mesmo da tradição, da experiência e da razão. Às vezes, nós até cremos contra nossa própria experiência e cremos mesmo sem entender completamente os enunciados da nossa fé. Há que se manter algum nível de mistério ao confessarmos as doutrinas básicas da fé cristã.[6]

Uma fé pública e comunitária

Além disso, o *Credo dos Apóstolos* exige uma resposta pessoal. A primeira palavra é "creio". Quando estudamos outros Credos da antiguidade,

....

5 Agostinho de Hipona, *Do Mestre*, XI, 37.
6 G. Finkenrath, "Segredo", em Lothar Coenen e Colin Brown (eds.), *Dicionário Internacional de Teologia do Novo Testamento*, vol. 2 (São Paulo: Vida Nova, 2009), p. 2282-86.

como o *Credo Niceno-Constantinopolitano* e o *Credo de Atanásio*, eles começam com "cremos". São duas perspectivas diferentes, ainda que complementares. O fato é que o *Credo dos Apóstolos* começando com "creio", exige de nós uma resposta pessoal; o *Credo* exige de nós uma aderência ao que está sendo ensinado, uma confiança em seu ensino. Mas a recitação do *Credo* lembra que somos chamados a expor de forma pública a nossa fé. Ao recitar o *Credo*, o cristão oferece uma confissão de fé pública: "Porque com o coração se crê para justiça e com a boca se confessa a respeito da salvação" (Rm 10.10). Então, o *Credo* lembra que há uma dimensão pública da nossa fé. Nós somos chamados — todos nós, não somente pastores, missionários, teólogos e seminaristas, mas toda a comunidade cristã — a estarmos aptos a expressar de forma bíblica, clara e racional a nossa crença, como revelada na Escritura. Em outras palavras, o que se crê é o que se confessa.

Então, o *Credo* tem a dimensão de tornar a fé da igreja pública. Isto é, "a igreja crê assim", "é isto que a igreja confessa", "é isto que todos nós como pessoas confessamos como a suma da fé cristã". Portanto, ainda que o *Credo* exija uma resposta pessoal, a confissão de fé é, fundamentalmente, um ato comunitário (2Co 9.13). "Cremos em Deus Pai", como aprendemos no *Credo* de Niceia-Constantinopla e no *Credo* de Atanásio. É exigido que, se de um lado, cada crente esteja pronto a confessar sua fé, também é exigido que toda a igreja junta, a uma só voz, confesse a sua fé, esta única fé dada a nós, aos cristãos. Só que de outro lado, ainda que o *Credo* comece com "creio", requerendo compromisso pessoal, o *Credo* também é confessado por toda a cristandade. Assim sendo, as doutrinas afirmadas no *Credo* são um elemento que une, no final, protestantes, católicos e ortodoxos. Então, em um aspecto muito particular, ao mesmo tempo em que cada um de nós é chamado a expressar a nossa fé em público, a expressar a nossa crença bíblica em público, do outro lado, quando nós fazemos isso, nós o fazemos com toda a igreja, com todo o povo de Deus em toda a face da terra. Ao confessar o *Credo*, o cristão o confessa como parte da igreja. Karl Barth, que escreveu um comentário ao *Credo*, diz: "No *Credo* a Igreja curva-se perante Deus".[7]

Lembre-se que o *Credo* é derivado da Sagrada Escritura. Cada linha é baseada nela. Em síntese, o *Credo* é o resumo daquilo que é absolutamente essencial e inegociável para a fé cristã, de acordo com a Sagrada Escritura. De um lado, cada um de nós, como homens e mulheres em Cristo, somos chamados a crer e a dizer: "creio". Do outro lado, quando fazemos isso em conjunto, estamos expressando todos juntos a fé da igreja cristã. Aqueles ensinos bíblicos mais básicos, aquelas doutrinas que são as mais elementares e que nos caracterizam como igreja cristã de fato. E se o *Credo* é o resumo da Sagrada Escritura, quando nós confessamos o *Credo*, nós nos prostramos diante de Deus, nós nos ajoelhamos diante daquilo que é essencial e é matéria de revelação. Por isso que Paulo ensina que a igreja em Roma era amada porque era uma igreja que obedeceu de coração a forma de doutrina que foi entregue a ela (Rm 1.7; 6.17). É interessante que obediência à doutrina é um sinônimo de fé salvadora. Se o *Credo* é um resumo daquilo que é essencial na Escritura, e a Escritura é Palavra de Deus, é a revelação de Deus, então o *Credo* vem a nós resumindo aqueles elementos que são essenciais para caracterizar o que é cristianismo de fato. Assim, os cristãos se curvam perante Deus, ao dizer "creio".

....

7   Karl Barth, *Credo* (Eugene: Wipf and Stock, 2005), p. 7.

II. O IMPERATIVO BÍBLICO CONFESSIONAL

Há base bíblica para expressarmos nossa fé por meio de Credos ou confissões? Será que este documento tem, de fato, respaldo bíblico? Aliás, a pergunta mais precisa seria: será que há respaldo bíblico para nós confessarmos a nossa fé através de textos ou documentos sucintos?

Um autor, o luterano Gerhard von Rad, tratou o Antigo Testamento como um documento confessional.[1] Ele entendeu que o Antigo Testamento era uma confissão de fé, à luz do que Deus estava fazendo na história de Israel. Ele afirmou que textos como Êxodo 15.1-19, Deuteronômio 6.20-24, Deuteronômio 26.5-9 e Josué 24.2-13 eram confissões de fé do povo de Israel, onde os filhos de Israel confessaram a unidade e singularidade do Senhor e seus poderosos feitos.

Há numerosos salmos que enfatizam a ação de graças diante da fidelidade de Deus (Sl 136) como também a "proclamar a bondade do Senhor" (Sl 40.9-10; 96.1-10; 145.1-7). A ideia destes salmos é a seguinte: Por qual motivo o povo de Deus o adora? Porque ele é poderoso, porque ele esmagou os reis, porque ele criou os céus e a terra, porque ele perdoa pecados, e por isso o povo do Eterno crê nele.

---

[1] Cf. Gerhard von Rad, *Teologia do Antigo Testamento* (São Paulo, ASTE & Targumim, 2006), p. 122-25.

Note que nestes textos do Antigo Testamento há a revelação de Deus e há a resposta de seu povo. Há uma revelação da parte de Deus e uma confissão sobre quem Deus é. Os cristãos costumam fazer uma leitura devocional dos salmos, sem se preocupar com as conexões teológicas, mas elas estão nos textos. Aplicando a ideia a nós, hoje: É porque Deus é exaltado que nós o confessamos; é porque Deus fez grandes feitos, que nós o adoramos. Revelação e confissão. Revelação de quem Deus é, e nossa confissão de fé. Portanto, aprendemos que no Antigo Testamento há confissões de fé. Podemos lembrar do *Shemá Yisrael*, as duas primeiras palavras da seção da Torá, que constitui a profissão de fé central do povo de Deus no Antigo Testamento: "Ouve, Israel, o Senhor nosso Deus é o único Senhor" (Dt 6.4). Temos aqui uma confissão de fé, uma exigência do que o povo de Israel teve de confessar e crer. Uma confissão de fé que faz uma divisão radical entre Israel e todos os povos ao seu redor, como cananeus, jebuseus, filisteus e midianitas. A confissão de fé é o traçado na areia que determina a diferença no trato de Deus, na aliança de Deus com Israel, e as crenças das outras nações em suas divindades.

No Novo Testamento as palavras "confessando" e "confissão" são frequentemente mencionadas. Confessar começa com os lábios, mas tem de ser demonstrado ativamente (Tt 1.16). Em outras palavras, não basta dizer "eu creio", mas aquele que confessa tem de viver à luz da fé professada. A nossa vida tem de ser guiada pelo que nós confessamos, pelo que cremos da forma mais profunda. Portanto, é exigido de cada discípulo confesse Jesus (Rm 10.9-10).

Jesus exige que cada discípulo confesse: "Portanto, todo aquele que me confessar diante dos homens, eu também o confessarei diante do meu Pai, que está nos céus, mas aquele que me negar diante dos homens, eu também o negarei diante de meu Pai, que está nos céus" (Mt 10.32-33). O que Jesus ensina, nesta passagem, é solene. Não se tem aqui um mero recitar de um *Credo*, mas ensina-se uma profissão de fé que deve ser feita ao risco da própria vida, e isso é exigido de cada um de nós, cristãos. Cada um de nós é chamado a pesar as opções e confessar a fé, ao risco da própria vida. Se, no momento da verdade, nós não confessarmos Jesus, nós seremos rejeitados diante do Pai pelo próprio Cristo, seremos negados diante do Pai pelo próprio Cristo.

Então, no Novo Testamento, a confissão não é uma mera formalidade, que pode ser feita de forma apressada, impensada ou leviana. Do outro lado, a confissão de fé no Novo Testamento não está circunscrita apenas aos pastores, missionários, estudiosos ou mestres; esta confissão é exigida de toda comunidade, de todo cristão, mesmo ao risco da própria vida. Assim sendo, confessar é algo que deve ser feito com coragem, mas que pode ter um custo elevado (Jo 9.22; 12.42). Aqueles que são chamados a confessar, aqueles que são chamados a dizer "eu creio", devem estar prontos a pagar o preço mais elevado.

O império romano deu estabilidade ao mundo antigo. Comparado ao que veio antes, como os reinos babilônico, medo-persa e macedônico, que se fragmentou após a morte de Alexandre, o Grande, o império romano deu estabilidade ao mundo antigo. Porém, esta estabilidade se deu, na metade do século I, ao custo de confessar o imperador como único senhor. Quando os autores do Novo Testamento exigem que os fiéis creiam em Jesus como Senhor, eles, na verdade, estão chamando os fiéis a entrar numa rebelião aberta contra o aparato imperial, a entrar em confronto com as autoridades constituídas que exigem lealdade total. Então, aqueles que são chamados a confessar têm de estar prontos a entregar a própria vida, se for o caso, por causa da confissão de fé. Pode ter um custo elevado confessar a fé cristã.

O cristão deve manter firme sua confissão, para não se afastar da fé em meio ao sofrimento. No livro aos Hebreus enfatiza-se muito fortemente a necessidade de permanecer confessando a fé. Aquele texto foi escrito a uma comunidade que estava sofrendo perseguição, debaixo do fogo da provação, e o autor constantemente exortou a igreja a manter a sua confissão, mesmo com as tensões ao seu redor (Hb 3.1-2, 12-13; 4.14). Se a pessoa quer ser aceita por Deus, ela não pode abrir mão da sua confissão. Hebreus 10.23 diz: "Guardemos firme a confissão da esperança, sem vacilar, pois quem fez a promessa é fiel". A igreja será perseguida, será atacada injustamente, mas não pode abrir mão da confissão da fé. Esta é a ênfase do autor de Hebreus à sua audiência.

Portanto, o Novo Testamento, junto do Antigo Testamento, exige que o povo de Deus confesse sua fé. Afirmar a fé por meio de textos como as confissões e catecismos é um tema solene e importante para a tradição reformada. Esta tradição legou à Igreja confissões importantes como a Belga e a de Westminster, e catecismos como os de Heidelberg e de Westminster, além dos *Cânones de Dort*. Mas por quê? Porque aqueles teólogos e pastores que gastaram tempo debatendo e formulando, de forma bíblica, resumida, bonita e inteligente aquilo que é a suma das crenças desta tradição, entendiam que estavam fazendo isso em lealdade ao ensino do Antigo e do Novo Testamentos.

Agora, será que é exigido que os cristãos confessem sua fé por meio de uma fórmula fixa, que resume o que é a essência da fé, e que é recebida e respeitada por toda a igreja? Será que há no Novo Testamento credos e confissões? A resposta é inequívoca, sim, há indicações claras da presença de fragmentos de confissões de fé no Novo Testamento, estabelecidos no contexto da pregação da primeira igreja, em seu culto e em sua defesa contra ensinos errôneos. Existem três modelos básicos de confissões de fé no Novo Testamento, que se complementam.

Primeiro, há as confissões centradas na pessoa de Jesus Cristo (At 8.37; Rm 8.34; 2Tm 2.8; 1Pe 3.18-22; 1Jo 4.2,15). Um bom exemplo é o texto de Filipenses 2.5-11:

> Tende em vós o mesmo sentimento que houve também em Cristo Jesus, pois ele, subsistindo em forma de Deus, não julgou como

> usurpação o ser igual a Deus; antes, a si mesmo se esvaziou, assumindo a forma de servo, tornando-se em semelhança de homens; e, reconhecido em figura humana, a si mesmo se humilhou, tornando-se obediente até à morte e morte de cruz. Pelo que também Deus o exaltou sobremaneira e lhe deu o nome que está acima de todo nome, para que ao nome de Jesus se dobre todo joelho, nos céus, na terra e debaixo da terra, e toda língua confesse que Jesus Cristo é Senhor, para glória de Deus Pai.

O texto original marca um movimento de humilhação e exaltação, em duas estrofes. Há algum debate se na verdade esse texto é um hino ou um *Credo*, ou os dois juntos. Mas se notarmos, temos uma passagem estruturada como uma confissão de fé, totalmente centrada em Jesus Cristo. Todo o foco está em Jesus Cristo e sua peregrinação, da humilhação à exaltação. Cristo tem a forma de Deus e assume a forma de escravo, humilhado e conduzido à morte de cruz, sendo posteriormente exaltado, recebendo o nome que é sobre todo o nome.

Outro texto que se debate se é um hino ou uma confissão de fé é 1Timóteo 3.16: "Evidentemente, grande é o mistério da piedade: aquele que foi manifestado na carne, foi justificado em espírito, contemplado por anjos, pregado entre os gentios, crido no mundo, recebido na glória". As observações acima se aplicam aqui; temos nesta passagem um texto totalmente centrado em Cristo.

Outro texto importante é 1 Coríntios 15.3-4: "Antes de tudo, vos entreguei o que também recebi: que Cristo morreu pelos nossos pecados, segundo as Escrituras, e que foi sepultado e ressuscitou ao terceiro dia, segundo as Escrituras". O *Credo* não parece ser um eco desta passagem bíblica, em sua estrutura central? A morte, o sepultamento e a ressurreição de Cristo são afirmados aqui, e lembre-se que isso ocorreu em cumprimento das Escrituras. O que temos nesta passagem é uma confissão de fé. A estrutura é confessional. A expressão "vos entreguei o que também recebi" aparece em 1 Coríntios 11, quando Paulo trata da Ceia do Senhor. A ideia da expressão é que Paulo está passando adiante uma tradição que ele recebeu. A ideia é que o apóstolo não está mudando uma vírgula de algo que foi dado a ele por revelação.

Pense em uma corrida de bastão. A equipe só consegue terminar bem a corrida na raia, se o bastão não cair. A ideia que Paulo quer passar é justamente essa. Ele recebeu o bastão e ele o está passando para quem vai adiante. Paulo não modificou o bastão, não mexeu no peso do bastão, no tamanho do bastão. Ele está passando adiante o bastão exatamente como ele o recebeu. "Eu vos entreguei o que também recebi". Paulo está passando à igreja de Corinto uma tradição que ele não modificou. E essa tradição é centrada em Jesus Cristo. Ao observar esses vários versículos bíblicos, podemos encontrar toda a estrutura do artigo central do *Credo*, que é focado em Cristo Jesus. Seu nascimento virginal por obra do Espírito, seu padecimento sobre Pôncio Pilatos, sua morte na cruz, o fato de ele ter descido à sepultura, descido à casa dos mortos, ressuscitado corporalmente ao terceiro dia, assim como sua ascensão aos céus, onde ele está à destra de Deus pai.

Em segundo lugar, há as confissões centradas no Pai e no Filho (1Co 8.6; Gl 1.1-5; 1Tm 2.5-6; 6.13-16; 2Tm 4.1). Vamos olhar algumas passagens. Comecemos por Gálatas 1.1-5:

> Paulo, apóstolo, não da parte de homens, nem por intermédio de homem algum, mas por Jesus Cristo e por Deus Pai, que o ressuscitou dentre os mortos, e todos os irmãos meus companheiros, às igrejas da Galácia, graça a vós outros e paz, da parte de Deus, nosso Pai, e do [nosso] Senhor Jesus Cristo, o qual se entregou a si mesmo pelos nossos pecados, para nos desarraigar deste mundo perverso, segundo a vontade de nosso Deus e Pai, a quem seja a glória pelos séculos dos séculos. Amém!

II. O IMPERATIVO BÍBLICO CONFESSIONAL

Paulo plantou algumas igrejas na região da Galácia. Quando ele seguiu adiante, alguns mestres muito zelosos começam a semear discórdia na igreja. Paulo, então, trata-os de forma bem rude, bem dura. Por quê? Se tivermos em mente o *Credo dos Apóstolos*, devemos já ter notado que parte da linguagem do *Credo* está refletida neste texto acima. Paulo começa a passagem fazendo uma dupla exclusão. Ele é apóstolo não da parte de homens, nem por intermédio de homem algum. E ele faz uma dupla afirmação: ele é apóstolo por parte de Jesus Cristo e por Deus Pai que ressuscitou seu Filho dentre os mortos. O versículo 2 lembra que essa confissão de fé é uma confissão de fé de uma comunidade. Essa afirmação de fé que o evangelho veio a Paulo não por meio de homem, mas por Jesus Cristo e por Deus "que o ressuscitou dentre os mortos", é a confissão de Paulo, mas também de seus irmãos e companheiros. Isto é, Paulo está vindicando aqui uma mensagem que não é apenas sua, mas é uma mensagem, uma confissão de fé de uma comunidade.

Depois, no versículo 4, Paulo lembra que a graça e a paz procedem da parte de Deus e de Jesus, que entregou a si mesmo pelos nossos pecados, para nos arrancar do mundo perverso. Tanto a morte e a redenção, ocorrem segundo a vontade de Deus e Pai. No versículo 5, há a possibilidade dessa glória ser dada apenas a Deus o Pai ou essa glória ser dada a Deus o Pai e ao senhor Jesus Cristo. Agora, conecte isso aos versículos 6 a 9. Nestes versículos, Paulo está muito irado. Aliás, em Gálatas não há uma palavra de apreciação, uma palavra de amizade, uma palavra de elogio. Por isso, Jerônimo de Estridão, o famoso Pai da Igreja, dizia que escutava raios e trovões quando lia a epístola aos Gálatas. Paulo está muito irado com algo que está acontecendo nas igrejas naquela região.

Ele começa dizendo que quem perverter o evangelho é anátema. E anátema significa mais do que ser amaldiçoado. Anátema é ser um alvo da ira de Deus, do desprazer de Deus. Que mensagem esses, que são chamados de anátema, estão mudando e pervertendo? A mensagem que se encontra nos versículos 1 a 5, que é centrada em Deus e Pai, e em Jesus Cristo. Deus e Pai que, por sua livre vontade, envia Jesus Cristo a esse mundo para morrer por nossos pecados, para nos desarraigar do mundo mau, e para ser ressuscitado dentre os mortos. Devemos notar que esta passagem bíblica fornece a estrutura do *Credo*: tomei a liberdade de reorganizar a mensagem da passagem bíblica; com isso, espero, podemos perceber mais claramente uma estrutura confessional, centrada no Pai e no Filho.

O Pai, por sua vontade, envia o Filho. Portanto, o Filho não veio ao mundo como um mero acidente. A vinda do Filho não é um plano B. O Pai decretou enviar o Filho, e o Filho é enviado pela boa vontade do Pai, para morrer pelos nossos pecados, arrancando-nos do mundo perverso. Então, aquele que morreu agora é ressuscitado pelo próprio Pai dentre os mortos — e ai daquele que modifica essa mensagem! Não importa se é um anjo, não importa se é um outro apóstolo, não importa se é o próprio Paulo, se alguém modificar essa mensagem, esse será considerado anátema. Na verdade, duas vezes anátema. Esta é a única vez no Novo Testamento que essa expressão é usada com dupla força. Da mesma forma que o evangelho não veio a Paulo pela vontade da parte ou pelo intermédio dos homens, mas veio por Jesus e por Deus o Pai, quem modifica o evangelho, quem muda essa mensagem dada nos versículos 1 a 5, é duplamente amaldiçoado, duplamente colocado debaixo da ira santa e do desprazer de Deus. Alguns cismáticos estavam modificando a confissão de fé da igreja, centrada em Deus o Pai e no Filho, morto por nossos pecados e ressurreto para nossa salvação.

Existem outras confissões de fé no Novo Testamento centradas no Pai e no Filho. Por exemplo, 1 Timóteo 2.5-6 diz: "Porquanto há um só Deus e um só Mediador entre Deus e os homens, Cristo Jesus, homem, o qual a si mesmo se deu em resgate por todos: testemunho que se deve prestar em tempos oportunos". Mais uma vez temos aqui uma confissão de fé básica, centrada em Deus e Jesus, o único mediador entre Deus e os homens. E Jesus aqui, o único mediador, é também o homem real. Outra passagem bíblica que podemos mencionar é 1Timóteo 6.13-16:

> Exorto-te, perante Deus, que preserva a vida de todas as coisas, e perante Cristo Jesus, que, diante de Pôncio Pilatos, fez a boa confissão, que guardes o mandato imaculado, irrepreensível, até à manifestação de nosso Senhor Jesus Cristo; a qual, em suas épocas determinadas, há de ser revelada pelo bendito e único Soberano, o Rei dos reis e Senhor dos senhores; o único que possui imortalidade, que habita em luz inacessível, a quem homem algum jamais viu, nem é capaz de ver. A ele honra e poder eterno. Amém!

Talvez esta seja uma das passagens mais bonitas nas epístolas escritas pelo apóstolo Paulo que oferece uma confissão sobre o Pai e o Filho. Se você notar, os versículos 13 e 14 encontram eco na segunda seção, no segundo artigo do *Credo dos Apóstolos*, na menção a Cristo ter sofrido sob Pôncio Pilatos. Os versículos 13 a 16 parecem ser uma confissão de fé solene, centrados no Pai e no Filho.

Então, no Novo Testamento, temos fragmentos confessionais que tratam da obra de Jesus Cristo, do que Cristo fez em nosso favor, em nosso lugar. Também temos declarações confessionais que tratam da obra do Pai e da obra do Filho, uma obra de concordância para salvar o gênero humano.

Em terceiro lugar, então, temos as fórmulas trinitárias (Mt 28.19; Rm 1.1-4; 2Co 1.21-22; 13.13; 1Pe 1.2; Jd 20-21), fragmentos confessionais que tratam do Pai, do Filho e do Espírito Santo.

A profissão de fé, na igreja primitiva, ocorria no batismo. O batismo era o sinal e selo que marcava e destacava uma pessoa como pertencente exclusivamente a Jesus Cristo. Também era uma marca de rebelião contra o império, pois o que era batizado confessava que somente "Jesus é Senhor". Em nome de quem nós somos batizados? Somos batizados

O CREDO DOS APÓSTOLOS

no nome Trino: "Ide, portanto, fazei discípulos de todas as nações, batizando-os em nome do Pai, e do Filho, e do Espírito Santo" (Mt 28.19). Então, aqui temos uma pequena confissão de fé que destaca a plena igualdade e majestade das pessoas do Pai, do Filho e do Espírito.

O apóstolo Paulo escreveu em sua saudação aos romanos (Rm 1.1-4):

> Paulo, servo de Jesus Cristo, chamado para ser apóstolo, separado para o evangelho de Deus, o qual foi por Deus, outrora, prometido por intermédio dos seus profetas nas Sagradas Escrituras, com respeito a seu Filho, o qual, segundo a carne, veio da descendência de Davi e foi designado Filho de Deus com poder, segundo o espírito de santidade pela ressurreição dos mortos, a saber, Jesus Cristo, nosso Senhor.

Ele afirma que o evangelho procede de Deus, e que o evangelho foi revelado no Antigo Testamento, e o evangelho é "com respeito a seu Filho", Jesus Cristo, que morreu, foi sepultado (ambos subentendidos) e foi ressuscitado. Devemos destacar que a expressão "Filho de Deus com Poder" é um nome próprio. E a expressão "espírito de santidade" é um hebraísmo, que deve ser grafado como "Espírito de santidade" (como na versão A21). A ideia é que o Espírito Santo é quem ressuscitou a Jesus Cristo dentre os mortos. Isso é marcadamente importante na epístola aos Romanos, visto que a encarnação de Jesus o torna o segundo Adão. Em Cristo, toda a história está sendo recapitulada.

Aqueles que recebem a Cristo como salvador já experimentam o poder da vida eterna (Rm 5.17). Aqueles que recebem a Cristo têm-no como segundo Adão, tendo-o como aquele que inaugura uma nova etapa na história da redenção, aquele que está recapitulando em si mesmo a redenção. Então, o que Paulo oferece nesta passagem é uma estrutura trinitariana que dá forma a tudo o mais que é ensinado na epístola aos Romanos.

Karl Barth, em seu comentário à epístola aos Romanos, sugere que esses primeiros sete versículos de Romanos resumem todos os temas que vão ser tratados no livro.² Por exemplo, podemos pensar em Romanos 3 e 4, que aprofunda a afirmação implícita da morte de Jesus Cristo na cruz, e em Romanos 6 e Romanos 8, que seriam desdobramentos da declaração de que o Espírito Santo ressuscitou dentre os mortos a Jesus Cristo, nosso Senhor. Então, o que temos aqui é uma afirmação trinitariana e confessional. Temos menções a Deus o Pai, como aquele que revelou o evangelho, aquele que ofereceu o evangelho no Antigo Testamento, como também aos leitores e aos destinatários da epístola aos Romanos. Temos menção a Jesus Cristo, como profetizado na Escritura, no Antigo Testamento; Jesus Cristo, que morreu pelos nossos pecados e ressuscitou para nossa salvação. Jesus, o filho de Davi, descendente de Davi, e Filho eterno de Deus. Jesus Cristo, aquele que foi ressuscitado pelo Espírito Santo. Então, temos aqui um quadro que apresenta uma estrutura confessional, no começo da epístola aos Romanos.

Leiamos 2 Coríntios 1.21-22: "Mas aquele que nos confirma convosco em Cristo e nos ungiu é Deus, que também nos selou e nos deu o penhor do Espírito em nosso coração". Em Mateus 28 e Romanos 1, temos uma estrutura convencional: o Pai, o Filho e o Espírito Santo. Só que nestes versículos temos uma importante mudança. O Filho é mencionado em primeiro lugar, depois o Pai, depois o Espírito Santo. O mesmo acontece em 2 Coríntios 13.13: "A graça do Senhor Jesus Cristo, e o amor de Deus, e a comunhão do Espírito Santo sejam com todos vós". Essas variações ensinam a completa igualdade, a glória eterna que há entre o Pai, o Filho e o Espírito Santo; o fato de que na eternidade não há nenhum resquício de hierarquia entre as pessoas divinas.

Em 1 Pedro 1.2 o apóstolo escreve que fomos "eleitos, segundo a presciência de Deus Pai, em santificação do Espírito, para a obediência e a aspersão do sangue de Jesus Cristo". A ordem mudou novamente. A

....
2 Karl Barth, *The Epistle to the Romans* (Londres: Oxford University Press, 1968), p. 32.

noção que estas passagens do Novo Testamento ensinam para nós nestas fórmulas trinitárias é que mencionar o Pai em primeiro lugar, o Filho em segundo lugar e o Espírito em terceiro lugar, por assim dizer, é meramente didático. Por que, no final, há plena igualdade, na eternidade, entre o Pai, o Filho e o Espírito Santo. As três pessoas compartilham da mesma glória, do mesmo poder, compartilham o mesmo nome, Deus, e os mesmos atributos.

Em Judas 20-21 lemos: "Vós, porém, amados, edificando-vos na vossa fé santíssima, orando no Espírito Santo, guardai-vos no amor de Deus, esperando a misericórdia de nosso Senhor Jesus Cristo, para a vida eterna". Quem é mencionado em primeiro lugar aqui? O Espírito Santo. Então, neste sentido, podemos concordar com Basílio de Cesareia que é errôneo numerar as pessoas da Trindade, mencionando o Pai como sendo a primeira pessoa da Trindade, o Filho como sendo a segunda pessoa da Trindade, e o Espírito como sendo a terceira pessoa da Trindade. Ao numerar as pessoas da Trindade desta forma — e reconheço que isso é muito comum em nosso meio, mesmo entre autores cristãos importantes —, o que estamos fazendo implicitamente é impor uma estrutura hierárquica às pessoas da Deidade. Mas o testemunho bíblico é que as três pessoas da Trindade são um único ser, o Eterno Deus.

Então, note que o Novo Testamento exige que confessemos nossa fé, e que façamos isso com fórmulas razoavelmente fixas, que resumam, que sumariem aquilo que é mais importante para a fé cristã. Temos confissões centradas em Jesus Cristo, temos confissões centradas no Pai e no Filho, e temos confissões ou Credos centrados no Pai, no Filho e no Espírito Santo.

Em Efésios 1.3-14, há algum debate se o texto é um hino ou um Credo, uma confissão.

> Bendito o Deus e Pai de nosso Senhor Jesus Cristo, que nos tem abençoado com toda sorte de bênção espiritual nas regiões celestiais em

> Cristo, assim como nos escolheu, nele, antes da fundação do mundo, para sermos santos e irrepreensíveis perante ele; e em amor nos predestinou para ele, para a adoção de filhos, por meio de Jesus Cristo, segundo o beneplácito de sua vontade, para louvor da glória de sua graça, que ele nos concedeu gratuitamente no Amado, no qual temos a redenção, pelo seu sangue, a remissão dos pecados, segundo a riqueza da sua graça, que Deus derramou abundantemente sobre nós em toda a sabedoria e prudência, desvendando-nos o mistério da sua vontade, segundo o seu beneplácito que propusera em Cristo, de fazer convergir nele, na dispensação da plenitude dos tempos, todas as coisas, tanto as do céu como as da terra; nele, digo, no qual fomos também feitos herança, predestinados segundo o propósito daquele que faz todas as coisas conforme o conselho da sua vontade, a fim de sermos para louvor da sua glória, nós, os que de antemão esperamos em Cristo; em quem também vós, depois que ouvistes a palavra da verdade, o evangelho da vossa salvação, tendo nele também crido, fostes selados com o Santo Espírito da promessa; o qual é o penhor da nossa herança, até ao resgate da sua propriedade, em louvor da sua glória.

Ao considerarmos o texto, porém, notamos que a glória é dada ao Pai por algumas de suas obras; a glória é dada ao Filho, por algumas obras que ele faz; e a glória é dada ao Espírito Santo, por obras que ele também faz. Notemos que há uma estrutura trinitária nesta passagem: glória ao Pai, glória ao Filho e glória ao Espírito. Podemos notar na passagem uma estrutura confessional.

O argumento aqui exposto é que o Novo Testamento exige credos. Lembremos o que aprendemos com os Pais da Igreja: o texto bíblico pode ser distorcido; ao texto bíblico, isolado de seu contexto canônico, podem ser atribuídas várias formas de interpretação, muitas vezes contrárias à mensagem central do texto bíblico. No entanto, ao se estabelecer alguns parâmetros que resumem e guiam a interpretação da mensagem central do texto bíblico, não há como distorcê-lo. Quando começamos a dominar essa estrutura confessional, qualquer interpretação bíblica que soe como novidade ou ensine algo diferente, de imediato soará um alarme em nossa cabeça.

Podemos usar como exemplo da questão os problemas enfrentados pela igreja de Corinto, no período do Novo Testamento. Temos ali uma igreja provavelmente rica, composta de membros ricos, em uma cidade opulenta e cosmopolita. Qual a tendência da igreja diante de um ambiente hostil, da necessidade de testemunhar de Cristo neste ambiente hostil? Muitas vezes, a tendência da igreja é mudar sutilmente o ensino mais escandaloso, a fim de que aquela sociedade receba bem a igreja que está tentando se integrar naquela sociedade. Então, o que os crentes de Corinto fizeram? O mais escandaloso, em 1 Coríntios, não são as brigas a respeito dos dons espirituais ou mesmo o escandaloso caso de promiscuidade sexual dentro da igreja. O mais escandaloso foi a forma como alguns membros daquela igreja tentaram ganhar a aceitação da sociedade: a nada sutil negação de que Cristo ressuscitou dentre os mortos.

Assim, quando teólogos liberais começam a negar que Cristo ressuscitou corporalmente, e que, portanto, não ressuscitaremos como ele, e a criação não será renovada, transformada e glorificada, imediatamente há que se acender um sinal de alarme diante de nós. Se nós entendemos que a ressurreição do corpo é um ensino vital na Sagrada Escritura e testemunhada nela, precisamos dizer corajosamente: Isso não é o que o resumo das Escrituras, o *Credo*, ensina. Outros podem dizer que Jesus, após a sua morte, voltou como uma espécie de espírito — um tipo de fantasma. Mas aí aprendemos no resumo da Sagrada Escritura, que é o *Credo*, que Cristo ressuscitou no corpo. A igreja sempre confessou a ressurreição de Cristo.[3] Alguma coisa está errada com esta afirmação, porque foi assim

....

3 Esta afirmação será desenvolvida ao tratarmos do terceiro artigo do *Credo*.

que aprendemos na igreja – e é assim que a igreja tem crido desde os primórdios.

Outros, que até se dizem cristãos, podem argumentar que na época do imperador Justiniano e da imperatriz Teodora, no século VI, houve uma grande conspiração e que, a partir daquele momento, houve uma espécie de depuração do texto do Novo Testamento, e a igreja passou a ensinar a ressurreição do corpo. Segundo estes, até o quinto ou sexto séculos a igreja teria crido na transmigração da alma, dizem eles. Esta é a ideia popularmente conhecida como a reencarnação. O problema é que além de não poderem apresentar um único manuscrito sequer do Novo Testamento que corrobore tal posição, estes também não podem apontar um único autor cristão que defenda isso. Talvez algum destes tente citar Orígenes, o controverso Pai da Igreja. Mas ao estudarmos seu livro *Contra Celso*, a principal obra dele, não encontraremos qualquer defesa da transmigração da alma, da reencarnação. Não há tal defesa, porque a igreja consistentemente e coerentemente, desde os primórdios, defendeu que Cristo ressuscitou corporalmente dentre os mortos, e assim será com aqueles que esperam nele. No dia de sua volta, aqueles que morreram em Cristo ressuscitarão, e os crentes vivos serão arrebatados juntamente com eles, e todos terão seus corpos imediatamente transformados e corpos, então, glorificados, o que em alguma medida será uma carne transformada, será uma carne santificada, a carne que Deus mesmo criou (1Ts 4.15-18).

Então, essas fórmulas, presentes no Novo Testamento, são muito importantes para fazer uma distinção entre o que é dado por Deus em revelação e aquilo que é uma caricatura, distorção e heresia. É interessante o uso das palavras "confissão", "confessar" e correlatas, em 1 João. Lembre-se que João escreveu para uma igreja que estava debaixo de fogo, também sendo provada. Inimigos da fé estavam ensinando que Jesus não veio em carne. Ensinavam que o Filho apareceu entre nós, mas não assumiu a carne, nossa carne. E o que 1 João 4.2-3 diz? "E todo o espírito que não confessa que Jesus Cristo veio em carne não é de Deus; mas este é o espírito do anticristo". Essa é a exigência que o apóstolo faz ao povo de Deus, para que este confesse, e confesse com a razão, uma razão que se coloca debaixo da autoridade da Sagrada Escritura – e é precisamente isso que somos chamados a fazer hoje, aqui e agora. Somos chamados, então, a professar a fé como ensinada e revelada na Sagrada Escritura.

O argumento aqui exposto é que os credos e confissões não são um acréscimo ao cristianismo bíblico. Antes, são o esforço legítimo para afirmar de forma fiel à Escritura, em resposta à revelação, o que é central à fé cristã, e encontram seu apoio, a sua fundamentação, na própria Escritura.

III. A HERMENÊUTICA DA FÉ

Nossa interpretação do mundo é guiada por pressupostos, que são proposições básicas tomadas como verdade, e que são consideradas tão óbvias que aqueles que as aceitam não duvidam delas. Toda a nossa aproximação da cultura, de livros, de arte, de política, etc., é calcada em pressupostos. Pressupostos são aquelas crenças básicas que todos nós temos, algumas vezes sequer examinadas, mas que nos levam a interpretar aquilo que está posto diante de nós.

Nós chegamos ao texto bíblico com uma série de pressuposições, de pré-compreensões, de algumas "verdades" que às vezes nem temos consciência, mas que estão presentes em nossa interpretação do texto bíblico. Por exemplo, é muito interessante quando debatemos o que é igreja, onde a igreja se reunia e como a igreja se estruturava no Novo Testamento. Muito deste debate pressupõe que a igreja do Novo Testamento era equivalente ao que somos hoje. Nós lemos o Novo Testamento com um olhar institucional, como se a primeira igreja tivesse prédios próprios, com pessoas sentadas em bancos, umas atrás das outras, púlpito, "mesa do Senhor", batistério, etc. No entanto, somos surpreendidos ao ler Atos, 1Timóteo, 2Timóteo e Tito e descobrir que a igreja não se reunia em edifícios próprios. A igreja se reunia em casas, escolas, no pátio de templo em Jerusalém e nas margens de um rio. É interessante que muitos de nossos pressupostos nos levam a ler no texto bíblico não a realidade do passado, mas a nossa realidade presente.

Por exemplo, pense no dom de línguas. Nossos irmãos pentecostais provam uma experiência estática de literalmente perder o controle do domínio do idioma na presença de Deus — sem fazer juízo de valor, apenas colocando a experiência como ela se apresenta a nós. Esses irmãos pentecostais presumem, com certeza, que a experiência deles é essencialmente a mesma, presente em Atos 2.1-4 e 1 Coríntios 14.1-40. Mas será que esta leitura é correta? Alguém dentre nós estava em Jerusalém ou Corinto para ver o que realmente aconteceu ali? Será possível dizer com absoluta certeza, lendo o texto de Atos 2.1-4, o que aconteceu ali? É interessante que há um debate entre certos eruditos que talvez em Atos 2.1-4 o dom não tenha sido nem tanto de falar em línguas, mas muito mais de pessoas conseguirem entender a mensagem da salvação em seu próprio idioma. Então, às vezes já chegamos ao texto bíblico com uma série de pré-compreensões. Se você preferir outra expressão, chegamos ao texto com alguns óculos previamente ajustados.

A mesma coisa com os ensinos heréticos. Por exemplo, converse com alguém que defende a ideia de "maldição hereditária". A ideia básica é mais ou menos como se segue. Se a vida do fiel está atravancada agora, se ele não consegue ter um bom casamento, não consegue que portas se abram para um bom trabalho, não consegue ascender profissionalmente na vida, é porque algum parente seu deu legalidade para Satanás e ele precisa que Deus revele quem deu "legalidade" a Satanás para que ele consiga repreender essa ação maligna em sua vida, essa maldição hereditária, para que agora ele possa ter a vida liberta e ter um bom casamento, ter boa saúde, triunfar no âmbito profissional, etc.

Então, pede-se para que alguém que afirma estas ideias leia Êxodo 20.1-17, os Dez Mandamentos ou instruções, e as maldições que são ali reveladas – de que Deus irá visitar os pecados dos pais nos filhos até terceira, quarta e quinta geração. É muito curioso — o adepto desta ideia conectada à pregação da prosperidade lê o texto, e quando perguntado sobre quem amaldiçoa, segundo a passagem bíblica, a pessoa "trava", por assim dizer. Esta pessoa olhará o texto, olhará para o interlocutor, olhará para o texto novamente, olhará uma segunda vez para quem lhe fez a pergunta, coçará a cabeça, e sem graça, perguntará: "É Deus quem amaldiçoa?". Sim, é o Deus pactual que derramará suas maldições pactuais sobre aqueles de seu povo que não permanecerem obedientes aos mandamentos pactuais. Qual o problema? Esta pessoa chegou ao texto bíblico com uma série de pré-compreensões muito mais ditadas por um contexto espírita e animista do que pelo que o próprio texto bíblico diz. O *Credo*, resumo da Escritura, funciona como aqueles óculos que nos levam de volta ao texto bíblico e nos ajudam a interpretar o texto bíblico corretamente. Não há interpretação bíblica livre de pressupostos. O *Credo dos Apóstolos* funciona como um conjunto de pressupostos que guia tanto a leitura bíblica como a interpretação que o fiel faz da criação.

Somos ensinados a pressupor que tudo o que temos diante de nós é autoevidente. A ideia aqui, pensando em termos de interpretação bíblica, é que podemos "bater o olho" em certo texto bíblico e a sua mensagem pode, por assim dizer, "saltar diante de nós". O problema não está no texto bíblico, o problema está no intérprete, nas pré-compreensões, dos pressupostos do intérprete. Que se note: todos nós chegamos com algumas pré-compreensões ao texto bíblico.

A espiral hermenêutica[1]

Grant Osborne define a hermenêutica como o processo em que se busca descobrir o significado do texto original em seu contexto original e o

---

1 Agradeço a Gaspar de Souza, que leu esta seção e fez valiosas sugestões, por meio de correspondência pessoal.

que este texto significa hoje. Osborne sugere, então, que a hermenêutica tem três estágios: "Começamos com uma abordagem baseada na terceira pessoa, fazendo a seguinte pergunta a respeito do texto: 'o que ele significa' (exegese). Em seguida, passamos para uma abordagem na primeira pessoa e indagamos: 'o que ele significa *para mim*' (devocional). Por fim, vamos ao texto para abordá-lo na segunda pessoa e procuramos descobrir 'como compartilhar com você o que ele significa para mim' (homilética)".[2] Estes níveis de interpretação das Escrituras estão corretos. Mas qual o papel dos pressupostos na interpretação das Escrituras?

Olhemos o gráfico abaixo, que pode nos ajudar a entender a relação entre pressuposições e pré-compreensões, o intérprete e a Escritura Sagrada.[3]

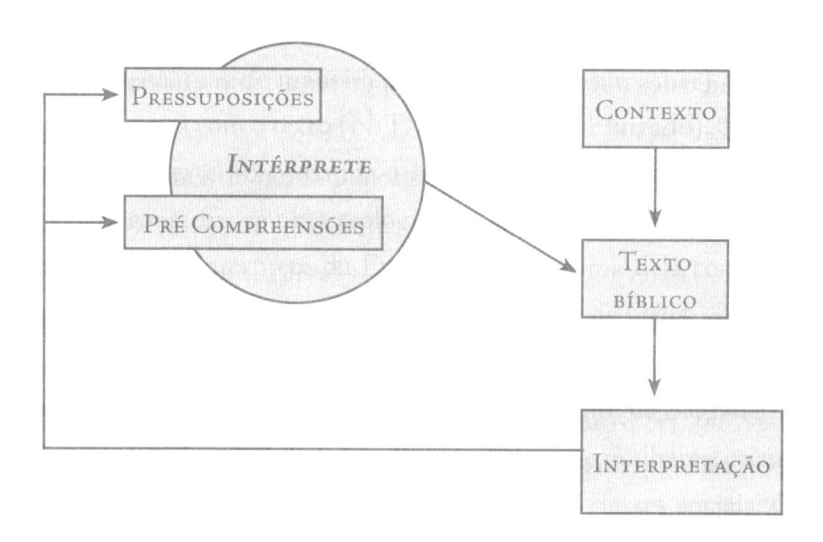

```
    ┌──▶ PRESSUPOSIÇÕES ─────┐         CONTEXTO
    │         INTÉRPRETE     │            │
    │                        │            ▼
    ├──▶ PRÉ COMPREENSÕES ───┤         TEXTO
    │                                   BÍBLICO
    │                                      │
    │                                      ▼
    └──────────────────────────────  INTERPRETAÇÃO
```

O texto bíblico se encontra no meio do gráfico, à direita. Acima, tem-se o contexto. Não adianta chegar no texto bíblico se não lutamos

....

2 Grant R. Osborne, *A Espiral Hermenêutica: uma Nova Abordagem à Interpretação Bíblica* (São Paulo: Vida Nova, 2009), p. 26.
3 Gráfico traduzido de Andrew S. Kulikovsky, *A Short Guide to Biblical Interpretation* (disponível em: <http://hermeneutics.kulikovskyonline.net/hermeneutics/introherm.htm> Acesso em: 31/07/2024).

para conhecer o significado das palavras, frases ou expressões bíblicas em seu contexto canônico, e também sem conhecimentos básicos sobre o contexto geográfico, histórico e social do texto bíblico. Muitos erros de interpretação bíblica ocorrem porque o intérprete não tem informações importantes do contexto canônico e do contexto em que o texto bíblico foi escrito. Por isso, muitas vezes, o intérprete acaba impondo ao texto bíblico valores, ideias e noções que são contemporâneas ou até pós-modernas, mas não tem qualquer relação direta com o texto bíblico.

Voltando ao gráfico, abaixo, temos a interpretação do texto bíblico. O fato de simplesmente lermos a Escritura não quer dizer que já se fez a interpretação do texto bíblico. Ler o texto bíblico exige um outro movimento, que é a interpretação do texto bíblico. No lado esquerdo do gráfico, temos o intérprete, que somos nós. Devemos, portanto, nos achegar ao texto bíblico estudando seus contextos, respeitando-os – daí nasce uma verdadeira interpretação do texto bíblico. Só que o intérprete já chega com algumas pressuposições e alguns pré-entendimentos ou pré--compreensões ao texto bíblico. A ênfase aqui é que não há leitura bíblica que seja neutra. Os diversos movimentos da leitura bíblica, como vemos no gráfico, são determinados pelas nossas pré-compreensões, por nossos pressupostos, pelos axiomas que temos.

Nesta altura é útil distinguir entre pressupostos e preconceitos. Paulo Anglada escreve: "É preciso distinguir entre pressuposições e preconceitos ou prevenções. Os preconceitos, decorrentes das próprias idiossincrasias ou preferências pessoais do intérprete são uma coisa – e representam um perigo real na interpretação das Escrituras, porque são mais ou menos inconscientes e difíceis de serem reconhecidos. As pressuposições, entretanto, são pontos de partida filosóficos, ideológicos ou religiosos reconhecidos e inevitáveis".[4]

---

4 Paulo Anglada, *Introdução à Hermenêutica Reformada* (Ananindeua: Knox, 2006), p. 109.

Podemos até sair do campo da teologia para ilustrar esta questão no campo da arte. Gosto muito de arte medieval e da Renascença. E especialmente as pinturas dos alemães e holandeses. São lindíssimos os quadros de Albretch Dürer, Lucas Cranach, Rembrandt van Rijn e Johannes Vermeer, especialmente os quadros com motivos bíblicos. Como, muitas vezes, estes artistas retrataram os personagens bíblicos? Como eles estão vestidos? Não com roupas da antiguidade clássica ou do primeiro século depois de Cristo — pensando em quadros ligados ao Novo Testamento. Todos eles estão vestidos como personagens medievais ou renascentistas. Por exemplo, a armadura dos soldados é retratada como uma armadura medieval. Não tem nenhuma relação com os equipamentos militares do mundo romano. Qual o ponto? Mesmo na hora de apresentar em quadros as passagens bíblicas, o pintor levou suas pré-compreensões, suas pressuposições nessa interpretação da passagem bíblica. Como encaixamos o que estamos falando do *Credo* com essa questão da relação de pressupostos com a interpretação das Escrituras?

Estamos tratando o *Credo* como o pressuposto para interpretar a Escritura. Não há qualquer leitura bíblica que seja neutra. Toda a nossa leitura bíblica é determinada por nossas pré-compreensões. Portanto, o intérprete cristão tem de ter claro diante de si quais são aquelas doutrinas centrais e radicalmente bíblicas, essenciais à fé cristã, para interpretar o texto sagrado. Se ele não tem diante de si, de forma muito clara, quais são aquelas doutrinas bíblicas centrais da fé cristã, o perigo de cometer erros na interpretação bíblica, de impor ao texto bíblico visões diametralmente opostas a ele, são muito grandes. Como no caso do espiritismo – como na ilustração da noção de maldição hereditária –, mas também de pinturas do final da Idade Média e da Renascença.

Se voltarmos ao gráfico, podemos reparar as setas, e perceber que o processo de interpretação ocorre como um tipo de círculo hermenêutico, um círculo interpretativo, onde nos aproximamos do texto bíblico, o interpretamos, essa interpretação é guiada ou mesmo reforma nossas pressuposições e pré-compreensões, e, de novo, o intérprete volta ao texto bíblico. Quem gosta de estruturas lógicas fica um pouco desconcertado com essa estrutura, porque o que essa estrutura lembra é que todo o processo de interpretação é um processo vivo e dinâmico.

Por isso, em vez da expressão "círculo hermenêutico", devemos preferir a imagem sugerida por Osborne, de "espiral hermenêutica". A premissa deste autor é que a interpretação bíblica opera numa espiral que vai do texto ao contexto, do significado original à contextualização ou significação para a igreja na atualidade. Por isso, a espiral é a metáfora mais adequada para esta estrutura interpretativa, porque, segundo Osborne, este movimento não é um círculo fechado, mas um movimento em espiral, onde o intérprete aproxima-se cada vez mais do verdadeiro significado original pretendido pelo texto, por meio do aprimoramento da interpretação. Não sem razão, Osborne afirma: "As verdades do evangelho são simples, mas a tarefa de desvendar o significado original de textos específicos é complexa e exige trabalho árduo".[5]

Isso acontece conosco de várias formas. Pense em uma pessoa que não era cristão e acabou entrando em uma igreja evangélica. Talvez ela tenha vindo de um contexto religioso nominal, ou talvez de um ambiente religioso bem restritivo e legalista. Quem sabe tenha vindo de uma seita neopentecostal, baseada em visões místicas e mágicas de Deus e da criação, ou talvez tenha vindo de contexto secularizado. Não importa – o ponto em comum é que talvez essa pessoa nunca tenha folheado a Escritura, ou tem lido no máximo pequenas porções dela, de forma bem superficial. Aí esta pessoa ouve um pregador anunciando a mensagem do evangelho. Este pregador afirma ousadamente que Jesus Cristo morreu por pecadores, foi sepultado, e no terceiro dia ressuscitou dentre os

---

5 Osborne, *Espiral Hermenêutica*, p. 29.

mortos para a salvação de pecadores, e que todo aquele que crê nessa mensagem recebe o perdão dos pecados e a vida eterna.

Esta pessoa, lembre, talvez nunca tenha lido a Escritura. Mas, de repente, aquela mensagem ganha o coração dela, transforma suas pressuposições e suas pré-compreensões. Ela diz: "Eu preciso desta salvação. Eu não consigo confiar, mas eu preciso disso. Deus, me ajude a confiar". O Espírito Santo vem com poder e gera fé no coração desta pessoa, fazendo com que ela se agarre a essa mensagem. Ela começa a estudar o texto bíblico. Talvez nem conheça bem o contexto, mas esta pessoa, agora, está começando a ler a Escritura. Aquela mensagem a domina. Ela chega em casa e lembra que tem, quem sabe, um Novo Testamento em algum lugar. Ela o encontra, e o abre no evangelho de Marcos, começa a ler e, mesmo sem entender todos os detalhes do contexto, com o que ela já recebeu – uma pré-compreensão nova –, que resume aquilo que é essencial na mensagem da Escritura, já está apta para tentar descobrir aquilo que é essencial no evangelho de Marcos.

Esta pessoa consegue a Escritura completa, e continua lendo, e percebe que o mundo do Antigo Testamento pode parecer um mundo distante, um tanto assustador, cheio de histórias espantosas, mas com novas pré-compreensões, ela começa a descobrir aquilo que é essencial à fé, que está presente no Antigo Testamento. Mesmo que ela fique chocada com histórias de guerras, mentiras, traições, destruição, reis déspotas e fracos, covardia moral, idolatria, esta pessoa descobre um outro mundo. Ela talvez nunca tenha lido um livro tão antigo quanto aquele, cujas porções mais antigas foram escritas há cerca de 3500 anos, enquanto as mais recentes, há aproximadamente 2500 anos. Mas, por causa das novas pré-compreensões adquiridas, que vieram da mensagem evangélica mais básica, para esta pessoa, mesmo talvez sem conhecer o contexto ou os detalhes das histórias do Antigo Testamento, o centro do quadro já lhe é familiar: Deus é o único Deus, ele é o soberano criador, tudo foi criado por Deus e era

III. A HERMENÊUTICA DA FÉ

tudo muito bom. Houve uma Queda, e tudo mudou – o que acontece de ruim hoje lembra que não era para ser assim. Espera-se um redentor, um Messias, que mude tal situação.

Esta pessoa, por causa da mudança operada pelo Espírito Santo, não consegue parar de ler o texto bíblico. Depois de algum tempo, ela começa a querer aprender mais sobre o contexto das histórias bíblicas. Então, ela procura um pastor e pede indicações de livros sobre a história de Israel. Isso é novo! O máximo que esta pessoa lia era romance ou páginas da internet; agora, por causa das novas pressuposições que ela recebeu do Espírito Santo, está lendo um livro milenar. Então, à medida que esta pessoa, com novas pressuposições e pré-entendimentos do texto bíblico, começa a interpretar o texto, a interpretação começa a aprofundar e a amadurecer suas pressuposições e pré-compreensões, que foram adquiridas em sua conversão.

Em um de seus sermões, Agostinho ensinou que "eu creio para compreender e compreendo para crer melhor" (*intellige ut credas, crede ut intelligas*).[6] Este processo que acompanhamos acima é basicamente isso. Estamos na igreja, ouvindo um pregador na exposição de um texto bíblico, ou numa classe de Escola Bíblica Dominical escutando um irmão no ensino da Escritura, então colocamos fé naquela mensagem, ao ponto de sermos tocados pelo cristianismo básico: Jesus Cristo morreu pelos nossos pecados, foi sepultado, ressuscitou dentre os mortos para nossa salvação. Depositamos nossa fé naquela mensagem. O que começamos a fazer agora? Lutamos com o texto bíblico, com essa nova fé adquirida, para tentar compreender o que é o cristianismo. Na verdade, queremos saber o que Deus tem para oferecer a nós na Sagrada Escritura.

Obviamente, esta é uma questão dinâmica, que nos remete à metáfora da "espiral hermenêutica". Quando uma pessoa crê, ela crê porque entendeu a mensagem básica da fé cristã. Mas, uma vez recebendo pela

....

6 Cf., por exemplo, Agostinho de Hipona, *Tract. Ev. Jo.*, 29.6.

fé essa mensagem básica, ela não vai descansar, e deseja aprender cada vez mais sobre a revelação de Deus na Escritura. Assim, ela lutará para compreender com toda a intensidade aquilo que ela tanto ama e tanto crê, como diz a famosa oração de Anselmo da Cantuária, em um de seus livros chamado *Proslógio*:

> Senhor, reconheço, e rendo-te graças por ter criado em mim está tua imagem a fim de que, ao recordar-me de ti, eu pense em ti e te ame. Mas, ela está tão apagada em minha mente por causa dos vícios, tão embaciada pela névoa dos pecados, que não consegue alcançar o fim para o qual a fizeste, caso tu não a renoves e a reformes. Não tento, ó Senhor, penetrar a tua profundidade: de maneira alguma a minha inteligência amolda-se a ela, mas desejo, ao menos, compreender a tua verdade, que o meu coração crê e ama. Com efeito, não busco compreender para crer, mas creio para compreender. Efetivamente creio, porque, se não cresse, não conseguiria compreender.[7]

É por isso que o fenômeno das megaigrejas — tão sedentas por crescimento que, para alcançar uma cultura indiferente e consumista, abandonam a linguagem teológica — é tão deplorável. Só que conduzir pessoas à Sagrada Escritura não espanta os verdadeiramente convertidos pelo Espírito. Muito pelo contrário! Lembremos de Jeremias 2.12-13: "Espantai-vos disto, ó céus, e horrorizai-vos! Ficai estupefatos, diz o Senhor. Porque dois males cometeu o meu povo: a mim me deixaram, o manancial de águas vivas, e cavaram cisternas, cisternas rotas, que não retêm as águas". As Escrituras são, de fato, um poço que sacia de fato nossa alma. Quanto mais cavarmos esse poço, para sermos saciados por água pura e cristalina, mais seremos satisfeitos.

....

7 Citado em Franklin Ferreira, *Servos de Deus: Espiritualidade e Teologia na História da Igreja* (São José dos Campos: Fiel, 2014), p. 119-20.

III. A HERMENÊUTICA DA FÉ

John Robinson, um puritano congregacional, fugiu da Inglaterra, chegou à Holanda, e de lá embarcou no Mayflower, o primeiro barco que cruzou o Atlântico com peregrinos para levá-los à América. Durante as preparações para seguir para a América, Robinson afirmou em seu discurso de despedida, em 1619, que "estava certo que o Senhor tinha ainda mais verdades e luz para irromper de sua santa Palavra".[8] Portanto, com estas novas lentes interpretativas, que estudemos com afinco as Escrituras.

Pressuposições e pré-entendimentos agindo sobre a compreensão do intérprete o conduzem para o texto bíblico. Esta pessoa estuda o contexto, interpreta o texto bíblico e a interpretação que ela faz do texto bíblico vai depurando ou amadurecendo as suas pré-compreensões iniciais. Não há qualquer interpretação bíblica que seja neutra. Nesse ponto, Rudolf Bultmann, o famoso intérprete luterano do Novo Testamento do século XX, estava corretíssimo. Ele escreveu um texto famoso, chamado *Não há interpretação livre de pressupostos*. No caso de Bultmann, ele rejeitou os ensinos do *Credo* como pressupostos cristãos. Para ele, e ele diz isso em outro texto chamado *Jesus Cristo e mitologia*, não fazia mais sentido falar para o homem moderno, no começo da década de 1940, de céus acima e inferno abaixo, de ressurreição corporal, etc. Para os seguidores desta posição, ao homem moderno seria uma impossibilidade não somente o crer mas aceitar a historicidade da ressurreição de Jesus Cristo. Então, segundo o professor alemão, a pessoa precisaria ler o texto bíblico não mais com os óculos míticos, não com pré-compreensões míticas, mas precisaria, agora, reler o texto bíblico com pré-compreensões existencialistas.

Como lidar com essa questão que Bultmann levanta? Se nós queremos receber a Palavra de Deus como Palavra salvadora, nós precisamos interpretá-la nos seus próprios termos. Nós precisamos interpretá-la a partir de

....

8 Citado em Timothy George, *Teologia dos Reformadores* (São Paulo: Vida Nova, 1994), p. 247.

suas próprias pressuposições, como resumidas no *Credo*. Se impusermos outras pressuposições à Escritura, estranhas a ela, não entenderemos a Escritura. Portanto, o grande problema da posição de Bultmann é que, se de um lado ele está certo — não há leitura bíblica sem pré-compreensões ou pressuposições —, do outro lado ele descartou o *Credo* da igreja, ele descartou o resumo daquilo que a própria Escritura exige que os cristãos creiam, e colocou o existencialismo heideggeriano no lugar dela. Paradoxalmente, enquanto Bultmann achava que estava salvando a fé cristã ao evocar Martin Heidegger, este controverso filósofo alemão que foi filiado ao partido nazista não queria saber nada de salvar a fé cristã. E seu país, nesta época, foi tomado por uma febre de paganismo, conhecida como a ideologia nacional-socialista. Portanto, chega a ser irônico um erudito do Novo Testamento sugerir que o existencialismo heideggeriano poderia ser como uma chave hermenêutica, a qual poderia reinterpretar e salvar a relevância da mensagem cristã para o homem europeu da primeira metade do século XX.

Portanto, não há leitura bíblica que seja neutra. Não há leitura bíblica que ocorra num, por assim dizer, vácuo. Todos nós chegamos à Sagrada Escritura com pré-compreensões, com axiomas, com pressupostos. A grande pergunta aqui é: quais são aqueles pressupostos, quais são as pré-compreensões que guiam nossa interpretação ao texto bíblico? Como nos aproximamos da Escritura? Crendo que o texto é, de fato, a Palavra de Deus? Crendo que o texto afirma que há um Deus que é Pai, Filho e Espírito? Crendo que este Deus Pai criou tudo muito bom, pelo seu poder, e sustenta toda a criação pelo seu próprio poder em Jesus Cristo? Que este morreu por nossos pecados e ressuscitou de fato, em nossa história? E que o Espírito Santo opera com poder naqueles que creem nesta mensagem? Será que são essas as pré-compreensões que nós levamos ao texto bíblico?

Alguns teólogos liberais ficam horrorizados com estes desdobramentos que estamos tratando aqui, e dizem que essa dependência de pressupostos cristãos seria permitir a intrusão da teologia sistemática na interpretação do texto bíblico. Mas tal posição é ingênua. Ao mesmo tempo em que estes teólogos, por pressão da cultura mais ampla, estão abrindo mão do *Credo* da Igreja, eles acabam trazendo o existencialismo, o marxismo ou a fenomenologia, julgando e retalhando o texto bíblico a partir destas várias óticas concorrentes. Não há interpretação bíblica neutra. Estes teólogos liberais pensam que podem oferecer "outro modo de ler a Escritura" e acusam os teólogos conservadores de adotarem um método "não-científico" de hermenêutica. Eles propõem ler a Escritura considerando "outros fatos" – que os relatos bíblicos eram míticos, por exemplo; ou lê-la sob a ótica marxista, outro exemplo. Por sua ingenuidade, eles esquecem que até mesmo esses fatos serão já assumidos segundo os seus pressupostos. Rousas Rushdoony escreveu o seguinte:

> Os fatos são o que nossas pressuposições assumem o que eles são. Se nossa pressuposição for consistentemente cristã, os fatos que confrontamos são criados por Deus e governados, como nós mesmos, por Seu conselho predestinador. Se nossas pressuposições são fundamentadas sobre o homem autônomo num mundo de factualidade bruta, então o ponto de referência em todo pensamento é essa factualidade bruta onipresente. É a nossa pressuposição que torna os fatos inteligíveis e determina o que é um fato. Antes de abordarmos um 'fato', nossa pressuposição já determinou o que constitui um 'fato', de forma que quando perguntamos, o que é um 'fato', podemos responder à questão apenas olhando para nossa pressuposição.[9]

Desse modo, os intérpretes liberais sofrem do mesmo problema que acusam nos conservadores.

....

9 Rousas Rushdoony, *The Word of Flux: Modern Man and the Problem of Knowledge* (Vallecito: Ross House Books, 2002), p. 28.

Sendo assim, ou nos aproximamos da Sagrada Escritura recebendo pela fé aquilo que é mais básico e essencial na própria Sagrada Escritura ou corremos o risco de interpretar essa Sagrada Escritura com outras pressuposições, outras pré-compreensões que não aquelas que a Escritura mesma exige daquele que crê.

Precisamos lembrar que a Escritura não foi dada a intelectuais. Como Paulo escreveu aos cristãos em Corinto: "Não foram chamados muitos sábios segundo a carne, (...) pelo contrário, Deus escolheu (...) aquelas que não são, para reduzir a nada as que são; a fim de que ninguém se vanglorie na presença de Deus" (1Co 1.26-29). Não faz sentido exigir de homens e mulheres simples conhecimentos ligados ao existencialismo, à fenomenologia ou até mesmo, segundo alguns, do marxismo, para interpretar a Sagrada Escritura. Todo esse apelo que se faz a outras pré-compreensões de interpretação do texto bíblico estranhas ao mundo bíblico torna a fé cristã exotérica. Estes pressupõem que se precisa entender existencialismo, que se necessita da leitura de Heidegger, Jean-Paul Sartre, Albert Camus e outros para falar hoje da mensagem bíblica; que se necessita ler Paul Tillich para tornar a mensagem bíblica relevante hoje; que é necessário entender Karl Marx, Antonio Gramsci e estudar os teólogos da libertação para que a mensagem da Escritura encontre seu espaço em nosso contexto. Esse tipo de abordagem não faz sentido algum quando pensamos no público alvo da Sagrada Escritura. O público alvo da Escritura era gente simples, fazendeiros, agricultores, donas de casa e pescadores.

A única posição que faz sentido é a posição de Deus revelando o que nós devemos crer, a partir das Escrituras, para compreender corretamente a própria revelação que ele faz de si nas Escrituras. Não há qualquer espaço – e nem devemos conceder nenhuma tolerância – para aqueles que tentam tornar a interpretação das Escrituras um tipo de jogo exotérico. Justamente porque não é assim que Deus lida conosco na Escritura. O modo como Deus trata conosco na Escritura é que se cremos no Pai, no Filho e no Espírito, essa estrutura já é suficiente para interpretarmos corretamente a Sagrada Escritura. E a partir daí entramos naquilo que Osborne chama de círculo hermenêutico. Esta metáfora ilustra que toda a nossa leitura bíblica não é feita num vácuo. Deus usa as nossas pré-compreensões, os nossos pressupostos, nosso estudo do contexto para que interpretemos corretamente a Escritura e, fazendo isto, continuemos corrigindo, aprofundando e depurando nossas pré-compreensões, nossas pressuposições, sempre à luz da Escritura. Então, o problema já não seria mais acerca do "mito da neutralidade" hermenêutica, mas o problema da "pluralidade ou relativismo hermenêutico" uma vez que existem tantas pressuposições quanto existem intérpretes.

Então, como saber se a nossa interpretação é correta? Precisamos tratar, portanto, ainda que brevemente, do que seria uma "interpretação correta" e como aferir essa interpretação. Geralmente os cristãos são acusados de usar um tipo de argumento circular, por defender que a Escritura é a aferidora de nossa interpretação e que nossa interpretação está correta porque está de acordo com a Escritura. Mas o chamado "método transcendental", que começa com as *pressuposições* reveladas na Escritura, através das *proposições* das Escrituras até as *conclusões* da Escritura é o que distingue esta posição de outras correntes. Então, temos a pergunta: qual sistema interpretativo fornece as pré-condições para ler as Escrituras?

O sistema hermenêutico adequado será aquele em que a própria Escritura forneça o alicerce para a construção daquele sistema. Assim, se a Escritura diz de si que é inspirada, que há um Deus eterno, todo-poderoso, que criou o mundo, e que este é finito; que o significado do mundo já foi dado na Escritura; que a descrição que ela faz do homem – criado bom, mas agora pecador, que o pecado atingiu toda a sua natureza, mas ainda assim é passível de redenção e restauração, – isso deve ser assumido *a priori*. A partir da aceitação destes pressupostos, então, passa-se para o "teste da experiência", isto é, é possível viver honestamente sob tais pressupostos?

Enfim, os axiomas fornecidos pelas Escrituras devem ser organizados logicamente, de modo a evitar incoerências internas e, assim, vê-los testados na experiência, criando assim um sistema de pressupostos absolutamente derivados da Escritura. No caso que estamos examinando, o *Credo* preenche esta necessidade perfeitamente. Ele traz proposições diretamente derivadas das Escrituras, organizando os dados de maneira lógica – Deus Pai criador, Deus Filho redentor, Deus Espírito consolador ou criação, queda, redenção e restauração – e, por ele, a Igreja de Cristo pôde edificar uma fé robusta, sólida, e capaz de suportar até mesmo o martírio.

É brutalmente honesto como C. S. Lewis narra a apropriação de pressupostos filosóficos que fossem viáveis para que ele lecionasse:

> Eu estava, então, lecionando filosofia (desconfio que muito mal) além de inglês. E meu corrompido hegelianismo não serviria para propósitos de orientação de estudos. Um orientador precisa esclarecer as coisas. Ora, o Absoluto não pode ser esclarecido. O Senhor quer dizer um Sabe-se-lá-o-quê ou uma mente sobre-humana e portanto (como também podemos admitir) uma Pessoa? Afinal, será que Hegel, Bradley e todos os outros fizeram algo além de acrescentar mistificações ao simples e viável idealismo de Berkeley? Acho que não. E será que o 'Deus' de Berkeley não desempenhava o mesmo papel do Absoluto, com a vantagem adicional de termos pelo menos alguma noção do que queríamos dizer com Ele? Acho que Ele desempenhava, sim, tal papel. Então fui impelido de volta a algo semelhante ao berkelianismo; mas berkelianismo com alguns acréscimos meus.[10]

Lewis estava narrando suas lutas intelectuais e sua peregrinação em direção à Alegria. Ele acrescenta numa igualmente reveladora nota: "Não,

---

10   C. S. Lewis, *Surpreendido pela Alegria* (Viçosa: Ultimato, 2015), p. 197-98.

é claro, que eu pensasse ser responsabilidade do orientador fazer prosélitos para sua própria filosofia. Mas descobri que precisava de uma posição própria como base a partir da qual criticar os ensaios dos meus alunos".[11] Em outras palavras, Lewis, antes de sua conversão, entendeu a necessidade dos pressupostos, e lembra que não há interpretação neutra da criação ou dos saberes – e que muitas vezes a escolha de pressupostos ou axiomas é feita arbitrariamente.

No final, quando a Escritura inteira exige que confiemos em Deus, que coloquemos nossa fé nele, o qual, por meio da Escritura, não pede nada absurdo, nada diferente do que é comum nessa terra criada por ele mesmo.

Notemos o gráfico abaixo:

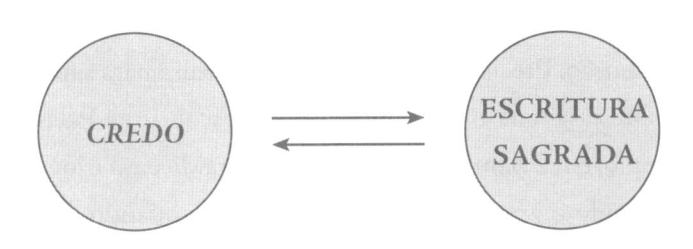

CREDO ⇌ ESCRITURA SAGRADA

Há dois círculos e duas setas ido e vindo. Esses dois círculos tentam ilustrar essa tensão, que pode ser caracterizada como uma tensão criativa entre a nossa leitura da Sagrada Escritura e os pressupostos cristãos como resumidos no *Credo dos Apóstolos*. De um lado, precisamos ter uma pré-compreensão bíblica ao nos aproximarmos da Sagrada Escritura. Por outro lado, quanto mais estudamos a Sagrada Escritura com essa pré-compreensão também bíblica, mais o nosso entendimento daquilo que é afirmado no *Credo* vai ser aprofundado, mais os dogmas de fé, as doutrinas cristãs que devem ser tão preciosas para nós, mais tais doutrinas

....

11 Ibid., p. 197.

serão aprofundadas. Como afirma Anselmo da Cantuária no capítulo de abertura do célebre *Proslógio*: "Não busco compreender para crer, mas creio para compreender". Este é o caminho que buscamos apontar aqui.

Então, começamos a partir do prisma do que deve ser básico ao cristão, "creio em Deus, o Pai, todo-poderoso", a ver que a Escritura ensina claramente, além de qualquer debate, que Deus é todo-poderoso, por isso ele é o criador do céu e da terra, e para esse Deus nada há impossível. Aprendemos isso na Escritura, nas histórias de Abraão, de Jacó, de Moisés e da libertação do povo eleito do Egito, e em Josué. O Deus todo-poderoso, o Senhor do impossível agindo em favor do seu povo. Só que retornamos ao *Credo*. Como a soberania de Deus opera com relação às nossas decisões e escolhas? Há um nível em que nós escolhemos e estas escolhas são reais. "Como isso funciona então?", pergunta-se. Então, temos agora outra tensão. Precisaremos retornar à Escritura para saber o que esta ensina sobre essa tensão que começamos a descobrir na Palavra de Deus. Por exemplo, em 2 Samuel 16.5-13, Simei amaldiçoava e jogava pedras em Davi quando o grande rei fugiu de Jerusalém, quando Absalão toma o poder. Um dos guarda-costas de Davi, Abisai, disse: "Por que amaldiçoaria este cão morto ao rei, meu senhor? Deixa-me passar e lhe tirarei a cabeça"; e Davi disse: "Deixai-o; que amaldiçoe, pois o Senhor lhe ordenou". Porém, o tempo passou e a situação política e militar mudou. Absalão foi derrotado e Davi voltou ao trono, em Jerusalém. Então, ao final da vida, Davi chamou Salomão, recém-coroado e diz (1Rs 2.8-9):

> Eis que também contigo está Simei, filho de Gera, filho de Benjamim, de Baurim, que me maldisse com dura maldição, no dia em que ia a Maanaim; porém ele saiu a encontrar-se comigo junto ao Jordão, e eu, pelo Senhor, lhe jurei, dizendo que o não mataria à espada. Mas, agora, não o tenhas por inculpável, pois és homem prudente e bem saberás o que lhe hás de fazer para que as suas cãs desçam à sepultura com sangue.

Então Salomão estabelece algumas condições para Simei ficar vivo: "Edifica-te uma casa em Jerusalém, e habita aí, e daí não saias, nem para uma parte nem para outra. Porque há de ser que, no dia em que saíres e passares o ribeiro de Cedrom, fica sabendo que serás morto; o teu sangue cairá, então, sobre a tua cabeça" (1Rs 2.36-37). Mas, Simei viola o acordo e é morto (1Rs 2.46). Há uma tensão aqui, uma tensão entre a soberania de Deus e a responsabilidade moral dos seres humanos. De um lado, Simei foi usado por Deus para disciplinar Davi, e Davi reconheceu isso. Mas do outro lado, Simei teve de dar conta dos seus atos para Deus, e ele foi morto por causa do pecado que ele cometeu contra o rei Davi. Então, nós temos um paradoxo, e este dinamismo vai marcar toda a nossa vida de leitura bíblica.

Na medida em que nos aproximamos da Escritura com algumas pré-compreensões bíblicas, esta meditação no texto bíblico leva-nos a ampliar cada vez mais as afirmações do *Credo*, a entendê-lo com cada vez mais profundidade, haja vista que o *Credo* trata do próprio Deus. Todo foco do *Credo* é Deus. Então, temos essa interação dinâmica entre a leitura do *Credo* e a leitura da Sagrada Escritura.

IV. RECAPITULAÇÃO

Estamos tratando da primeira palavra do *Credo*: "Creio". Meditamos um pouco no que significa a palavra: ela implica confiança, compromisso, obediência, de forma que aquele que recita o *Credo*, aquele que medita o *Credo*, tem de estar comprometido, tem de confiar naquilo que este documento está afirmando nos enunciados posteriores – e que trataremos em breve. O *Credo* começa no singular. Isto é, no final, cada um de nós tem de, pessoalmente, se comprometer com o que é confessado, com confiança, obediência e comprometimento.

Tratamos também da ideia de confessar e sobre o significado de confissão no Antigo e Novo Testamentos, seguindo a ideia de que ao mesmo tempo que Deus se dirige a nós por meio de sua Palavra, ele espera uma resposta de fé pessoal de nossa parte. E fé não é apenas a confiança, mas é aquela fé que leva o fiel, o crente, aquele homem e mulher que teme a Deus a responder a Deus de forma intelectual e racional, afirmando diante de Deus o que se crê à luz da revelação de Deus, que vem a nós na Sagrada Escritura.

Nós vimos que no Antigo Testamento há uma série de textos que são confissões de fé, que nos ensinam que todo o Antigo Testamento é uma resposta confessional ao Eterno, ao Deus que age, a Deus operando com poder em meio ao seu povo.

Concluímos, então, falando da fé como afirmada no *Credo* como um pressuposto ou axioma. Todos nós nos aproximamos da Escritura

Sagrada, ou de romances, de livro de história, filosofia, etc., em suma, da criação, a partir de alguns pressupostos, que são as nossas crenças mais básicas e fundamentais, mais ulteriores, que muitas vezes nem examinamos. Nós temos essas crenças, mas partimos do princípio que elas são verdades absolutas. Talvez nunca as tenhamos examinado. Visto que possuíamos um tipo de óculos, nós tínhamos um prisma para interpretar o texto bíblico. Não examinamos essas nossas lentes, não questionamos estas nossas pré-compreensões, e encaixávamos os textos bíblicos a essas pré-compreensões. E isso era feito de forma bem ingênua.

Então, neste sentido, todo homem e toda mulher têm suas pré-compreensões. Ainda somos acostumados com aquela ideia de que, por exemplo, no campo das ciências, o cientista trabalha com seu jaleco branco, num ambiente ascético. E ele descobre um novo dado da ciência, do nada. Ele está no trabalho e, de repente, "eureca!", há uma nova descoberta. Mas não é assim que a ciência progride.

Thomas Kuhn, em seu livro *A estrutura das revoluções científicas*, argumentou que uma crise pode definir a emergência de um novo paradigma.[1] E se esse novo paradigma vence, ocorre uma mudança completa no paradigma anterior. Podemos pensar em alguns exemplos de mudanças paradigmáticas, como da ptolomaica para a copernicana, da newtoniana para a einsteiniana, da física clássica para a física quântica. Então, a ciência, por meio de asserções temporárias, busca conformar certas teorias à criação, em busca das relações de causa e efeito dos fatos observados. Simplificando o processo, em algum momento um cientista tem outra percepção, outro enquadramento, para interpretar certo fato, e de repente este cientista descobre algo novo, e a ciência se desenvolve.

Para concluir, muito de nossa interpretação do mundo é baseada em nossas pré-compreensões, em nosso pano de fundo social, político

....
1 Cf. Thomas S. Kuhn, *A Estrutura das Revoluções Científicas* (São Paulo: Perspectiva, 2006).

e cultural, e isso também se dá quanto à fé. Se nós chegamos à Sagrada Escritura com outros óculos se não aqueles exigidos pela Sagrada Escritura, nós vamos transformá-la na mãe de todas as heresias. Imporemos à Escritura ideias e noções que são estranhas a ela. Batalha espiritual, pregação da prosperidade, marxismo cultural, teologia da libertação, a ideia de que os grandes eventos do Antigo Testamento na verdade não são históricos, como a libertação do povo do Egito, mas apenas simbolizam que Deus é Deus dos pobres, Deus do proletariado, que Deus está do lado dos humildes e "ai dos opressores", "ai dos burgueses", como se não houvesse pobres no Egito que sofreram o peso da mão divina quando Deus tirou seu povo de lá.

Se nós queremos ser leais à Escritura Sagrada, e entender salvadoramente a mensagem contida na Palavra de Deus, nós precisamos chegar à Escritura com as pré-condições, com os pressupostos que a própria Escritura exige. O argumento aqui defendido e exposto é que o *Credo*, esse pequeno documento, com linguagem simples e acessível, pode servir-nos como estes óculos ajustados para compreendermos a mensagem da Sagrada Escritura e, do outro lado, compreendendo a mensagem da Sagrada Escritura, ampliarmos e aprofundarmos cada artigo do *Credo*.

É sempre bom lembrar que as *Institutas da religião cristã*, de João Calvino, que possuem mais de 1.500 páginas (o equivalente ao Antigo Testamento inteiro mais os quatro Evangelhos), são um volumoso comentário do *Credo dos Apóstolos*!

V. O DEUS-TRINDADE

O preâmbulo do *Credo*, em meu entendimento, é "creio em Deus". Gastamos um bom tempo elaborando o que significa "creio", mas o *Credo* começa afirmando "creio em Deus". Tudo o mais é desdobramento desta declaração.

O *Credo* começa afirmando que nossa fé repousa em Deus. Quem é esse Deus? Quem é o Deus que a igreja adora? Quem é o Deus que é confessado no *Credo dos Apóstolos*? No relato natalino de Lucas, quando os anjos, em uníssono, confessam: "Glória a Deus nas maiores alturas" (Lc 2.14): "Deus dos altos céus", ser presente, vivo, atuante e que se faz conhecer. Quem é o Deus confessado no *Credo*?

O Deus enunciado no *Credo*, de acordo com as Escrituras, é aquele que reina nos céus, o Deus altíssimo, aquele Deus que habita nas maiores alturas. O Deus como afirmado no *Credo* é o Deus que vem a nós — e digo isso com muito temor — de um lugar onde não há tempo, não há história, não há cronologia. Isso é muito difícil de pensar. Nós somos escravos do tempo. Nós somos escravos de nosso momento histórico, de nossa cronologia, mas o Deus que nós confessamos, o Deus que a igreja confessa e adora, não está preso a tempo, a espaço, a matéria ou a energia. Falando das galáxias, nós, leigos em astronomia, costumamos pensar que há, no máximo, a Via--Láctea, e não pensamos mais nisso. Mas a Via-Láctea é uma das várias galáxias que existem, tendo uma extensão de 100.000 anos-luz. Existem provavelmente mais de 170 bilhões de galáxias no universo observável! Há, inclusive, galáxias maiores que a Via-Láctea. Andrômeda, localizada a cerca de 2,54 milhões de anos-luz de distância da Terra, tem 110.000 anos-luz de extensão.

Para mim, é surpreendente lembrar que o Deus revelado na Escritura está muito acima de todos os planetas e estrelas que existem. Ele reina acima de todos eles. Esse é o Deus que é confessado no *Credo*. Ele não é somente o Deus altíssimo. A noção em Lucas 2.14 de "glória a Deus nas maiores alturas", de Deus nos lugares altos, é que esse Deus que também está nos lugares altos é o Deus vivo, o Deus que também é por nós, o Deus que vem a nós.

Se, de um lado, os protestantes têm seus estranhamentos com católicos e ortodoxos, o *Credo* é uma expressão comum de todo o cristianismo. E algo muito importante aqui é que só o cristianismo ensina tal verdade sobre Deus. Nenhuma outra religião, nenhum sistema de pensamento ensina que o Deus que reina sobre tudo, o Deus altíssimo, o Deus santíssimo, o Deus que está acima e além da criação, é também o Deus vivo, o Deus presente, o Deus que vem a nós, o Deus que nos encontra. Se a Via-Láctea é uma entre tantas galáxias do universo, quem somos nós? Um pontinho perdido na criação. O Deus afirmado e confessado no *Credo* é o Deus que se revela na Escritura, o Deus que reina sobre toda criação, é também o Deus que se dirige a nós, o Deus que vem a nós. Lembre-se do contexto de Lucas 2.14. Os anjos, diante dos pastores no campo, estão celebrando que o Deus das maiores alturas veio à humanidade em Jesus Cristo, nascido num estábulo, num lugar em que eram colocados animais do campo, e ele repousava em uma manjedoura. Uma imagem impressionante. Esse é o Deus que confessamos, quando nós começamos dizendo a uma voz "creio em Deus". O Deus que se revela na Escritura e é confessado pela igreja não é uma qualquer divindade, e isto é vital para a fé cristã.

Mais à frente focaremos nossa atenção em Jesus Cristo, o coração do *Credo*. Porém, todo mundo hoje fala em Deus. Curiosamente, segundo o último senso do IBGE, começou uma espécie de ressurgência de ateus no Brasil. Uma parcela significativa destes ateus é composta de "ex-crentes", mas fora os ateus, todo mundo fala em Deus. Todo mundo tem o nome de Deus na boca, mas não o nome de Cristo Jesus. Mas esse Deus que é mencionado pelas pessoas de forma tão banal em nosso meio não é o Deus da Bíblia. Aquele que supomos poder manipular como se estivesse em uma reunião xamã ou animista "declarando", "tomando posse", dando ordens, não é o Deus da Escritura, confessado pelo *Credo*. "Creio em Deus", mas qual Deus? Aquele que reina nas maiores alturas, o Deus altíssimo, o Deus vivo. Eclesiastes 5.1-2 afirma uma verdade importante. O autor de forma realista diz: "Guarda o pé, quando entrares na Casa de Deus; chegar-se para ouvir é melhor do que oferecer sacrifícios de tolos, pois não sabem que fazem mal. Não te precipites com a tua boca, nem o teu coração se apresse a pronunciar palavra alguma diante de Deus; porque Deus está nos céus, e tu, na terra; portanto, sejam poucas as tuas palavras". É por isso que precisamos reaprender a orar os Salmos. Deus está nos céus, nós estamos na terra. Deus é o altíssimo. Para usar a expressão provocadora de Karl Barth, Deus é o *totalmente outro*.

Não há sequer um ponto de contato entre nós e este Deus que não Jesus Cristo vindo a nós na Palavra. Nós não chegamos a ele pela razão, nós não chegamos a ele por mera experiência ou por dedução. Nós não chegamos a ele nem mesmo por meio de sua criação. Nós somente nos chegamos ao Deus confessado no *Credo* por meio de Jesus Cristo. Por isso, o coração do *Credo* é a pessoa bendita de Jesus Cristo.

A EXCLUSIVIDADE DA REVELAÇÃO

Este conhecimento sobre Jesus Cristo se recebe exclusivamente por meio da revelação. 1Tessalonicenses 2.13 diz: "Outra razão ainda temos nós para incessantemente dar graças a Deus: é que tendo vós recebido a palavra que de nós ouvistes, que é de Deus, acolhestes não como palavra de homens, e sim como, em verdade é, a palavra de Deus, a qual, com efeito, está operando eficazmente em vós, os que credes".

Nós não chegamos a Deus construindo escadas a ele. Quando pessoas ao redor de Babel tentaram fazer isso, Deus riu deles e lançou confusão sobre eles (Gn 11.1-9). Não somos nós que construímos uma escada para chegar a Deus. Nós não chegamos a Deus por nossa inteligência, esperteza, malandragem ou diploma. Nós não precisamos de outras pré-compreensões estranhas à Escritura para entender a Escritura. Não precisamos estudar o existencialismo ou o marxismo para entender a Escritura ou torná-la relevante hoje. Devemos nos aproximar da Escritura com as pré-compreensões que a Escritura mesmo exige de nós, e resumidas no *Credo*.

Devemos interpretar a Escritura não por meio de uma hermenêutica de suspeita, mas de maneira afirmativa (P. Stuhlmacher), numa relação de amor para com o texto (N. T. Wright; Larry Hurtado). Quando outro referencial externo comanda a interpretação da Escritura, dificilmente poderá construir-se uma teologia que faça justiça à Escritura. Portanto, o verdadeiro intérprete da Escritura se aproxima dela com humildade, pronto para receber o que o texto é – a Palavra de Deus.

É o Deus altíssimo, o Deus vivo que vem a nós. Ele dá de si mesmo a nós, ele se revela a nós, fundamental e finalmente na Sagrada Escritura. Uma revelação que é dada a todos nós, homens e mulheres, crianças, adolescentes, jovens, adultos, de todas as etnias e classes sociais. Qualquer um de nós pode chegar à Sagrada Escritura com essas pré-compreensões que estamos desenvolvendo aqui, com algumas ferramentas básicas de interpretação de texto, e ouvir a voz de Deus na Sagrada Escritura. Nós não temos um magistério acima ou ao lado da Escritura, e mesmo aqueles que têm se dedicado ao seu estudo não têm o monopólio da interpretação bíblica, pois nenhuma Escritura é de particular interpretação (2Pe 1.20-21). Qualquer um de nós pode ouvir Deus falando na Sagrada Escritura.

Como citamos acima: "(...) tendo vós recebido (...) acolhestes (...) a palavra de Deus". Note que a Palavra vem de cima para nós, e nosso papel aqui não é nos aproximarmos da Escritura, como vimos acima, com espírito de julgamento, mas com espírito de amor. Como já lembrado, por meio de uma hermenêutica de amor, recebendo-a, estendendo as mãos para ela como Palavra de Deus que, de fato, ela é. Então, é apenas porque Deus vem a nós na revelação da Sagrada Escritura que nós podemos confessá-lo como sendo o Deus que vem a nós, como o Deus altíssimo, o Deus vivo, o Deus cheio de majestade, o Deus que abarca toda a criação, e que é muito maior do que toda a criação. Para lembrar a bonita imagem que vem de Martinho Lutero, a Escritura é o bercinho de Jesus. É justo aqui que encontramos Cristo. Se o berço é frágil, o bebê cai. Mas esse berço, a Escritura, não é frágil. É nele que Deus vem a nós, é nele que nós aprendemos a respeito do Deus que nós confessamos.[1] Irineu de Lyon escreveu:

> Não foi, portanto, por ninguém mais que tivemos conhecimento da economia da nossa salvação, mas somente por aqueles pelos quais nos chegou o Evangelho, que eles primeiro pregaram e, depois, pela vontade de Deus, transmitiram nas Escrituras, para que fosse para nós fundamento e coluna da nossa fé.[2]

Em Efésios 2.20, 3.5 e 4.11 Paulo afirma que a igreja está fundamentada sobre os profetas e apóstolos. E que a revelação chegou a nós por intermédio deles. Se nós confessamos Deus, se podemos dizer "creio em Deus", é por causa da revelação que veio aos santos apóstolos e profetas. O que torna o cristianismo tão especial é que essa revelação é dada a

....

[1] Kenneth Kantzer, "For Once We Knew to Quit", em *Christianity Today* (11/1987), p. 11.
[2] Irineu de Lyon, *Adv. Haer.*, 3.1.1.

todos nós, todos nós juntos. Aqui não há espaço para aquele tipo de prática que escandalizou Agostinho, quando ele era maniqueu. Um bispo desta seita dualista, um certo Fausto, estava falando, quando alguém lhe fez uma pergunta difícil, que soava como um enigma. O bispo maniqueu, ao ser procurado ao final, questionado por determinadas porções do discurso, respondeu algo do tipo: "Isso eu não posso falar para você porque há não-iniciados entre nós. Isso só pode ser tratado em nossas reuniões, com quem as frequenta a mais tempo, com quem tem mais iluminação. Não posso tratar disso em público".[3] Para quem conhece a história de Agostinho, lembrará que isso não o satisfez, pois ele começou a perceber que as explicações desta seita não o convenciam, e também percebeu que ele mesmo tinha mais conhecimento que o próprio bispo.

De qualquer forma, é necessário afirmar, com toda a força: a revelação de Deus na Escritura não é exotérica. Qualquer um de nós pode chegar à Escritura, pode ouvir a voz de Deus na Escritura, pode ser edificado por Cristo que vem a todos nós juntos na Sagrada Escritura. A igreja é fundamentada sobre os apóstolos e profetas. Lembre-se que essa imagem aparece de novo em Apocalipse. A cidade santa, o novo céu e a nova terra (Ap 21.1) continua tendo como fundamento os apóstolos: "A muralha da cidade tinha doze fundamentos, e estavam sobre estes os doze nomes dos doze apóstolos do Cordeiro" (Ap 21.14). "Creio em Deus", no altíssimo, no gracioso, no Eterno que se dá a nós e que vem a nós na Sagrada Escritura.

Quando lembramos da Palavra que Deus dá ao povo na saída do Egito, nós geralmente lembramos dos mandamentos ou instruções pactuais. É importante, porém, conectarmos o preâmbulo ao primeiro mandamento. Deus em sua revelação diz: "Eu sou o Senhor, teu Deus, que te tirei da terra do Egito, da casa da servidão. Não terás outros deuses diante de mim"

---

3 Agostinho de Hipona, *Confissões*, V.1-7.

(Êx 20.2-3). "Senhor", aqui neste texto, é o tetragrama sagrado, YHWH (que pode ser pronunciado como Javé), o "nome misterioso", que significa "Eu sou o que sou", "Eu sou aquele que é" ou "Eu sou quem Eu sou". Uma possível tradução contemporânea pode ser "Eu sou o Eterno". Ao revelar o seu nome, Deus assegura sua fidelidade eterna e sua misericórdia imutável, tanto no passado, "Eu sou o Deus de teu pai" (Êx 3.6), como no futuro, "Eu serei contigo" (Êx 3.12). Quer dizer, Deus, ao se revelar a seu povo, ensina-lhe seu nome pactual, em conexão com aquilo que ele é.

O texto diz que por ter Deus tirado seu povo da escravidão, por ter Deus, com braço forte, arrancado seu povo do Egito, ele exige culto exclusivo para si. Aqui começamos a perceber que é algo muito sério dizermos "creio em Deus". Nós não podemos ter esperança ou a confiança de sermos cristãos, se confessarmos outro Deus se não aquele que veio a nós na Sagrada Escritura. Idolatria não é apenas nos prostrarmos diante de uma imagem ou amar o Estado. Idolatria é ter uma visão de Deus distinta daquela dada na Sagrada Escritura.

O perigo da idolatria

Um dos grandes livros da fé cristã é o tratado *A Trindade*, de Agostinho — se puder, leia-o. É uma grande obra! Mas leia com calma. Levei quatro semanas para ler todas as 736 páginas do livro.[4] Ajuda muito se o leitor meditar no que está aprendendo, parando um pouco, lendo e relendo, sublinhando, fazendo marcações nas páginas. Porém, ainda que você não tenha esse interesse, não tenha tempo para meditar ou não seja sua vocação dedicar tempo estudando e aprofundando para estudar e se aprofundar sobre quem é o Deus que se revela na Escritura, o cristão,

---

[4] Para um resumo dos temas principais desta obra, cf. Franklin Ferreira, "Deus Trindade: Agostinho de Hipona e o Dogma Trinitariano", em *Teologia Brasileira* (disponível em: <https://teologiabrasileira.com.br/deus-trindade-agostinho-de-hipona-e-o-dogma-trinitariano/> Acesso em: 31/07/2024).

para não cometer o pecado da idolatria precisa, pelo menos, confessar em linhas básicas quem Deus é. Isto é muito sério. Como Cesário de Arles afirmou, "a fé de todos os cristãos assenta na Trindade".[5]

Por todo o Antigo Testamento, mas também no Novo Testamento, Deus despreza o culto idolátrico. Grande parte do combate dos profetas do Antigo Testamento é contra o culto defeituoso ao Eterno. O combate é contra a tentativa de pessoas do povo da aliança de misturar o culto ao Eterno com as crendices dos jebuseus, arameus e filisteus. Então, quando nós, no *Credo*, nos unimos para dizer "creio em Deus", estamos afirmando não qualquer divindade, não um princípio, não uma noção abstrata ou metafísica de quem Deus é. Nós estamos confessando o Deus da Escritura, o Deus altíssimo, o Deus vivo, o Senhor dos Exércitos, aquele que reina sobre todas as coisas e que vem a nós na Sagrada Escritura. Em resposta à revelação de Deus na Sagrada Escritura, nós o confessamos e nós o adoramos. É por ser ele o Senhor Deus que tirou o povo da terra do Egito que o povo não deveria ter outros deuses diante dele.

Blaise Pascal, nos seus *Pensamentos*, diz que todo homem foi criado com um vazio que só é preenchido por Deus. Quando nós não ensinamos sobre esse Deus transcendente, totalmente outro, cheio de glória, o vivo, o altíssimo, o que está nos céus, então, as pessoas se virarão para outras divindades. Elas vão se voltar para o Estado, para o partido, elas se voltarão para uma ideologia. E essa é a tragédia do Brasil e da América Latina hoje. Na Ucrânia, que foi invadida barbaramente pela Rússia em 2022, ninguém mais quer saber da esquerda ou da ideologia socialista, ou de um líder forte, ou de um partido que domine toda a nação. Quem passou por regimes totalitários e a idolatria do Estado quer distância disso. Mas nós estamos flertando com essa ideologia, uma ideologia funesta que matou pelo menos 100 milhões de pessoas ao longo do século XX.

....

5 Cesário de Arles, *Expositio Symboli (sermo 9)*, citado em *Catecismo da Igreja Católica*, p. 71.

V. O Deus-Trindade

Por que pessoas se voltam para a ideologia? Por que pessoas se voltam para o partido ou para o Estado, prestando quase vassalagem idolátrica ao Estado? Porque nós não estamos oferecendo o Deus que somos chamados a crer, o único que pode satisfazer os anseios mais profundos dessas pessoas. "Ah, o Estado tem de intervir, o Estado tem de fazer justiça social. Crentes são insensíveis". Será mesmo? Talvez a diferença é que a mão esquerda do cristão não informa à mão direita o que ela está fazendo (Mt 6.2-4). Nós somos chamados a cuidar dos órfãos, das viúvas e dos marginalizados. Nós somos chamados a nos colocar contra a pobreza, mas não por coação estatal, mas por causa da graça de Deus que habita em nós. Nós somos chamados a cuidar de todos, especialmente dos da família da fé, constrangidos pelo amor divino.

Geralmente, as pessoas que possuem essa mentalidade mais estatizante citam muito Atos 2.44-47 para embasar suas teorias. O interessante é que não é o imperador que manda que os cristãos repartam com os pobres o que eles possuem. Não é o rei da Judeia que faz isso, não é o sumo-sacerdote que ordena isso, ou mesmo os apóstolos, mas aqueles primeiros cristãos, constrangidos pelo amor divino, passaram a alimentar aqueles que nada tinham na comunidade cristã. Nós pecamos quando temos pobres, pessoas desempregadas, órfãos, viúvas e estrangeiros no nosso meio, que não são atendidos pela nossa comunidade, pela nossa igreja. Nós nos movemos para ajudar essas pessoas pelo amor de Cristo que nos constrange, não por causa da coerção do Estado.

Quando confessamos "creio em Deus", nós não estamos crendo em qualquer divindade ou em uma abstração. Nós estamos confessando o Deus que vem a nós na Sagrada Escritura. Esse que vem a nós é o Altíssimo, esse que vem a nós reina sobre toda a criação, esse que vem a nós, nos encontra somente em Cristo, que nos é dado na Sagrada Escritura. Não há qualquer outro ponto de contato entre Deus e a humanidade. E esse Deus não tolera idolatria. Esse Deus tem desprazer na idolatria. Esse

Deus tem desprazer na lealdade dividida. Ele quer tudo de nós. Esse é o único ponto de contato do cristianismo com a ideologia. Quando elas se conflitam, os estudiosos vão notar que tanto o partido como o Deus da Escritura exigem tudo do fiel.

O que quer dizer "creio em Deus"? Que o nome do Deus que se revela nas Escrituras é o Pai, o Filho e o Espírito Santo — e que somente a ele adoramos e nele confiamos. Esse é o nome do nosso Deus. Se nos perguntarem: "Qual o nome do Deus que você adora?", responderemos: "O Deus que adoramos é o Pai, o Filho e o Espírito Santo". As três pessoas da deidade, vivendo em igual glória, em igual harmonia, partilhando honra, glória, amor entre eles, desde toda a eternidade. Por outro lado, confessamos que é somente neste Deus que confiamos, é somente a este Deus que adoramos. Deus é um ser uno e trino, infinito e pessoal. É isso que as primeiras duas palavras do *Credo* querem ensinar para nós: "Creio em Deus".

"... quando nós, no *Credo*, nos unimos para dizer "creio em Deus", estamos afirmando não qualquer divindade, não um princípio, não uma noção abstrata ou metafísica de quem Deus é. Nós estamos confessando o Deus da Escritura, o Deus altíssimo, o Deus vivo, o Senhor dos Exércitos, aquele que reina sobre todas as coisas e que vem a nós na Sagrada Escritura. Em resposta à revelação de Deus na Sagrada Escritura, nós o confessamos e nós o adoramos."

Página do Sacramentário de Drogo (c. 850), onde se pode ver a chamada *manus Dei* (a mão de Deus) a promover a ascensão de Cristo ao céu. Trata-se de uma metáfora artística comum no período para a ação invisível de Deus Pai.

PRIMEIRO ARTIGO

Deus Criador

...

"... o Pai todo-poderoso, criador do céu e da terra."

I. ACIMA DE NÓS E ENTRE NÓS

Quando o *Credo* nos ensina a confessar "creio em Deus", quem é esse Deus que é confessado? Quem é o Deus o qual confessamos, com o qual nos comprometemos, que nós obedecemos? De acordo com a Escritura, esse Deus altíssimo, esse Deus acima da criação, esse Deus vivo, não é outro senão aquele que é o Pai, o Filho e o Espírito Santo. Na introdução, sugeri – segundo a tradução católica e luterana – incluir uma vírgula logo após as primeiras palavras do *Credo*. Geralmente se lê: "Creio em Deus Pai todo-poderoso". Como já foi dito, seguimos outra sugestão, que lê assim o *Credo*: "Creio em Deus, o Pai todo-poderoso". Então, o que nós faremos, de agora em diante, é tentar esmiuçar os três artigos do *Credo*, que tratam de Deus o Pai, Deus o Filho e Deus o Espírito Santo. Esse é o nome do nosso Deus, que se revela na Escritura. Quem nós adoramos? Deus o Pai, o Filho e o Espírito. Atente bem: ao considerarmos as pessoas da divindade, precisamos ter em mente que não temos o direito de escolher quem nós queremos adorar mais, ou quem é central para a adoração.

É curioso notar que algumas tradições cristãs façam essas opções. Então, igrejas com um *background* fundamentalista, focadas mais em leis e regras, enfatizarão o Pai; ou, de uma forma mais vaga, em Deus, mas sem muito descrever quem é esse Deus. A ideia é que Deus deu leis e o agradamos cumprindo essas leis. Há toda uma abordagem muito sóbria marcada não apenas por reverência, mas quase um temor ou terror desse Deus. É curioso que em algumas dessas comunidades não se recomenda orar a Jesus Cristo. Se um fiel for orar a Jesus Cristo, é repreendido. Nem se fale, então, em orar ao Espírito Santo. Tal compreensão de Deus é guiada por um princípio subordinacionista que guiará não só a devoção, mas também oferecerá um tipo de estrutura para a comunidade, que será organizada de forma marcadamente hierárquica.

Em outras comunidades a ênfase será mais evangelística, e estas centrarão sua devoção na pessoa do Filho, Jesus Cristo. Os hinos serão centrados em Jesus Cristo, assim como os apelos tanto para a conversão quanto para a santificação. Serão promovidos livros como *Em seus passos o que faria Jesus?* Talvez seriam oferecidas pulseiras na porta da igreja com as iniciais OQJF ("O Que Jesus Faria?"), que os membros alegremente usariam. Pensa-se pouco em leis ou mesmo em santificação. O foco maior é seguir a Jesus Cristo, imitá-lo, se "decidir por ele", etc.

Em igrejas pentecostais e neopentecostais fala-se muito do Espírito Santo. O Espírito Santo é tratado como se fosse a totalidade de Deus. Mas, curiosamente, visto que o Espírito Santo é considerado separadamente do Pai e do Filho, o Espírito Santo é reduzido a uma mera energia impessoal nessas comunidades. Em algumas delas, influenciadas pela pregação da prosperidade, uma linguagem mágica orienta a devoção: o fiel "declara", "toma posse", "determina", diz quais dons quer, diz como o Espírito tem de agir. Então, o Espírito é tratado simplesmente como um princípio abstrato, uma mera energia no culto dessas comunidades. Nós não temos o direito de fazer essas cessões, essas divisões. O nome do nosso Deus é o Pai, o Filho e o Espírito Santo, e é este que a Igreja confessa no *Credo*.

I. Acima de nós e entre nós

Deus Pai, pessoal e infinito

"O Pai todo-poderoso, criador do céu e da terra". A primeira divisão do *Credo* é focada em Deus Pai. Deus criador, Deus sustentador, o Deus da providência. O Pai todo-poderoso, criador do céu e da terra. Deixe-me destacar alguns pontos importantes que são derivados dessa afirmação de fé.

Como já foi dito, o Deus que é confessado no *Credo* é o Deus Uno e Trino: o Pai, o Filho e o Espírito Santo. A primeira pessoa a ser confessada no *Credo* é Deus Pai, o Deus que se revela como Pai, que é todo-poderoso, criador do céu e da terra. Esse Deus confessado no *Credo* não é só Uno e Trino; esse Deus confessado no *Credo* é — enfatizemos duas palavras — *infinito*, isto é, ele é maior do que toda a criação, ele se assenta acima de toda coisa criada, mas esse Deus infinito que não é comportado pela criação, esse Deus também é *pessoal*. Ele se dirige a nós, ele vem a nós, ele nos chama pelo nosso próprio nome. Isso é muito importante. Essa primeira afirmação é salvaguarda de tudo o que vem a seguir. Se errarmos nessa primeira afirmação, ou nessa noção que é deduzida do primeiro artigo do *Credo*, todo o resto do nosso edifício de fé desaba. Deus é Uno e Trino. Nós cremos em Deus — que se revela como o Pai, o Filho e o Espírito Santo —, mas esse Deus Pai, Filho e Espírito Santo é infinito e pessoal. Então o que está sendo afirmado aqui é que esse Deus Trino, Pai, Filho e Espírito, é *transcendente* e *imanente*.

Podemos aprender isso nas páginas de abertura da Escritura. Em Gênesis 1.1-31, Deus simplesmente dá ordens. Este capítulo deve encantar os cristãos. Deus, simplesmente, dá um comando e tudo acontece. Não há uma ilustração relevante para entender ou ilustrar este capítulo do livro de Gênesis. Nós somos cocriadores, mas nós cocriamos algo já criado previamente. Deus não! Deus existia sempre e sempre como o Pai, o Filho e o Espírito. Este Deus majestoso dá uma ordem, e tudo se faz. Com uma palavra ele preenche o que era vazio. Com uma palavra ele dá forma àquilo que antes não existia. Portanto, segundo as palavras de Agostinho,

"Deus está acima do que em mim há de mais elevado e é mais interior do que aquilo que eu tenho de mais íntimo".[1] Mas em Gênesis 2.1-25 Deus como que toma o barro, molda o ser humano e sopra o seu Espírito naquele ser humano, tornando-o, agora, um ser vivente, criado à sua imagem e semelhança, homem e mulher. Portanto, nos dois primeiros capítulos de Gênesis nos é revelado, de um lado, o Deus infinito, o Deus que reina sobre toda a criação, o Deus que é muito maior do que toda a criação. Ele simplesmente, por um comando, por sua palavra poderosa, cria céus e terra. Por outro lado, esse mesmo Deus desce do seu trono para criar o ser humano, para soprar o seu Espírito sobre o ser humano, para entrar em uma aliança com seres humanos, Adão e Eva.

O Pai Todo-Poderoso

Então, quando meditamos no primeiro artigo do *Credo*, "o Pai todo-poderoso, criador do céu e da terra", nós somos lembrados que Deus é esse ser Uno que se revela como o Pai, o Filho e o Espírito Santo, e esse ser Uno e Trino é infinito e pessoal. Esse Deus Pai é todo-poderoso.

Desenvolveremos a doutrina da paternidade de Deus em outra seção deste capítulo. Mas, nesta altura, é importante destacar o lembrete que Wolfhart Pannenberg faz:

> Nos lábios de Jesus, o nome 'Pai' não é mais o símbolo do Deus de uma sociedade patriarcal. (...) Antes, mesmo no Antigo Testamento, e mais ainda em Jesus, lidamos com modificações significativas nesse simbolismo; e são elas, apenas, que mostram o significado específico do modo pelo qual Jesus falou sobre Deus – e, consequentemente, também o significado da fórmula do credo, com seu lembrete sobre o Deus de Jesus,

....

[1] Agostinho de Hipona, *Conf.* III,6,11, citado em *Catecismo da Igreja Católica*, p. 90.

I. Acima de nós e entre nós

a quem confessamos quando invocamos nossa fé, fé em Deus Pai. Nos lábios de Jesus, o nome 'Pai' indica o modo particular pelo qual o todo-poderoso Deus de Israel, cuja vinda poderosa era esperada para o futuro iminente, foi revelado quando ele enviou Jesus: ele é aquele que deseja salvar os homens do julgamento em cuja direção caminham. Consequentemente, o nome 'Pai' está, desse modo particular, essencialmente relacionado à bondade misericordiosa de Deus. Esse é o modo particular por meio do qual a realidade divina, determinante e plenamente sustentadora, foi revelada através de Jesus ou, melhor ainda, o modo pelo qual essa realidade revelou-se a si mesma, pois o próprio Jesus concebia Deus como aquele que de fato agia na missão que fora confiada a ele, Cristo.[2]

Aqui é importante destacar que, "de todos os atributos divinos, só a onipotência é nomeada no Símbolo: confessá-la é de grande alcance para a nossa vida".[3] A ideia aqui é que Deus tem todo o poder.

Para ele, 'nada é impossível' (Jr 32.17,27). Dessa forma, a ideia de poder divino todo-poderoso é especificamente israelita. Deve ser distinguida, antes de tudo, de qualquer compreensão grega a respeito de Deus, estando mais relacionada a certas divindades sumérias e babilônicas – conquanto estas nunca fossem os únicos deuses. É verdade que, nas versões gregas primitivas do Credo Apostólico, a afirmação de Deus como todo-poderoso se expressa por meio do título grego *pantocrator*, senhor de tudo, termo também empregado ocasionalmente em referência a deuses gregos, como Hermes. No entanto, muito tempo antes, a palavra tornara-se familiar à tradição judaica e cristã, através da tradução grega do Antigo Testamento, na qual a combinação *kyrios pantocrator* era usada

---

2 Wolfharth Pannenberg, *The Apostles' Creed in Light of Today's Questions* (Eugene: Wipf and Stock, 2000), p. 32-33.
3 *Catecismo da Igreja Católica*, p. 80.

como tradução para o nome veterotestamentário de Deus, Yahweh Sabaoth. Ademais, tal tradução mostra, mais uma vez, o quanto o poder absoluto de Yahweh permanecia no centro da fé judaica. A menção do poder divino todo-poderoso no Credo Apostólico, portanto, salienta a identidade do Deus da fé cristã com o Deus de Israel. O fato de nada ser-lhe impossível foi mostrado de forma renovada aos cristãos, por meio da ressurreição de Jesus dentre os mortos (cf. Rm 4.24). O poder todo-poderoso de Deus, contudo, incluía seu caráter como criador de todas as coisas. Quando a confissão de fé em Deus como o todo-poderoso governante de tudo foi melhor elucidada pela adição de referência explícita à criação do mundo, tal fato, portanto, não passou de mera expressão daquilo que já estava incluído na idéia de poder todo-poderoso. Se Deus é, de fato, todo-poderoso, não apenas o mundo visível, a terra, mas também o mundo invisível, o céu, são obra de suas mãos.[4]

Portanto, o *Credo* afirma que nada escapa à força poderosa do Pai. Temos aqui um eco do texto bíblico quando é dito que nada é impossível para esse Deus. A história do diálogo do Deus Eterno com Sara, em Gênesis 18.1-15, é encantadora. Sara ri quando Deus diz que ela vai engravidar com noventa anos de idade. E a pergunta que Deus faz a Sara não tem resposta: "Acaso, para o SENHOR há coisa demasiadamente difícil?" Quando nós confessamos, então, que Deus é todo-poderoso, estamos confessando não só que ele sustenta todas as coisas, que ele as mantém por seu poder, mas que também esse Deus pessoal é o Deus que se digna a dizer-nos que nada é impossível ou inalcançável para ele, e que intervém em nossa história.

Nós podemos confiar, contra o teísmo aberto, que Deus reina e está no controle da criação, mesmo do mal – ainda que Ele não seja, de modo

....

4 Pannenberg, *Apostle's Creed*, p. 30-31.

algum, a causa do mal moral.⁵ Mas, por outro lado, como Agostinho escreveu, "o Deus todo-poderoso (...) por ser soberanamente bom, nunca deixaria qualquer mal existir em suas obras se não fosse bastante poderoso e bom para fazer resultar o bem do próprio mal".⁶ Portanto, o Deus todo poderoso pode fazer que o bem ocorra, mesmo diante das consequências do mal causado pelas criaturas (Gn 45.8; 50.20; cf. Rm 8.28).

É curioso que nas teologias sistemáticas geralmente se estuda primeiro quem é Deus e depois as suas obras. E, geralmente, nessas teologias sistemáticas, se trata da criação antes da providência. Porém, no *Credo*, a providência, esse poder todo-poderoso de Deus, é afirmada antes da criação. Esse Deus para o qual não há impossível é crido e confessado antes de sua obra de criação. A conexão que escapa para alguns é que somente um Deus todo-poderoso, somente um Deus para o qual não "há coisa demasiadamente difícil" (Gn 18.14), é que pode formar céus e terra. Elimine-se o todo-poder de Deus, elimine-se a sua soberania e a sua onipotência, e não teremos mais a confiança de que Deus, o Deus infinito e pessoal, Uno e Trino, criou, de fato, os céus e a terra. Essa é uma conexão muito importante que é feita no *Credo*. Note que quando os teístas abertos negam a onipotência divina, alguns deles vão tentar manter algum tipo de presciência em Deus, mas eles vão negar o todo-poder divino. Quando eles negam o poder divino, eles não apenas estão sendo infiéis ao testemunho bíblico, mas eles não conseguem medir as consequências lógicas do seu enunciado. Se Deus não é todo-poderoso, ele não tem como ser Criador.

Aliás, uma pergunta provocadora: Quem criou o que Deus previu? Geralmente teístas abertos se verão em extrema dificuldade para responder esta pergunta. Mas, se Deus sabe previamente o que vai acontecer, quem criou o que Deus prevê? O seu próprio poder. A sua

---

5 Os *Cânones de Dort* I.15 afirmam que o pensamento de que Deus é o autor do pecado "é blasfêmia".
6 Agostinho de Hipona, *Enchir.* 3,11, citado em *Catecismo da Igreja Católica*, p. 93.

própria soberania que cria aquilo que ele prevê. O que ele prevê é algo que ele já ordenou por meio do seu poder sem par, pela sua onipotência, pela sua soberania.

Então, nós afirmamos, quando confessamos "Deus Pai todo-poderoso criador dos céus e da terra", que esse Deus Pai é parte da deidade junto com o Filho e com o Espírito; que o Pai, junto com o Filho e o Espírito é um ser Uno e Trino, infinito e pessoal; e, mais uma vez, nenhuma outra religião, nenhum tipo de "ismo" ou sistema tem essa doutrina. A afirmação de que há um Deus que reina e é todo-poderoso em todas as coisas, sobre toda a criação, mas também é um Deus que vem a nós, a cada um de nós, que nos trata pelo nome, que nos chama pelo nome, que tem o nosso nome gravado na palma das suas mãos (Is 49.15-16).

Aprendemos na Escritura que a criação é obra comum de todas as pessoas da Trindade. Em outras palavras, a ação criadora do Pai é unida inseparavelmente ao Filho e ao Espírito Santo. Como ensinou Irineu de Lyon, "existe um só Deus. Ele é o Pai, é Deus, é o Criador, o Autor, o Ordenador. Fez todas as coisas por Si mesmo, quer dizer, pelo Seu Verbo e pela sua Sabedoria", isto é, "pelo Filho e pelo Espírito", que são como "as suas mãos".[7]

---

7 Irineu de Lyon, *Adv. haer.* II.30,9, citado em *Catecismo da Igreja Católica*, p. 86.

II. UM PALCO PARA DEUS

Deus criou por seu poder todas as coisas do nada, e, originalmente, toda a criação era boa. Essa noção da criação do nada é importantíssima para a fé cristã. A expressão latina é *ex-nihilo*. Deus não precisou de nada preexistente para criar. O Deus Eterno cria tudo do nada, sem precisar de nenhuma ajuda. Portanto, não havia nenhuma matéria prévia ao lado de Deus na criação. Deus cria a matéria. Aliás, Deus cria o próprio tempo. Deus cria a história. Tudo foi criado por ele. Gênesis e vários dos Salmos, no Antigo Testamento, ensinam que Deus simplesmente deu um comando e tudo veio à existência, todas as coisas vieram do nada. A criação não é e nem pode ser divinizada. Nós não somos parte da divindade. Não há em nós "partículas" de Deus. Esse tipo de noção é gnosticismo, não é uma noção calcada na Escritura. Seres finitos não podem comportar um ser infinito (*finitum non capax infiniti*). Somente em Jesus Cristo o finito é unido, sem confusão, sem mudança, sem mistura, sem divisão, ao infinito.

Deus criou toda a criação muito boa. Gênesis 1.1-31 afirma esta verdade seis vezes. Deus cria e diz: "É bom" (Gn 1.10,12,18,21,25,31). Deus cria, e é bom. E no final do relato bíblico, Deus cria e diz: "É muito bom". E Deus cria todas as coisas para que estas anunciem sua glória, amor e bondade. Como Tomás de Aquino escreveu: "Aberta a mão pela chave do amor, as criaturas surgiram".[1] A partir dessa ênfase do *Credo*, nós não podemos rejeitar a criação. Somos chamados a amar a criação de Deus. Porque a criação, ainda que maculada pelo pecado, é parte da criação boa que Deus fez, nas suas origens. Então, o cristão não deve ser estranho ao prazer, e este pode ser santo. O prazer do amor conjugal entre um homem e uma mulher, o prazer de uma boa brincadeira, o prazer de olhar uma pintura bonita e dizer: "Oh!". A criação não é estranha ou repulsiva a cristãos que confessam o *Credo*.

Podemos lembrar do hino de Francisco de Assis, "Vós, criaturas de Deus Pai" (HCC 224), que lembra como Deus ordenou toda a criação para a sua glória:

> 1. Vós, criaturas de Deus Pai,
> todos erguei a voz, cantai:
> Aleluia! Aleluia!
> Tu, sol dourado a refulgir.
> Tu, lua em prata a reluzir,
> Oh, louvai-o! Oh, louvai-o!
> Aleluia! Aleluia! Aleluia!
> 2. Tu, água pura a borbulhar,
> em melodias vem cantar:
> Aleluia! Aleluia!
> Tu, fogo vivo, aquecedor,
> infunde em todos novo ardor;
> Oh, louvai-o! Oh, louvai-o!
> Aleluia! Aleluia! Aleluia!
> 3. Terra que a todos dás vigor,
> bem forte entoa o teu louvor:
> Aleluia! Aleluia!

---

1 Tomás de Aquino, *In II Sent.*, prol. citado em *Catecismo da Igreja Católica*, p. 87.

II. Um palco para Deus

> Frutos e flores, juntos dai
> a glória a Deus, Senhor e Pai.
> Oh, louvai-o! Oh, louvai-o!
> Aleluia! Aleluia! Aleluia!
> 4. Filhos e filhas do Senhor,
> vinde adorá-lo com fervor:
> Aleluia! Aleluia!
> Dai glória ao Filho, glória ao Pai,
> e ao Santo Espírito louvai!
> Aleluia! Aleluia! Aleluia!

Eram as nações ao redor de Israel que desprezavam a criação. Eram os gnósticos do II e III séculos que ignoravam a criação. O texto de 1João 4.1-3 afirma que quem não crê que Jesus veio na carne, é do anticristo, é de um outro espírito, "o espírito do anticristo". Este tem de ser rejeitado pelos cristãos. Portanto, o cristão não é estranho à criação. O cristão luta para redimir a criação porque ele sabe que ela foi criada originalmente boa, e como aprendemos em Romanos 8.22-23, "toda a criação, a um só tempo, geme e suporta angústias até agora. E não somente ela, mas também nós, que temos as primícias do Espírito, igualmente gememos em nosso íntimo, aguardando a adoção de filhos, a redenção do nosso corpo". Portanto, não esqueçamos: a criação foi criada do nada pela palavra de Deus, e a criação era muito boa.

É por isso que cristãos têm de se envolver em trabalhos seculares. Um anseio legítimo é que os melhores rapazes ingressem num ministério cristão, servindo como missionários, professores de teologia, escritores, mas Deus é quem concede essas vocações segundo sua liberdade. Então, se Deus concedeu a alguns de nós uma vocação secular, que estes trabalhem nela como para Deus. Porque, de certa forma, se aqueles que têm um chamado secular trabalham com paixão, com garra, com amor — não importa o tipo de trabalho, desde que seja um trabalho digno — este trabalha para antecipar a volta de Cristo, quando a criação será erradicada de pecado, quando virmos descer o novo céu e a nova terra, a Nova Jerusalém.

O *Credo* afirma que a criação veio do nada. A criação não deriva de Deus, a criação não é divinizada. Aqui precisamos rejeitar noções conectadas com os mestres da prosperidade, em que eles incitavam aquelas pessoas que os assistiam a colocar a mão sobre a cabeça, a mão sobre o coração, e a dizer que elas eram "deuses". Tal posição é loucura. Esse foi justamente o problema da serpente, em Gênesis 3.4-5: "Então, a serpente disse à mulher: É certo que não morrereis. Porque Deus sabe que no dia em que dele comerdes se vos abrirão os olhos e, como Deus, sereis conhecedores do bem e do mal". Há uma distinção qualitativa infinita, abissal, entre o Deus altíssimo e nós, criaturas finitas. Ele é o Criador, nós somos criaturas.

É interessante que a estrutura do *Credo* nos ensina a humildade neste artigo. Onde o ser humano é mencionado no *Credo*? Não na doutrina de Deus criador. O ser humano é mencionado com a citação de Maria e seu papel na encarnação, bem como com o procurador romano Pôncio Pilatos e seu envolvimento na morte de Cristo. Qual é o ponto aqui? O *Credo* destaca que é Deus quem está no centro. O Deus-Trindade é quem está no centro, não a criação, nem mesmo as criaturas. Então, quando o texto do *Credo* fala sobre a boa criação de Deus, ele fala da criação em referência ao Criador.

A criação como teatro da glória de Deus

O que Deus criou é teatro para a glória dele. A criação foi manchada pelo pecado. A criação, em alguma medida, é um imenso campo de batalha, mas é na criação que temos a oportunidade de glorificar a ele. Hoje se tornou moda desprezar o cristianismo. Estamos sendo confrontados por uma cultura hostil. Como escreve Stephen McAlpine: "Se os últimos cinco ou seis anos servem como indicador, a cultura (leia-se: a estrutura de elite que guia a cultura) está cada vez mais interessada em trazer a igreja de volta à praça pública. Sim, você ouviu direito. Mas não para dar-lhe ouvidos, e sim, para esfolá-la, expor seus reais e supostos abusos e deixá-la nua e trêmula ante uma multidão ensandecida e escarnecedora".[2] Mas experimente pensar na Europa sem as catedrais medievais. Experimente pensar na Europa sem, pelo menos, trinta universidades que foram fundadas na Idade Média e na Reforma. O que seria a Europa ou mesmo o Ocidente sem o cristianismo? Pense em explicar a Europa sem Rembrandt Harmenszoon, Felix Mendelssohn, Johann Sebastian Bach, Wolfgang Mozart. Tente pensar na Europa sem o conceito de república, sem liberdade de imprensa e religião, e tente pensar no resto do mundo sem todos esses benefícios da fé cristã.

Pense, por exemplo, na Catedral de Notre Dame, em Paris, na França, em como atrai centenas de milhares de turistas todos os anos. Esta catedral gótica começou a ser construída em meados do século XII. Uma catedral construída, detalhe após detalhe, para a maior glória de Deus. Cada detalhe em sua arquitetura comunica algum tema importante para a fé cristã. Não temos espaço para tratar de arquitetura litúrgica, não é o caso agora.[3] O ponto é que o mundo é teatro da glória de Deus. Nós glorificamos a Deus não fugindo do mundo, buscando refúgio em mosteiros ou igrejas, não em isolamento, mas na criação. E agora recebemos uma santa liberdade para oferecer glória a Deus como marceneiros, pedreiros, arquitetos, donas de casa, mecânicos, engenheiros, professores, por meio das ciências humanas, das ciências biológicas, das ciências exatas. Nós temos a santa liberdade de fazer a glória de Deus conhecida *lá fora*, na criação. Se, de um lado, em nossos cultos aos domingos, nós antevemos o novo céu e a nova terra, nós somos, a partir desses cultos, empurrados

....

2 Stephen McAlpine, "Cristão, Você Está Pronto para a Segunda Fase do Exílio?", em *IBRMEC* (disponível em: <http://www.ibrmec.com.br/artigos/cristao-voce-esta-pronto-para-a-segunda-fase-do-exilio/> Acesso em: 31/07/2024).
3 Para mais informações e bibliografia sobre a arquitetura cristã, cf. Franklin Ferreira, *A Igreja Cristã na História* (São Paulo: Vida Nova, 2013), p. 147-50.

para fazer do mundo o teatro onde a glória de Deus irá refulgir. Porque nós confessamos Deus, "Pai todo-poderoso, criador do céu e da terra".

Então, nesse sentido, pensando na estrutura completa do *Credo*, somos ensinados que Deus está no centro. Deus tem a primazia absoluta. É ele que reina sobre toda a criação, sobre a realidade. Tudo o que fazemos é gravitar em torno desse Deus. Tudo o que fazemos é um espetáculo para ele. Não é ele quem está no centro do palco, e nós assistindo-o; é justamente o contrário. Nós é que estamos desempenhando tarefas, nós é que estamos oferecendo um espetáculo para Deus — para lembrar o título de uma obra sobre um importante escritor puritano do século XVII, Christopher Love — nós é que celebramos um espetáculo para que ele receba toda a glória. É ele que assiste o que nós estamos oferecendo, não o contrário, tal como assistimos em algumas liturgias pobres, medíocres, infelizmente tão populares. Deus está no centro. O *Credo* é centrado no Pai, no Filho, no Espírito, no Deus que nós confessamos e cremos; não no ser humano. O ser humano só é mencionado neste documento uma única vez, da pior forma possível. Nem no contexto da criação o ser humano é mencionado, ele é mencionado por meio da citação a Pôncio Pilatos, simplesmente para marcar o tempo histórico, para marcar a data quando o nosso Salvador foi morto, sepultado e ressuscitado. Deus está no centro!

III. APLICAÇÕES DA PATERNIDADE DE DEUS

Algumas aplicações práticas para guiar a nossa vida serão apresentadas a seguir. Primeiro: o cristianismo é centrado em Deus. O culto é para Deus, o louvor é dado a Deus, nosso Pai, soberano criador. Como comentou Martinho Lutero, em seu *Catecismo Menor*:

> Creio que Deus me criou a mim e a todas as criaturas; e me deu corpo e alma, olhos, ouvidos e todos os membros, razão e todos os sentidos, e ainda os conserva; além disso me dá vestes, calçado, comida e bebida, casa e lar, esposa e filhos, campos, gado e todos os bens. Supre-me abundante e diariamente de todo o necessário para o corpo e a vida; protege-me contra todos os perigos e me guarda e preserva de todo o mal. E tudo isso faz unicamente por sua paterna e divina bondade e misericórdia, sem nenhum mérito ou dignidade de minha parte. Por tudo isso devo dar-lhe graças e louvor, servi-lo e obedecer-lhe.

Assim, até podemos entender quando pessoas saem insatisfeitas do culto público. "Ah, hoje o culto não foi *legal*, hoje não foi *bacana*". Então, nossa resposta é trabalhar duro para que a música, os momentos de oração, a pregação, sejam o melhor possível. Porém, o culto é medido pelo que sentimos por meio da celebração ou é medido por quem Deus é?

As religiões das nações ao redor de Israel usavam imagens femininas para caracterizar a divindade — essa prática era bastante comum entre os pagãos do Antigo Testamento, que atribuíam sexualidade à divindade, como Baal e Astarote. Mas não há qualquer conotação misógina ou machista sobre quem é Deus na Escritura. Porque, se lembrarmos, ao mesmo tempo em que Deus se dirige a nós como Pai — e nós não temos o direito de mudar essa linguagem — do outro lado, esse é um Pai que nos atrai com cordas de amor, como diz o profeta (Os 11.4). Esse Pai nos ama de forma tão intensa — e aqui há um destaque importante — que ainda que a nossa mãe se esqueça de nós, ele não vai se esquecer de nós, porque tem o nosso nome gravado em suas mãos (Is 49.15-16).

O amor de Deus é tão multifacetado, tão intenso, que Deus se revela na Escritura como aquele que ama com firmeza, como um Pai ama, e, por outro lado, com ternura, como uma mãe costuma amar. Assim, nós não temos direito de mudar a linguagem bíblica a respeito de Deus.

Esta questão da linguagem inclusiva se tornou uma área de tensão entre os cristãos nos Estados Unidos. Mas este debate já chegou ao Brasil, por meio de teólogos liberais das principais denominações históricas no país. A ideia é que falar de Deus Pai transmite uma imagem machista, sexista, misógina; então, certos teólogos têm sugerido que a igreja precisa adaptar sua linguagem, precisa falar de Deus como uma deusa, uma mãe; para eles, é necessário mudar a linguagem da paternidade divina — no Pai Nosso, por exemplo — como se somente as mães não usassem de violência, ou não abandonassem as suas crianças. Mas o que os teólogos liberais estão oferecendo é uma representação pagã do Deus que se revela na Escritura - majestoso, transcendente, cheio de glória, e que oferece o seu único Filho, em quem ele tem todo o prazer, para morrer por pecadores.

III. Aplicações da paternidade de Deus

Deus transcende as categorias do gênero humano. Não obstante, em lugar nenhum a Escritura chama Deus de "mãe". Portanto o título "mãe" não deve ser usado para se falar da pessoa de Deus. Podemos reconhecer a plenitude da riqueza das imagens bíblicas de Deus, sem ir além da linguagem que a própria Escritura emprega ao descrevê-lo.

Portanto, ambos, pai e mãe, precisam de redenção, e nós não falamos de Deus a partir dessa realidade concreta. Antes, a realidade concreta é julgada pelos nomes que Deus mesmo se atribuiu na Sagrada Escritura, e ele se chama Pai, ele se dirige a nós como Pai, ele requer que nós o tratemos como nosso Pai, com santa ousadia. Aprendemos sobre o uso correto desta linguagem no Pai Nosso (Mt 6.9-13) e em Romanos 8.14-17. E deve ser dito aqui com toda a seriedade. "Abba", a expressão aramaica para "Pai", não significa "paizinho". Esta se tornou uma explicação popular e muito repetida da expressão. A ideia usual é que os cristãos são como crianças, e Deus os atrai como Pai. Mas como já se tem demonstrado (Joachim Jeremias; Oscar Cullmann), essa palavra é empregada para descrever uma relação madura de afeto entre filhos adultos e seu Pai. E é para esse tipo de relacionamento que, por meio de Jesus Cristo, somos convidados.

A postura cristã frente à homossexualidade

Deus é nosso Pai, como nos ensina o *Credo*, e é casado com a Igreja, nossa mãe. "Não pode ter a Deus por Pai quem não tiver a Igreja por mãe", ensinou Cipriano de Cartago.[1] O relacionamento pactual entre o Deus criador e seu povo é retratado nas Escrituras como um relacionamento monogâmico e heterossexual entre um homem e uma mulher (Is 54.5; Ef 5.22-33). Deus criou um homem, Adão, para se relacionar com uma mulher, Eva, a fim de espelharem o relacionamento que ele mesmo estabelece

....

1 Cipriano de Cartago, *De cathol. Eccl. Unitate* 6, citado em *Catecismo da Igreja Católica*.

com a sua esposa, a Igreja. Esse foi o padrão que ele estabeleceu desde o princípio e que os cristãos têm observado.

Assim, a postura cristã diante da homossexualidade — a atração emocional e sexual entre pessoas do mesmo sexo — baseia-se tanto nos ensinamentos bíblicos quanto na tradição da Igreja, que vê essa prática como contrária à ordem divina. A análise histórica mostra que a homossexualidade, em suas várias formas, sempre foi vista com reservas e, muitas vezes, com severidade em diversas culturas antigas, como na Grécia, Roma e, principalmente, na tradição judaica e cristã.

Na Grécia antiga, a pederastia — relações entre um homem adulto e um jovem — era considerada por alguns como uma forma superior de relacionamento em comparação ao casamento heterossexual. Entretanto, essa prática estava longe de ser universalmente aceita, e qualquer cidadão que se prostituísse perdia seus direitos civis e políticos. Já em Roma, embora houvesse leis que restringissem a pederastia, como a Lei Escantínia, as práticas homossexuais eram comuns entre as elites, particularmente no final da República e durante o Império. Essas sociedades, no entanto, mantinham uma visão tradicional de casamento, não concebendo a ideia de uma união formal entre pessoas do mesmo sexo.

A tradição judaico-cristã, por sua vez, sempre colocou grande ênfase na vida familiar e impunha severas penalidades para aqueles que perturbassem essa ordem. O adultério e as práticas homossexuais eram punidos com a morte, demonstrando a gravidade com que essas transgressões eram vistas. Durante o período greco-romano, os judeus consideravam a homossexualidade um exemplo claro da impiedade dos gentios, e a ausência de registros de relações homossexuais dentro do judaísmo antigo até aproximadamente 300 d.C. reforça a seriedade com que essas práticas eram condenadas.

Os Pais da Igreja e os primeiros cristãos também foram firmes em suas condenações. Aristides de Atenas, Tertuliano, Clemente de Alexandria,

Cipriano de Cartago, Basílio de Cesareia e Gregório de Nissa condenaram a homossexualidade nos mais fortes termos em seus escritos, enquanto João Crisóstomo afirmou que atos homossexuais são piores do que o assassinato e tão degradantes que constituem uma espécie de punição em si mesmos, bem como que o prazer nesses atos os torna ainda piores.[2] O Concílio de Elvira, de 305 d.C., e o Concílio de Ancira, de 314 d.C., condenaram o pecado da homossexualidade, inclusive prescrevendo exclusão da Ceia do Senhor.

Da mesma forma, João Calvino, em seu comentário sobre 1Coríntios 6.9, referiu-se à homossexualidade como "o pecado mais abominável de todos", e Karl Barth a tratou como uma "doença física, psicológica e social, o fenômeno da perversão, decadência e degradação".[3] Esse consenso histórico mostra que, tanto no Antigo quanto no Novo Testamento, as práticas homossexuais sempre foram vistas como uma violação da vontade divina. O *Catecismo de Heidelberg* (p. 87), a *Confissão de Augsburgo* (23) e a *Confissão de Fé de Westminster* (XXIV) rejeitaram o comportamento homossexual como contrário à vontade divina.

A posição da Igreja Católica, expressa no *Catecismo da Igreja Católica*, reafirma essa visão, declarando que os atos homossexuais são "intrinsecamente desordenados", contrários à lei natural e que "não podem, em caso algum, ser aprovados". No entanto, o Catecismo também reconhece que algumas pessoas têm tendências homossexuais profundamente enraizadas, as quais representam uma provação. Essas pessoas são chamadas a viver em castidade e devem ser acolhidas com respeito, compaixão e sensibilidade, evitando qualquer discriminação injusta (§2357-2359). Portanto, o cristianismo insiste que ceder a sentimentos e atos homossexuais é contrário à ordem estabelecida por Deus. A sexualidade humana,

....

2   John Chrysostom, *Homily 4 on Romans*, em: https://www.newadvent.org/fathers/210204.htm.
3   Karl Barth, *Church Dogmatics* (Peabody: Hendriksen, 2010), p. 165-66 (III.4, §54).

segundo a visão cristã, deve ser expressa dentro de um relacionamento heterossexual e monogâmico, sancionado pelo casamento.

Os textos bíblicos que abordam o comportamento homossexual são claros em sua condenação. A história de Sodoma, encontrada em Gênesis 19.1-13, é frequentemente citada como um exemplo da condenação divina da homossexualidade. Outros textos, como Levítico 18.22 e 20.13, explicitamente proíbem atos homossexuais, enquanto o apóstolo Paulo, em Romanos 1.24-31, vê essas práticas como uma perversão da ordem divina. As listas de pecados em 1Coríntios 6.9-10 e 1Timóteo 1.8-11 incluem a homossexualidade como um comportamento inaceitável perante Deus.[4]

A fé cristã também rejeita a ideia de que a homossexualidade seja determinada geneticamente e, por isso, imutável. Argumenta-se que a decisão de retirar a homossexualidade da lista de doenças mentais pelo Manual de Diagnóstico e Estatística de Doenças Mentais em 1973 foi resultado de pressão política, e não de evidências científicas conclusivas. Apesar da remoção da homossexualidade da lista de doenças pela Organização Mundial da Saúde em 1992, os cristãos acreditam que a orientação homossexual pode e deve ser redirecionada através da fé em Cristo.[5]

Assim, a Igreja cristã deve ser um lugar de ajuda e cura para aqueles que lutam com tendências homossexuais. Cristo, ao condenar o pecado, sempre oferecia a graça e a possibilidade de uma vida nova aos pecadores, como evidenciado na história da mulher apanhada em adultério (Jo 8.1-11). A Igreja é chamada a proteger e amar os homossexuais, mas também a ser honesta sobre a pecaminosidade da prática homossexual, oferecendo apoio espiritual e comunitário para aqueles que desejam viver de acordo com os ensinamentos bíblicos.

....

4 O melhor tratamento dos textos bíblicos é a obra seminal de Robert A. J. Gagnon, *A Bíblia e a Prática Homossexual: Textos e Hermenêutica* (São Paulo: Vida Nova, 2021). Cf. também Kevin DeYoung, *O que a Bíblia Ensina sobre a Homossexualidade?* (São José dos Campos: Fiel, 2018).

5 Walter C. Kaiser Jr., *O Cristão e as Questões Éticas da Atualidade: um Guia Bíblico para Pregação e Ensino* (São Paulo: Vida Nova, 2016), p. 150-53. Estudos sugerem que, no mundo ocidental, entre 1.2 a 6.8% da população têm uma orientação homossexual.

III. Aplicações da paternidade de Deus

Por fim, a mensagem central para os cristãos que lutam com tentações homossexuais é de esperança e renovação. Por meio do arrependimento, da fé em Deus e da busca contínua pela graça divina, é possível viver uma vida que honre os mandamentos de Deus, seja por meio da castidade, seja, para alguns, através do casamento heterossexual. Em tudo, a dependência de Cristo e a busca pela santidade são fundamentais para superar as tentações e viver conforme a vontade de Deus.

E fica o alerta de Wolfhart Pannenberg, sobretudo para os ministros cristãos:

> Este é o limite para uma igreja cristã que se reconhece sujeita à autoridade das Escrituras. Aqueles que instam a igreja a mudar a norma de seu ensino sobre este assunto precisam saber que estão promovendo cisma. Se uma igreja se permitisse chegar ao ponto em que cessaria de tratar a atividade homossexual como um afastamento da norma bíblica e reconheceria uniões homossexuais como relacionamento pessoal amoroso entre parceiros equivalente ao casamento, essa igreja não estaria mais firmada no alicerce bíblico; antes, ela estaria contra o testemunho inequívoco das Escrituras. Uma igreja que tomasse esse passo deixaria de ser a igreja una, santa, católica e apostólica.[6]

A postura cristã frente ao aborto

Além disso, a doutrina da paternidade de Deus afirmada pelo *Credo* tem outra implicação. A união mística entre Deus, nosso Pai, e a Igreja, nossa mãe, produz filhos que, à medida que se desenvolvem, se tornam cada vez mais parecidos com aquele que os gerou, pois foram formados à sua imagem. Deus é um Pai bondoso e cuidadoso, que zela pelos seus filhos ao longo de cada

---

6 Wolfhart Pannenberg, "*Amor Vincit Omnia* — ou não?", *Teologia Brasileira* 25, fevereiro de 2014 (disponível em: <https://teologiabrasileira.com.br/amor-vinciaomnia-ou-nao/> Acesso em: 27/08/2024).

estágio de seu desenvolvimento. A Igreja é chamada a ser uma mãe igualmente afetuosa e acolhedora para com seus filhos, mesmo para com os mais frágeis e vulneráveis, aqueles que acabaram de ser gerados. E, já que Deus se apresenta para nós como um modelo de Pai, devemos imitá-lo, buscando manter os nossos filhos ilesos e seguros desde o momento em que são concebidos.

O debate sobre o aborto é um dos temas mais polarizantes da sociedade contemporânea, mas a perspectiva cristã defende a vida desde a concepção.[7] Para entender essa postura, é essencial revisitar a história e os ensinamentos bíblicos que moldaram a visão cristã sobre o valor da vida, inclusive dos não nascidos.

No mundo antigo, diversas culturas já tinham posições firmes sobre o aborto. Civilizações como os sumérios, hititas, babilônios, assírios e medo-persas consideravam o aborto um crime grave, muitas vezes punido com a morte. A severidade dessas punições reflete a importância atribuída à vida, mesmo antes do nascimento. Em contraste, a cultura grega tolerava a prática do aborto e frequentemente abandonava crianças com deficiências para morrerem, revelando uma visão pragmática e utilitarista da vida humana.

Na cultura judaica, que muito influenciou o cristianismo, o aborto era explicitamente condenado. O historiador judeu Flávio Josefo, em sua obra *Contra Apion*, afirma que a lei judaica ordenava que todas as crianças recebessem os cuidados necessários e que o aborto era considerado um homicídio. Para os judeus, a destruição de uma vida no ventre materno era vista como um atentado contra a família e contra a vontade de Deus.

A postura da Igreja cristã em relação ao aborto sempre foi clara e firme. Escritos antigos, como o *Didaquê* e a *Epístola de Barnabé*, condenam explicitamente o aborto, equiparando-o ao homicídio. Pais da igreja como Atenágoras de Atenas, Clemente de Alexandria, Basílio de Cesaréia e

---

7 Cf. especialmente Walter C. Kaiser Jr., *O Cristão e as Questões Éticas da Atualidade: um Guia Bíblico para Pregação e Ensino* (São Paulo: Vida Nova, 2016), p. 137-50.

Jerônimo escreveram severamente contra a prática, reforçando que o aborto não apenas destrói uma vida inocente, mas também viola a ordem divina.

O Concílio de Elvira, ocorrido em 305 d.C., e o Concílio de Ancira, de 314 d.C., tomaram medidas rigorosas contra aqueles que praticavam ou facilitavam o aborto, excluindo-os da comunhão e impondo longas penitências. Essa severidade reflete a convicção de que a vida é sagrada desde a concepção e que qualquer tentativa de a destruir é uma afronta a Deus.[8]

João Calvino, comentando Êxodo 21.22-23, condenou veementemente o aborto, afirmando que é um "crime monstruoso" roubar a vida de um feto antes que ele possa usufruí-la. Para ele, o ventre materno é um lugar sagrado, de forma que destruir uma vida ali é uma atrocidade ainda maior do que matar um homem em sua própria casa.

Dietrich Bonhoeffer argumenta que o aborto é um atentado contra o direito à vida conferido por Deus. Ele refuta a ideia de que a definição de ser humano possa ser manipulada para justificar a destruição de uma vida em formação, afirmando que tal ato é, em essência, assassinato.

Nos tempos modernos, a posição pública sobre o aborto sofreu uma mudança, especialmente no Ocidente. Até algumas décadas atrás, a prática do aborto era amplamente ilegal e moralmente condenada. No entanto, movimentos pró-aborto começaram a redefinir a linguagem e os conceitos em torno do aborto, apresentando-o como uma "interrupção da gravidez" ou "remoção do conteúdo uterino", termos que desumanizam o feto e buscam tornar a prática mais aceitável socialmente.

Nos Estados Unidos, por exemplo, entre 1970 e 2015, foram realizados mais de 45 milhões de abortos, um número alarmante e que evidencia a aceitação crescente do aborto pela sociedade ocidental. No Brasil, embora o aborto seja considerado crime, há exceções legais, como nos casos de

---

8 Cf. Erkki Koskenniemi, *Toda Vida Pertence a Deus: A Ética Judaica e Cristã sobre o Aborto e o Infanticídio no Mundo Antigo* (São Paulo: Vida Nova, 2016).

estupro, risco de vida para a mãe e fetos anencéfalos. Ainda assim, a luta entre os defensores da vida e os pró-aborto continua, com cada lado buscando influenciar a legislação e a opinião pública.

O testemunho cristão contra o aborto está firmemente enraizado nas Escrituras. A Bíblia ensina que todos os seres humanos são criados à imagem de Deus (Gn 1.26-27). Essa *imago Dei* confere a cada vida humana um valor intrínseco e inalienável, independentemente do estágio de desenvolvimento ou das circunstâncias de sua concepção.

Além disso, as Escrituras demonstram que a vida começa no ventre. No Evangelho de Lucas, o anjo Gabriel anuncia a Maria que ela conceberá e dará à luz um filho, Jesus. Da mesma forma, Isabel, prima de Maria, é descrita como tendo "concebido um filho", mesmo antes de João Batista nascer. Esses exemplos bíblicos mostram que, desde os primeiros estágios da gestação, o ser humano já é reconhecido como um filho, um ser pleno diante de Deus.

Somente Deus conhece o potencial de cada vida, inclusive das que ainda estão no ventre. Jeremias foi escolhido por Deus antes mesmo de nascer para ser profeta das nações (Jr 1.5). João Batista, ainda no ventre de sua mãe, foi destinado a preparar o caminho para o Messias (Lc 1.11-17). Interromper uma gravidez é, portanto, ignorar os planos divinos para essa vida e privar o mundo de uma pessoa que poderia ser uma bênção nas mãos de Deus.

A soberania de Deus na criação da vida é outro fundamento crucial para a oposição cristã ao aborto. O Salmo 139.13-16 celebra a formação do ser humano no ventre como uma obra divina. Destruir uma gravidez, portanto, é destruir a obra de Deus, um ato de rebelião contra o Criador.

A ausência de filhos na Bíblia é frequentemente vista como uma condição a ser remediada pela intervenção divina, e não como um estado desejável. Deus é quem abre e fecha o ventre, como vemos em histórias de mulheres como Sara, Raquel e Ana, que foram agraciadas com filhos após períodos de esterilidade. Desse modo, a prática do aborto é uma afronta direta à soberania de Deus sobre a vida.

O mandamento "não matarás" (Êx 20.13) ecoa em toda a Escritura como uma condenação inequívoca da violência e do assassinato. A vida é sagrada porque é dada por Deus, e somente ele tem o direito de tirá-la. Quando a sociedade tenta redefinir o que constitui vida ou quem merece viver, ela se coloca no lugar de Deus, uma usurpação que leva a catástrofes morais, como o Holocausto.

Deste modo, Walter Kaiser Jr. resumiu o ensino global da Escritura quanto ao aborto:

> Deus demonstra enorme respeito e cuidado pelo embrião desde os primeiros instantes de sua concepção até o dia de sua morte. Nenhum de nossos dias, seja anterior ao nascimento seja posterior a ele, é irrelevante para Deus. Ao contrário, ele deseja que cada pessoa feita à sua imagem cumpra os propósitos para os quais foi criada.[9]

Diante desse cenário, os cristãos devem orar pela intervenção divina, protestar continuamente contra a promoção de agendas abortistas, aconselhar as pessoas a considerarem a adoção como alternativa ao aborto e apoiar organizações pró-vida. Além disso, os cristãos devem ministrar às pessoas que sofrem com o remorso de um aborto, lembrando-as do perdão e da purificação que Cristo oferece. A luta contra o aborto é, para os cristãos, uma defesa da santidade da vida e da soberania de Deus. É um chamado para proteger os mais vulneráveis e afirmar que toda vida, desde a concepção, é um dom precioso do Criador.

Cuidado com a criação

A nossa fé tem de ser centrada em Deus. Nós colocamos Deus no centro intencionalmente, não apenas em nosso intelecto e em nossas crenças,

---

9 Kaiser Jr., *O Cristão e as Questões Éticas da Atualidade*, p. 148-49.

mas também em nosso coração e em nossa devoção. E o fazemos porque esse Deus é não só o Criador, não só o Soberano, mas é o nosso amado Pai. Ele tem ternos afetos de misericórdia por seu povo. Ele tem prazer em se voltar para nós. Ele tem prazer em se inclinar em nossa direção, em ouvir o nosso lamento, nosso clamor, nossa súplica, nossa petição.

Nós somos também, em decorrência desse primeiro artigo, chamados a apreciar e cuidar da criação. Alguém disse que uma prova de uma igreja que entendeu Deus como Criador era ter os banheiros limpos. Precisamos ter esse amor pela criação. Deus, o nosso Deus, o "Pai todo-poderoso criador do céu e da terra", nos estabelece aqui e agora como co-regentes da criação; como reino e sacerdócio, como eleitos para cuidar da boa criação de Deus. Precisamos amar as plantas, amar os jardins, amar os parques. Precisamos cuidar, já, aqui e agora, da boa criação de Deus. Essa é uma implicação prática do primeiro artigo do *Credo*.

Intimidade, não religiosidade

A doutrina da criação também implica que somos chamados a um relacionamento de intimidade com Deus, não baseado em mera religiosidade. Pessoalmente, tenho muita dificuldade em tratar o cristianismo como religião. Religião pressupõe sistema. Religião pressupõe fazer algo. Até a própria palavra tem a conotação de se religar com o sagrado, de se religar com Deus. Mas cristianismo não é religião (Karl Barth; Dietrich Bonhoeffer). No passado, na Idade Média e na Renascença, religião era sinônimo de cristianismo. O islã era o inimigo, a potência expansionista, imperialista. A única religião reconhecida era cristianismo, uma religião europeia. Mas hoje tudo mudou. Hoje vivemos numa sociedade altamente plural e antagônica à fé cristã.

Hoje temos cultos dos mais diversos tipos, e todos eles pressupõem que o ser humano pode construir a sua Torre de Babel, pode chegar à divindade por suas próprias capacidades. Mas qual é o final do esforço religioso da Torre de Babel? Confusão. Bagunça. Deus precisa descer, e Deus de fato desce. Em Gênesis 11.1-9, seres humanos arrogantes estavam construindo uma escada para os céus: "Vinde, edifiquemos para nós uma cidade e uma torre cujo tope chegue até aos céus e tornemos célebre o nosso nome, para que não sejamos espalhados por toda a terra". Deus desceu e confundiu estas pretensões idolátricas: "Vinde, desçamos e confundamos ali a sua linguagem, para que um não entenda a linguagem de outro. Destarte, o Senhor os dispersou dali pela superfície da terra; e cessaram de edificar a cidade". Aquele zigurate, um tipo de templo construído na forma de pirâmides terraplanadas, foi abandonado, um monumento patético à pretensão religiosa.

Em Gênesis 28.10-22 Deus faz uma escada: "Eis posta na terra uma escada cujo topo atinja o céu; e os anjos de Deus subiam e desciam por ela. Perto dele estava o Senhor e lhe disse: Eu sou o Senhor, Deus de Abraão, teu pai, e Deus de Isaque. A terra em que agora estás deitado, eu ta darei, a ti e à tua descendência". Jacó simplesmente se deitou, dormiu e não fez nada. Colocou a cabeça na pedra, como um tipo de travesseiro e, enquanto dormia, Deus por meio de uma escada desce a ele – dois tipos de escada, duas imagens que distinguem as falsas pretensões religiosas da fé pactual. Cristianismo não é esforço religioso. Cristianismo não é tentativa de agradar a Deus por meio de religião. Nós cremos em Deus "Pai todo--poderoso, criador do céu e da terra". Cristianismo é intimidade, é amizade com Deus. Cristianismo é relacionamento pessoal com o Deus vivo.

Deus não lida conosco de forma impessoal. O Deus que cremos e confessamos é o Pai todo-poderoso, criador do céu e da terra, que nos trata como pessoas. Ele chama cada um de nós por nome. E Deus usa nossa história pessoal como a massa de onde ele moldará aquilo ao qual ele nos chama a ser: "nova criação" (2Co 5.17, A21).

Se nos reunirmos com um grupo de cristãos, e gastarmos um tempo falando sobre nossa conversão, contando nossos testemunhos de conversão pessoal, vários nesta reunião teriam uma surpresa bonita. Não há uma experiência de conversão que seja igual à outra. A noção popular, conectada com a heresia pelagiana, de "aceitar Jesus", é uma simplificação do drama da conversão – e que não tem respaldo bíblico. Deus nos chama pelo nome. Cada um de nós é chamado pelo nome. Deus nos trata como pessoas, como homens e mulheres criados à sua imagem e semelhança. "Creio em Deus, Pai Todo-Poderoso, criador do céu e da terra". Esse Deus não se satisfaz com mais religião. Antes, a religião é idolátrica.

Deus vem a nós chamando-nos, a cada um de nós, pelo nome. Por isso, nenhum de nós precisa se envergonhar da sua história pessoal. Nenhum de nós precisa tentar apagar detalhes da sua história pessoal. Muitos entre nós já caíram em pecado, já sofreram muito, perderam entes queridos, ficaram sem chão em algum momento da sua vida, fizeram escolhas equivocadas, traíram, foram traídos – já semearam o erro na igreja, dividiram-na, traíram a confiança dos membros da igreja. Nossa tendência é passar a borracha e fingir que tal lembrança dolorosa, vergonhosa ou desagradável nunca aconteceu. Não precisamos fazer isso. Mesmo as nossas escolhas equivocadas ou pecaminosas são o campo onde Deus atua. É o barro que Deus está trabalhando. Que lembremos: Deus é pai dos que creem nele, portanto nosso relacionamento com ele não é baseado em religiosidade, mas em um relacionamento pessoal.

Sem que haja mérito em nós, Deus nos faz seus filhos. E esse é um ponto tão básico na fé cristã que precisamos nos relembrar dele sempre e sempre. Todos somos criaturas, mas aqueles que o receberam, que confessam "creio em Deus Pai Todo-Poderoso, criador do céu e da terra", esses são tornados filhos, por livre graça. Hoje se convencionou dizer que todo mundo é filho de Deus, e tal linguagem ganhou até mesmo os cristãos. Mas, em oposição aos clichês, nosso Deus tem prazer em tornar pecadores filhos, por pura graça; na verdade, os piores pecadores são agora incluídos nesta comunidade da graça (1Co 1.26-29):

III. Aplicações da paternidade de Deus

> Irmãos, reparai, pois, na vossa vocação; visto que não foram chamados muitos sábios segundo a carne, nem muitos poderosos, nem muitos de nobre nascimento; pelo contrário, Deus escolheu as coisas loucas do mundo para envergonhar os sábios e escolheu as coisas fracas do mundo para envergonhar as fortes; e Deus escolheu as coisas humildes do mundo, e as desprezadas, e aquelas que não são, para reduzir a nada as que são; a fim de que ninguém se vanglorie na presença de Deus.

Então, se de um lado a fé cristã não é um esforço religioso, mas um relacionamento pessoal mediado por Cristo, nós somos colocados num novo *status*: Filhos e filhas amados por Deus. Não se conhece uma religião, um sistema político que tenha um ensino similar. O Deus Altíssimo, o Deus Vivo vem a nós e nos torna filhos. Adota-nos como filhos.

O clássico filme *Ben-Hur*, de 1959, e ambientado por volta do ano 30 da era cristã, tenta ilustrar esta rica realidade. O nobre judeu Ben-Hur é vendido como escravo por causa de uma conspiração ocorrida em Jerusalém. Ele é enviado para ser um remador, numa galé romana, e esta se envolve numa batalha naval contra piratas no Mar Mediterrâneo. Ainda que os romanos vençam, a galé onde Ben-Hur é o remador afunda, mas ele salva o cônsul romano, Quintus Arrius, que, em recompensa, o adota como filho. Este episódio, retirado do filme, é uma tentativa de ilustrar, sem sucesso, o Deus que nos adota como filhos sem mérito algum em nós. Deus nos concede um novo *status* sem que mereçamos isso. "Creio em Deus, o Pai todo-poderoso, criador do céu e da terra".

Relacionamentos marcados por humildade e amor

O ensino da paternidade de Deus coloca todos os cristãos em igualdade. Não há hierarquia entre cristãos. Não há cristãos de primeira categoria e cristãos de segunda categoria, como era o ensino típico da Idade Média, com a distinção entre clero e laicato, e dos movimentos de santidade protestantes, com seu ensino de "crentes carnais" e "crentes espirituais". Todas as divisões que querem ser impostas aos cristãos são estilhaçadas aqui. Todos somos colocados no mesmo nível. Somos todos irmãos e irmãs. Somos chamados a suportar uns aos outros, sendo pacientes, longânimos, em outras palavras, tolerando uns aos outros. Cristo se torna nosso irmão mais velho, e somos todos irmãos e irmãs. Toda a ideia de orgulho e de soberba é despedaçada aqui. Somos chamados a ser humildes uns com os outros, a amar uns aos outros, a servir uns aos outros, a conceder honra uns aos outros. Não há nenhuma noção aqui de hierarquia, de estrutura ou de sistema. Todas essas noções tão presentes no cristianismo atual são destruídas pelo ensino de Deus como Pai.

Então, aquele que confessa Deus Pai todo-poderoso, criador do céu e da terra, entra em um relacionamento marcado por amor mútuo e humildade. E um detalhe importante precisa ser destacado: O amor que é exigido dos cristãos, na Escritura, não é mero sentimento. O sentimento é importante; sentirmos a falta de pessoas, querermos passar mais tempo na igreja porque amamos os irmãos e queremos ficar com eles, mas a ideia de amor na Escritura é um amor ativo, um amor que tem alegria em demonstrar de forma concreta e sacrificial esse amor, que deve unir aqueles que confessam Deus, o Pai Todo-Poderoso, criador do céu e da terra.

Culto integral

E, por último, somos chamados a cultuar a Deus com todo o nosso ser; a respondermos a Deus com todo o nosso ser. Não somente com o intelecto, mas também com os afetos, com as emoções e com o próprio corpo. Nos Salmos, a expressão hebraica *selá*, citada 71 vezes, parece ser a indicação de um tempo de silêncio no meio da recitação ou canto do salmo, uma pausa para meditação. Em outras palavras, o que é dito no salmo é tão elevado que é necessário um momento de silêncio litúrgico por parte do povo de

Deus. Do outro lado, o Salmo 7.1 e Habacuque 3.1 têm como título o verbete *sigaiom*, que parece indicar ao fiel que ele deve entoar o salmo expressando algum tipo de reação emocional ou corporal em resposta a Deus.

Precisamos ter em mente que estamos cultuando o Deus Pai Todo-Poderoso, Criador do céu e da terra, que vem a nós. O Todo-Poderoso Criador do céu e da terra é nosso Pai, é Deus por nós. E por que, então, não o celebramos com todo o nosso ser, como os salmos ensinam, inclusive, se for o caso, levantando as mãos, aplaudindo ou, por outro lado, lamentando, se postando de joelhos, e mesmo cantando de joelhos, visto que o peso da santidade de Deus é tão intenso, e o nosso pecado é tão grande, que não temos como nos apresentar de outra forma diante de nosso Deus?

A noção aqui é que celebremos a Deus com todo o nosso ser. E nós não somos apenas razão ou intelecto. Blaise Pascal, um gênio da matemática, tem uma frase famosa em seus *Pensamentos*. A frase é: "O coração tem razões que a própria razão desconhece". Para Pascal, seguindo as Escrituras, o coração está na fonte dos conhecimentos de maior valor, a razão, por si só, não pode compreender nem justificar as verdades da ética e da fé. Porque nós não somos somente razão, nós não somos apenas intelecto. Muito ao contrário, a nossa mente às vezes é até trapaceada por nossos afetos, emoções, por nosso próprio corpo. Então, devemos ter em mente que em nossos cultos respondemos a Deus com todo o nosso ser, e com toda a liberdade que esse Deus nos concede.

Então, esse é o significado do primeiro artigo do *Credo*. Ele foi exposto, considerando o significado de confessar a Deus como o todo-poderoso, o criador, o provedor, destacando algumas implicações doutrinárias do artigo e, depois, afirmando algumas aplicações práticas para nós, hoje.

"... Deus é não só o Criador, não só o Soberano, mas é o nosso amado Pai. Ele tem ternos afetos de misericórdia por seu povo. Ele tem prazer em se voltar para nós. Ele tem prazer em se inclinar em nossa direção, em ouvir o nosso lamento, nosso clamor, nossa súplica, nossa petição."

Fólio de um gradual (uma espécie de hinário) do final do século XIV que representa Jesus e os discípulos participando da Última Ceia.

SEGUNDO ARTIGO

Deus redentor

...

"... e em Jesus Cristo, seu único Filho, nosso Senhor,
que foi concebido pelo poder do Espírito Santo,
nasceu da Virgem Maria,
padeceu sob Pôncio Pilatos,
foi crucificado, morto e sepultado;
desceu à mansão dos mortos;
ressuscitou ao terceiro dia;
subiu aos céus;
está sentado à direita de Deus Pai todo-poderoso,
donde há de vir a julgar os vivos e os mortos."

I. JESUS COMO ENREDO UNIFICADOR DA ESCRITURA

Deus, o Redentor. Note que adentramos o centro do *Credo*. Alguns eruditos têm sugerido que este artigo é uma derivação daquela primeira confissão de fé: "Se, com a tua boca, confessares Jesus como Senhor e, em teu coração, creres que Deus o ressuscitou dentre os mortos, serás salvo" (Rm 10.9).

Por que esse segundo artigo é maior? Porque, em alguma medida, o Pai e o Espírito vêm a nós por meio do Filho. Nesse sentido, ninguém pode ter a pretensão de ter a Deus como Pai e ter a consolação que vem do Espírito Santo se não for por meio de Jesus Cristo. E essa é a grande pedra de tropeço na atualidade. Hoje, todos são um pouco religiosos. Todos, desde personalidades a anônimos, invocam a Deus. Mas a grande pedra de tropeço é Jesus Cristo: "E bem-aventurado é aquele que não achar em mim motivo de tropeço" (Mt 11.6; Lc 7.23); "Tropeçaram na pedra de tropeço, como está escrito: Eis que ponho em Sião uma pedra de tropeço e rocha de escândalo, e aquele que nela crê não será confundido" (Rm 9.32-33).

Podemos notar: uma pessoa "igrejeira" fala de Deus; e mesmo aquela pessoa que tem uma desconfiança da religião institucionalizada, e que não gosta de igreja, também fala de Deus: "Ah, não. Eu estou conectado com Deus. Eu gosto de pensar em Deus". Mas a pergunta importante é: de que divindade estas pessoas falam ou invocam? Aliás, como se chega a Deus? Pode-se perguntar para estas pessoas sobre Jesus Cristo? A resposta talvez seja algo como: "Ah, foi um bom mestre". Mas a ênfase do *Credo* não é em Jesus como mestre, a ênfase não está em Jesus como professor ou guru. Somente esta imagem é o que ficou para algumas pessoas religiosas e outras nem tanto: Jesus é um bom mestre, ele ensinou coisas sábias, "aquele negócio de amar o próximo como a si mesmo", mas esquecem a primeira parte do mandamento.

Jesus Cristo, como afirmado no *Credo*, não é um tipo de guru. Jesus, aqui, não é um professor. Jesus Cristo é confessado como o único salvador. O único ponto de contato entre o Pai e a humanidade. Precisamos afirmar isso com vigor: não há outro ponto de contato entre Deus e a humanidade; a criação não é um tipo de área comum entre ambos. Ninguém é salvo adorando alguns sinais de Deus criador na criação. A Escritura é explícita ao afirmar que o único meio de salvação é Jesus Cristo. "E não há salvação em nenhum outro; porque abaixo do céu não existe nenhum outro nome, dado entre os homens, pelo qual importa que sejamos salvos" (At 4.12). Jesus é o único caminho que nos conecta ao Pai, é o único mediador entre Deus e a criação. O apóstolo João escreveu: "Eu sou o caminho, e a verdade, e a vida, ninguém vem ao Pai senão por mim" (Jo 14.6). O ensino aqui é que aquele que quer ir ao Pai precisa passar por Jesus Cristo: "Senão por mim". Então o *Credo* centra sua atenção em Jesus Cristo, destacando algumas características vitais sobre nosso salvador, porque é por meio de Jesus Cristo e agarrados a ele que nós, de fato, entendemos Deus como Pai todo-poderoso, criador do céu e da terra. Toda tentativa de chegar a esse Deus sem Jesus Cristo, como confessado no *Credo*, é uma mera abstração. Cremos em Deus Pai por causa do Filho eterno, Jesus Cristo.

I. Jesus como enredo unificador da Escritura

Promessa e cumprimento

O que o *Credo* nos ajuda a afirmar, mediante a atenção que ele dá a nosso salvador, é que Jesus Cristo é, por assim dizer, o enredo unificador que une toda a Sagrada Escritura. Você pode resumir toda a Bíblia em duas palavras: *promessa* e *cumprimento*. Todo o Antigo Testamento é uma promessa a respeito daquele que virá. O Novo Testamento é o cumprimento daquele que veio. Devemos, portanto, começar meditando no significado do nome de nosso salvador, "Jesus Cristo", ou, mais propriamente dito, "Jesus, o Cristo"; esses dois vocábulos comunicam quem é o nosso salvador da forma mais profunda. A primeira palavra, o nome próprio, Jesus, seria uma tradução grega do nome hebraico "Josué", isto é, aquele pequenininho na manjedoura é "a salvação que vem de Javé", ou "Javé salva". Portanto, o nome de nosso salvador remete-nos à existência interna da Trindade, onde Javé, o Eterno, que é o Pai, o Filho e o Espírito Santo, nos salva somente por meio do Filho, o mediador pactual.

O profeta Isaías (6.1-10), num momento crítico da história do Reino do Sul, teve uma visão do Deus Eterno no templo em Jerusalém:

> No ano da morte do rei Uzias, eu vi o Senhor assentado sobre um alto e sublime trono, e as abas de suas vestes enchiam o templo. Serafins estavam por cima dele; cada um tinha seis asas: com duas cobria o rosto, com duas cobria os seus pés e com duas voava. E clamavam uns para os outros, dizendo: Santo, santo, santo é o Senhor dos Exércitos; toda a terra está cheia da sua glória. As bases do limiar se moveram à voz do que clamava, e a casa se encheu de fumaça. Então, disse eu: ai de mim! Estou perdido! Porque sou homem de lábios impuros, habito no meio de um povo de impuros lábios, e os meus olhos viram o Rei, o Senhor dos Exércitos! Então, um dos serafins voou para mim, trazendo na mão uma brasa viva,

135

que tirara do altar com uma tenaz; com a brasa tocou a minha boca e disse: Eis que ela tocou os teus lábios; a tua iniquidade foi tirada, e perdoado, o teu pecado. Depois disto, ouvi a voz do Senhor, que dizia: A quem enviarei, e quem há de ir por nós? Disse eu: eis-me aqui, envia-me a mim. Então, disse ele: Vai e dize a este povo: Ouvi, ouvi e não entendais; vede, vede, mas não percebais. Torna insensível o coração deste povo, endurece-lhe os ouvidos e fecha-lhe os olhos, para que não venha ele a ver com os olhos, a ouvir com os ouvidos e a entender com o coração, e se converta, e seja salvo.

A propósito da incredulidade dos judeus diante dos milagres que Jesus realizava, o apóstolo João escreveu (Jo 12.37-41):

E, embora tivesse feito tantos sinais na sua presença, não creram nele, para se cumprir a palavra do profeta Isaías, que diz: Senhor, quem creu em nossa pregação? E a quem foi revelado o braço do Senhor? Por isso, não podiam crer, porque Isaías disse ainda: Cegou-lhes os olhos e endureceu-lhes o coração, para que não vejam com os olhos, nem entendam com o coração, e se convertam, e sejam por mim curados. Isto disse Isaías porque viu a glória dele e falou a seu respeito.

Em Isaías 6.1-5, o profeta teve uma visão da glória de Javé, o que o leva a exclamar: "Ai de mim! Estou perdido!" Ele está diante do Deus santíssimo, o Eterno, Javé. Em João 12.37-41 o apóstolo afirma que Isaías viu a glória de Jesus Cristo, o único mediador. E, por fim, em outro contexto, Lucas (At 28.25-27) afirma que aquele que se revelou a Isaías foi o Espírito Santo.

E, havendo discordância entre eles, despediram-se, dizendo Paulo estas palavras: Bem falou o Espírito Santo a vossos pais, por intermédio do profeta Isaías, quando disse: Vai a este povo e dize-lhe: De

> ouvido, ouvireis e não entendereis; vendo, vereis e não percebereis. Porquanto o coração deste povo se tornou endurecido; com os ouvidos ouviram tardiamente e fecharam os olhos, para que jamais vejam com os olhos, nem ouçam com os ouvidos, para que não entendam com o coração, e se convertam, e por mim sejam curados.

Então, nesse sentido, Javé, aquele que reina sobre Israel, sobre Judá, sobre o povo de Deus da Antiga Aliança, é o Deus Trindade, o Deus Pai, Filho, Espírito. E o nome de Jesus significa "Javé salva", ou "a salvação que vem de Javé".

E a palavra grega Cristo, ou "o Cristo", é uma tradução da palavra hebraica "Messias", que quer dizer "ungido". E esta palavra "só se torna nome próprio de Jesus porque Ele cumpre perfeitamente a missão divina que tal nome significa".[1] No Antigo Testamento eram ungidos em Israel reis, sacerdotes e profetas. Aquele que salva, Jesus, "Javé salva", é o especialmente ungido por Deus Pai para ser o nosso Salvador. Ele é aquele que foi ansiado e prometido desde as páginas de abertura do Antigo Testamento, quando é assegurado para Eva que a Serpente vai ferir o calcanhar do descendente de Eva, mas a cabeça da Serpente será esmagada (Gn 3.14-15):

> Então, o SENHOR Deus disse à serpente: Visto que isso fizeste, maldita és entre todos os animais domésticos e o és entre todos os animais selváticos; rastejarás sobre o teu ventre e comerás pó todos os dias da tua vida. Porei inimizade entre ti e a mulher, entre a tua descendência e o seu descendente. Este te ferirá a cabeça, e tu lhe ferirás o calcanhar.

Jesus Cristo, o Messias que Deus enviou para estabelecer o seu Reino, ungido pelo Espírito Santo, cumpriu sua tríplice função de sacerdote, profeta e rei. Como Ireneu de Lyon escreveu:

---

[1] *Catecismo da Igreja Católica*, p. 123.

O CREDO DOS APÓSTOLOS

> Aliás, é o que indica o seu próprio nome; porque no nome de Cristo está subentendido Aquele que ungiu. Aquele que foi ungido e a própria Unção com que foi ungido. Aquele que ungiu é o Pai, Aquele que foi ungido é o Filho, e o foi no Espírito que é a Unção.²

O filme *A Paixão de Cristo*, de 2004³, é ótimo, brilhante até. Só deixa de ser arte se for usado para evangelizar; mas, assistido por sua beleza intrínseca, como obra de arte, é um filme espetacular. A cena de abertura é provocadora, instigante; Jesus Cristo está no Getsêmani, suando sangue. Ele se levanta e esmaga a cabeça da serpente que está naquele jardim, sem nem mesmo dar atenção ao fato ocorrido. No filme, Cristo simplesmente se levanta da oração, da agonia do Getsêmani, esmaga a serpente, e segue o caminho que lhe está destinado. Uma imagem artística brilhante do cumprimento do relato de Gênesis.⁴

Jesus Cristo é o enredo que unifica toda a Sagrada Escritura. Ao se estudar hermenêutica fala-se da necessidade de tratar a Escritura Sagrada como literatura. Usa-se inclusive um tipo de gráfico para reproduzir o curso de uma narrativa.⁵

---

2 Irineu de Lyon, *Adv. haer.* III.18,3, citado em *Catecismo da Igreja Católica*, p. 124.
3 Para uma análise do filme Paixão de Cristo, cf. Brian Godawa, *Cinema e Fé Cristã* (Viçosa: Ultimato, 2004), p. 225-36.
4 Ernest F. Kevan usou o termo "proto-evangelho", adicionando que ele se referia às palavras de Gênesis 3.14-15 quando Deus falou a Satanás. Ele diz: "Não deve passar despercebido o fato de que o Proto-evangelho, como são chamadas estas palavras, não foi dirigido aos pecadores, mas ao tentador. A obra de Cristo, em sua base, é a vindicação e a vitória de Deus sobre o maligno" ("Gênesis", em F. Davidson (org.), *Novo Comentário da Bíblia* [São Paulo: Vida Nova, s/d], p. 86).
5 Esquema retirado de Roy B. Zuck, *A Interpretação da Bíblia* (São Paulo: Vida Nova, 1994), p. 150. Ainda que Zuck faça uma distinção entre "narrativa" e "evangelhos", que seriam "doutrina e narrativa" (p. 154), a definição que ele oferece de "narrativa" se aplica aos quatro evangelhos do Novo Testamento: "Uma narrativa bíblica é uma história relatada com o intuito de transmitir uma mensagem por meio das pessoas e de seus problemas e circunstâncias. As narrativas bíblicas são seletivas e ilustrativas. Seu objetivo não é compor biografias completas, repletas de detalhes sobre a vida das pessoas; os autores selecionavam cuidadosamente o material que incluíam (é claro que sob a inspiração do Espírito Santo) visando a propósitos determinados" (p. 149). Deve-se ter em mente que há seis tipos de narrativa nas Escrituras: tragédia, épico, romance, heroico, sátira e polêmica.

I. Jesus como enredo unificador da Escritura

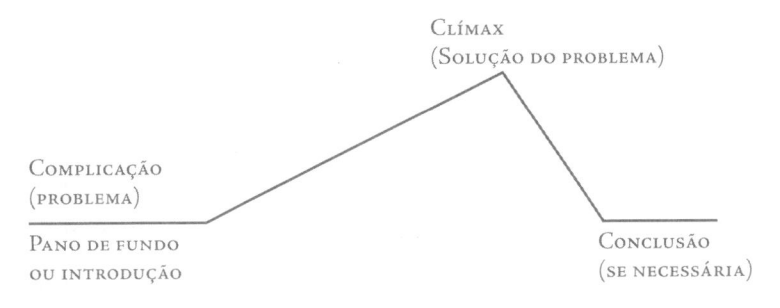

```
                    Clímax
                    (Solução do problema)


Complicação
(problema)
─────────────                           Conclusão
Pano de fundo                           (se necessária)
ou introdução

Suspense
```

Temos, portanto, a introdução, depois o desenvolvimento da história até atingir o clímax e, por fim, a conclusão. Ao pensarmos no quadro maior da Escritura, precisamos perguntar: Qual é o clímax da história bíblica? A história da redenção atinge seu clímax com a crucificação de Jesus Cristo por nossos pecados. Tudo o mais, desde as páginas de abertura da Escritura, são a introdução e a preparação para esse clímax. E neste aspecto a interpretação do relato dos evangelhos no filme *A paixão de Cristo* está correta; mesmo a ressurreição é a conclusão do clímax, que é a crucificação, a morte vicária, a morte de Jesus Cristo em lugar de pecadores, em favor de pecadores, no Calvário. Assim, o primeiro ponto dessa seção do *Credo* é que Jesus Cristo é tema que unifica as histórias presentes na Sagrada Escritura.

Não quero dizer que devemos ler todo o Antigo Testamento procurando Jesus Cristo em cada história ou detalhe. Não defendemos uma hermenêutica alegórica. Não almejamos, por exemplo, encontrar Jesus Cristo em cada minúcia do Tabernáculo. Não é assim que encontramos Jesus Cristo no Antigo Testamento. Nós o encontramos ao conectar tipologicamente as narrativas do Antigo Testamento com aquele que foi crucificado, sepultado e ressurreto. É assim que devemos ler o Antigo Testamento. Cada uma das histórias sendo conectadas com Jesus Cristo, que é o evangelho.[6]

....

6 Para um desenvolvimento destas ideias, recomendo enfaticamente a leitura de Graeme Goldsworthy, *Pregando Toda a Bíblia como Escritura Cristã* (São José dos Campos: Fiel, 2013).

Por exemplo, podemos pensar na provação de Abraão, no Monte Moriá (Gn 22.1-19). Deus ensinou que matar é pecado, mas Deus exige que Abraão apresente seu filho, Isaque, como sacrifício. A história é muito forte, chocante! É um escândalo para aqueles que não toleram o cristianismo, muito menos o Antigo Testamento. Como Deus pode mandar um homem de fé matar seu próprio filho? Mas o surpreendente, de um lado, é que Deus não deixa, na hora da verdade, que Abraão desça o cutelo sobre seu filho, Isaque. Deus providencia o sacrifício: "Tendo Abraão erguido os olhos, viu atrás de si um carneiro preso pelos chifres entre os arbustos; tomou Abraão o carneiro e o ofereceu em holocausto, em lugar de seu filho" (Gn 22.13). A antiga tradição judaica associou este monte com o lugar onde o Templo de Salomão foi construído. Mas, muito tempo depois, num monte muito próximo dali, Deus faz o que ele não deixou que Abraão fizesse, e ele o faz em favor dos piores pecadores. Deus mata o seu próprio Filho (At 2.22-24; 4.26-30).

> Varões israelitas, atendei a estas palavras: Jesus, o Nazareno, varão aprovado por Deus diante de vós com milagres, prodígios e sinais, os quais o próprio Deus realizou por intermédio dele entre vós, como vós mesmos sabeis; sendo este entregue pelo determinado desígnio e presciência de Deus, vós o matastes, crucificando-o por mãos de iníquos; ao qual, porém, Deus ressuscitou, rompendo os grilhões da morte; porquanto não era possível fosse ele retido por ela.
>
> Levantaram-se os reis da terra, e as autoridades ajuntaram-se à uma contra o Senhor e contra o seu Ungido; porque verdadeiramente se ajuntaram nesta cidade contra o teu santo Servo Jesus, ao qual ungiste, Herodes e Pôncio Pilatos, com gentios e gente de Israel, para fazerem tudo o que a tua mão e o teu propósito predeterminaram; agora, Senhor, olha para as suas ameaças e concede aos teus servos que

> anunciem com toda a intrepidez a tua palavra, enquanto estendes a mão para fazer curas, sinais e prodígios por intermédio do nome do teu santo Servo Jesus.

Nas duas passagens do livro de Atos, os apóstolos afirmam que Deus determinou entregar o Justo na mão dos injustos. Deus usou a maldade de Herodes, de Pôncio Pilatos, dos "gentios e gente de Israel" para que o Filho fosse imolado em lugar de pecadores, em favor de pecadores. Cristo é o enredo unificador da Escritura. Cristo é o coração da Escritura.

Como, então, sabemos que estamos lendo a Escritura corretamente, sob a direção do Espírito Santo? Se estivermos encontrando Cristo nela. Se estivermos crescendo no amor e na apreciação por Jesus Cristo. Se Jesus Cristo é cada vez mais formado em nós e nós somos cada vez mais moldados à imagem de Jesus Cristo. Se tudo isso está acompanhando nossa leitura da Escritura, então estamos lendo a Escritura corretamente. Não apenas como esforço ou acúmulo de informação, para conhecer a Escritura, ou dar aulas sobre a Escritura. Sabemos que estamos lendo a Escritura corretamente na medida em que passamos a amar cada vez mais esse que é o centro da própria Sagrada Escritura, Jesus Cristo, "Javé salva", "a salvação vem de Javé", "o Messias", "o especialmente ungido", aquele que é, de fato, o único rei, profeta e sacerdote.

II. O ÚNICO FILHO EM QUEM O PAI SE REVELA

Jesus é chamado no Novo Testamento de "Filho de Deus". O apóstolo João destaca Jesus como o único Filho de Deus (Jo 1.18; 3.16, 18), e o significado desta ênfase é distinguir a natureza do relacionamento que Jesus tinha com o Pai da natureza dos relacionamentos com os outros filhos de Deus (Jo 20.17). Neste caso, significa uma filiação adotiva, que estabelece uma relação de intimidade entre Deus e aqueles que creem em seu Filho. Mas, sobre Jesus, Alister McGrath escreve: "No *Credo*, afirmar que Jesus é o 'Filho de Deus' equivale a dizer que Jesus é Deus. Esse conceito geralmente é chamado de 'a encarnação', isto é, Deus se fez homem em Jesus Cristo (Jo 1.14)".[1]

A noção conectada ao gnosticismo dos primeiros séculos da era cristã, de que Jesus se tornou Cristo, ou a ideia adocionista de que ele foi divinizado em algum momento de seu ministério terreno deve ser rejeitada como uma tosca tentativa racionalista. Assim como deve ser rejeitada a suposição de que houve um tempo onde não houvesse o Filho, assim como a sugestão de que o Pai e o Filho são aspectos iguais da mesma realidade. De acordo com o testemunho bíblico, o Filho sempre existiu

---

1 Alister McGrath, *Creio* (São Paulo: Vida Nova, 2013), p. 50.

como Filho junto a seu eterno e amado Pai, comunhão esta que se revela no Espírito Santo. E este Filho, que sempre existiu, foi prometido e ansiado no Antigo Testamento, como o Messias – Cristo – que salvaria seu povo de seus pecados (cf. Mt 1.21).

Portanto, o título "seu único Filho", atribuído a Jesus, destaca que ele é o eterno Filho de Deus, que assumiu uma natureza humana para nossa redenção. Com os cristãos de todas as eras, devemos cultuar e adorar a Jesus Cristo como Deus.

A autorrevelação de Deus no Filho

Deus não se revela por outro, se revela através de si mesmo, no Filho: "Tudo me foi entregue por meu Pai. Ninguém conhece o Filho, senão o Pai; e ninguém conhece o Pai, senão o Filho e aquele a quem o Filho o quiser revelar" (Mt 11.27). Essa é uma ênfase muito importante. Hoje as pessoas querem ouvir sobre Deus, querem experimentar a Deus, desconectados não só da comunidade da fé, mas desconectados do próprio Jesus Cristo. Mais uma vez, estes estão construindo sua própria torre de Babel. Na verdade, e isso precisa ser dito com toda convicção, encontramos a Deus exclusivamente em Jesus Cristo; ou, por outro lado, Deus, aquele que é o todo-poderoso criador, vem como Pai a nós somente por meio de seu único Filho, Jesus Cristo, e este como revelado na Sagrada Escritura.

Devemos pensar na relação entre Deus e os seres humanos como dois círculos, que se tocam, mas não se interpenetram. Essa é uma ilustração de quem é Deus e de quem somos nós. Nós não temos como ir a Deus, e Deus não vem a nós, se não for por Jesus Cristo, e este como revelado na Sagrada Escritura: como ansiado, profetizado, antecipado no Antigo Testamento, e, agora, como cumprido no Novo Testamento. É somente Jesus Cristo quem vem de "lá" para "cá". Nós não conseguimos fazer esse caminho. O único ponto de contato entre Deus e a humanidade é Jesus Cristo, como revelado na Palavra.

Esse é o centro que define a nossa saúde espiritual, a saúde da comunidade cristã. A nossa fé e o nosso conhecimento, a sabedoria que almejamos, deve estar focada na Escritura e no próprio Jesus Cristo. Gostaria de enfatizar que se, por um lado, o nosso Deus é o Deus Trindade, o Pai, o Filho e o Espírito, por outro lado, é por meio de Jesus Cristo que nos aproximamos desse Deus, o completamente outro, o Altíssimo, o Deus vivo, o Deus temível, o Deus que é Senhor dos Exércitos. Não há outro caminho entre Deus e os homens que não Jesus Cristo. Ainda que isso fosse repetido constantemente, não se conseguiria enfatizar esta verdade tanto quanto se gostaria.

Mas, uma igreja que coloca Jesus Cristo melancolicamente de lado, que se serve da Escritura meramente como um tipo de livro de autoajuda, essa igreja deve ouvir as palavras do próprio Salvador: "Eu repreendo e disciplino a quantos amo. Sê, pois, zeloso e arrepende-te. Eis que estou à porta e bato; se alguém ouvir a minha voz e abrir a porta, entrarei em sua casa e cearei com ele, e ele, comigo" (Ap 3.19-20). A igreja não é determinada pelo prédio, edifício ou número de pessoas. Não é determinada nem pelo nome que está lá acima de suas portas. A igreja é igreja se Jesus Cristo é, semana após semana, oferecido aos que ali se reúnem.

Como é que a *Confissão de Augsburgo* (Artigo VII) define a igreja verdadeira?

> Ensina-se também que sempre haverá e permanecerá uma única santa igreja cristã, que é a congregação de todos os crentes, entre os quais o evangelho é pregado puramente e os santos sacramentos são administrados de acordo com o evangelho.

Para a tradição luterana, a igreja verdadeira é aquela onde a pura Palavra de Deus é pregada e onde sacramentos são corretamente ministrados. Quem vem a nós na pregação? O próprio Jesus Cristo. Ele é Palavra de

Deus que vem a nós na Sagrada Escritura. A Sagrada Escritura é que traz Jesus Cristo, o Verbo, para nós. Uma igreja onde a pregação não seja central é uma igreja onde Jesus Cristo não é colocado diante daquela comunidade. Nós somos batizados na morte e na ressurreição do nosso Senhor Jesus Cristo. O rito batismal não é mera memória. Antes, quando somos imersos na água batismal — ou para alguns irmãos, quando somos aspergidos pelas águas batismais —, nós somos ligados a Jesus Cristo por meio do Espírito Santo (Rm 6.3-7). Não estamos meramente lembrando do que Jesus Cristo fez no Calvário no batismo. Aqueles que são batizados, são conduzidos pelo Espírito Santo ao Calvário, participando da morte de Jesus Cristo, e participando também de sua poderosa ressurreição. Quem é oferecido na ceia do Senhor? Quando comemos o pão e bebemos o conteúdo do cálice, somos alimentados e saciados por Jesus Cristo crucificado. Participamos de um banquete que satisfaz a nossa alma, sempre que nos reunimos para comer o pão e tomar o cálice.

A pregação centrada em Cristo é uma pregação que traz Cristo. Somos batizados em Cristo. Somos alimentados em Cristo. Como já consideramos, Cristo é o enredo unificador da Sagrada Escritura. É Cristo que dá, por assim dizer, a estrutura de toda a Sagrada Escritura. E nos chegamos ao Pai somente por meio de Jesus Cristo. Então, uma igreja que quer ser igreja cristã — isto é, uma igreja que pertence a Cristo — não pode se furtar de anunciar Cristo em seu sermão, no rito batismal, na celebração da ceia do Senhor. Porque, no final, todas essas três marcas que caracterizam a igreja verdadeira são centradas em Jesus Cristo.

Cristo vem a nós por meio da Palavra. Como dizia Lutero, a Escritura é o berço de Jesus Cristo. Se esse berço não for colocado diante das pessoas, as pessoas não conseguirão contemplar o nosso Salvador que repousa na manjedoura. E Cristo, mais uma vez, é o único caminho entre Deus e a humanidade. Não há outro atalho, não há um plano B. Há alguns teólogos que supõem a possibilidade de um plano B, de que Deus poderia salvar pessoas, que nunca ouviram sobre Cristo, por meio da criação ou da lei moral gravada no coração de todos os seres humanos. Mas qual a base bíblica desta posição? Nenhuma! Daí a necessidade do esforço missionário, que também pode ser considerado como marca de uma igreja verdadeira. Precisamos pregar o evangelho a todas as etnias. Temos que desafiar os melhores jovens de nossas comunidades, rapazes e moças, a se oferecerem a Deus para seguir para o campo missionário, orar por eles, e apoiá-los em todo o seu tempo no campo missionário. Precisamos pregar a Cristo "quer seja oportuno, quer não" (2Tm 4.2). E pregar exclusivamente a Jesus Cristo, porque ele é o único caminho que nos conecta a Deus Pai. Ele é a única ponte que atravessa os dois círculos que se tocam, mas não se cruzam. É Jesus Cristo que vem a nós na Sagrada Escritura, na própria Palavra de Deus inspirada pelo Espírito Santo.

III. O SENHORIO DE JESUS

O *Credo* afirma que Jesus é o único Senhor. Devemos lembrar que a declaração mais básica de fé no Novo Testamento é "Jesus é Senhor" (cf. Rm 10.9). Um pecador é salvo, e colocado numa relação correta com Deus, quando ele confessa que Jesus é o único Senhor. Precisamos desenvolver um pouco essa palavra, "Senhor". A tradição evangélica brasileira – e isso envolve os batistas, metodistas, assembleianos e mesmo muito dos presbiterianos – é fortemente pietista. O pietismo foi um movimento de renovação da igreja luterana, ocorrido na Alemanha, no século XVII, que, para reagir à ortodoxia morta, acabou pendendo para o outro lado, enfatizando a subjetividade — Deus no coração, Deus operando dentro de nós —, a santificação pessoal e o senhorio interno de Cristo sobre a vida da pessoa que crê.

Algumas vezes, lemos na Escritura a declaração de que Jesus Cristo é Senhor, e que precisamos confessar que Jesus é Senhor. Mas, por causa do contexto onde crescemos na fé, corremos o risco de reduzir a expressão "Jesus é Senhor" ao mínimo possível. Em comunidades influenciadas pelo pietismo, a pessoa é salva quando "aceitou" a Jesus como seu senhor pessoal. Então, a partir daí a vida do fiel é rendida a Cristo, e ele vai tentar se comportar segundo Cristo exige ou requer. Ou, para complicar a situação, em alguns círculos que ensinam a teoria que distingue o "crente carnal" do "crente espiritual", o fiel tem a opção de ser um crente de "segunda categoria", tendo "aceito" a Jesus como seu salvador, tendo a opção de ser um crente de "primeira categoria", recebendo-o como senhor de fato da sua vida. Então, agora, este fiel tem um novo *status*, é um "crente consagrado". Mas o que é ensinado no *Credo*, e nos é requerido confessar, é que nosso Jesus Cristo é Senhor. Sendo bem importante manter isso junto: "Nosso Senhor".

O *Credo* começa com "Creio", uma declaração individual. Porém, quando o *Credo* mantém juntas essas duas expressões "nosso Senhor", ele quer lembrar alguns pontos importantes.

Jesus Cristo, o Senhor de nossa vida

De fato, Jesus é Senhor de todo aquele que confessa o *Credo*. A nossa vida não pertence mais a nós mesmos. Nós somos agora escravos de Cristo (Rm 6.8-23). Muitas vezes, é desconfortável para algumas pessoas lembrarem que, se confessam Jesus Cristo, como ensinado na Escritura, e sumariado no *Credo*, não pertencem mais a si mesmas. Se nós proferimos o *Credo* com confiança, com obediência, com comprometimento, estamos confessando que nossas vidas não pertencem mais a nós mesmos. Jesus é Senhor de fato da nossa existência.

O crente é alguém que vai lutar dia após dia para ser conformado a Cristo, e essa é uma das marcas da predestinação e eleição do fiel: "Porquanto aos que de antemão conheceu, também os predestinou para serem conformes à imagem de seu Filho, a fim de que ele seja o primogênito entre muitos irmãos" (Rm 8.29). Como podemos saber se fomos amados desde antes da fundação do mundo e predestinados? Porque, por obra do Espírito Santo, as marcas de Jesus Cristo estão nesta pessoa. Isso é uma exigência pesada, mas é isso que o evangelho requer de nós.

Unidade sob o senhorio de Jesus Cristo

Em um aspecto, quando dizemos que cremos em Jesus como Senhor, somos lembrados, então, que toda a nossa vida é colocada debaixo de sua autoridade. Mas o *Credo* aqui muda o tempo verbal do pronome, agora é *"nosso* Senhor". Note o plural. Então, confessamos agora, no cerne do *Credo*, que toda a nossa vida em comunidade pertence a Jesus Cristo. E como isso é difícil, dado ao tanto que continuamos lutando com o pecado e a carnalidade. Se confessamos a Jesus como o *Credo* requer, e estamos entendendo corretamente o que essas doutrinas mais básicas querem ensinar-nos, todos nós, agora, estamos debaixo do senhorio de Jesus; todos nós nos colocamos debaixo do santo senhorio de Cristo, o nosso único Senhor. Ele vai à nossa frente. Portanto, não deveria haver lugar para mesquinharias, pensamentos pequenos ou egoístas dentro da comunidade cristã. A comunidade junta que confessa Jesus Cristo como único Senhor é uma comunidade que luta intencionalmente para se colocar debaixo do senhorio e da vontade amorosa de nosso Senhor Jesus Cristo, que deu tudo por nós – inclusive sua própria vida.

Jesus, o Senhor de toda a criação

E há um terceiro aspecto nesta seção do segundo artigo do *Credo*. A ideia é que Jesus Cristo é o Senhor cósmico. Ele reina sobre toda a criação. Deus, o Pai todo-poderoso, entregou ao seu Filho a regência do cosmos. E aqui eu lembro de um hino de natal composto por Martinho Lutero, *Canção infantil para o Natal de Cristo*, que ele fez para cantar com seus filhos. Ele diz assim na estrofe do hino:

> Atentem! Este é o sinal:
> No cocho, em fraldas, muito mal

> Deitado está o que mantém
> O céu e a terra, e os sustém.

Que mistério! O pequeno bebê na manjedoura, pelo seu balbuciar, domina céus e terra. Aqui é desvendado para nós o mistério do Deus encarnado. Conseguimos perceber o paradoxo aí? Um bebê, frágil, que só consegue dizer "da, da, ba, ba". E são esses sons que sustentam toda a criação, porque Jesus, que assumiu a forma de escravo, está destinado a receber o nome que ninguém tem, o nome ao qual todos os joelhos nos céus, na terra, de debaixo da terra se dobrarão, para prostrarem-se e confessarem que Jesus Cristo é Senhor para glória de Deus Pai.

Nosso Senhor Jesus Cristo, Senhor da nossa vida pessoal, Senhor da nossa comunidade, uma comunidade da confissão, uma comunidade confessional, e Senhor de todo o cosmos. Mais uma vez: o teísmo aberto parece ser uma página virada em nosso meio, uma moda que passou; porém, mais uma vez, isso é importante: É possível alguém ser de fato um cristão e eliminar ou negar algum artigo do *Credo*? Como já foi dito, parece que esta afirmação do *Credo* é uma paráfrase, quase uma citação direta da afirmação do apóstolo: "Confessares Jesus como Senhor" (Rm 10.9). Isso é muito sério.

IV. O NASCIMENTO VIRGINAL DE JESUS

Confessamos, por meio do *Credo*, que Jesus nasceu da Virgem, o que inaugura a "plenitude dos tempos" (Gl 4.4), isto é, o cumprimento das promessas do Antigo Testamento. Como descreve o apóstolo Mateus (Mt 1.18-21):

> Ora, o nascimento de Jesus Cristo foi assim: estando Maria, sua mãe, desposada com José, sem que tivessem antes coabitado, achou-se grávida pelo Espírito Santo. Mas José, seu esposo, sendo justo e não a querendo infamar, resolveu deixá-la secretamente. Enquanto ponderava nestas coisas, eis que lhe apareceu, em sonho, um anjo do Senhor, dizendo: José, filho de Davi, não temas receber Maria, tua mulher, porque o que nela foi gerado é do Espírito Santo. Ela dará à luz um filho e lhe porás o nome de Jesus, porque ele salvará o seu povo dos pecados deles.

Esse é um ensino bíblico importantíssimo. Primeiro, há uma admissão explícita no *Credo* de que a história terrena de Jesus Cristo começou e terminou com milagre. Ela começa com o nascimento virginal e termina com a ressurreição de Cristo e sua ascensão à destra do Pai.

O que significa o nascimento virginal? Este lembra que Deus nos salva sem a cooperação dos seres humanos. O nascimento virginal lembra que Deus não precisa da nossa cooperação. Deus escolhe Maria, ele a chama, e ela responde: "Aqui está a serva do Senhor; que se cumpra em mim conforme a tua palavra" (Lc 1.38). O pequeno nenê que surgiu no ventre de Maria foi gerado pelo Espírito Santo. Sem a cooperação humana.

Inimigos da fé cristã têm tentado ridicularizar o ensino bíblico do nascimento virginal. Já nos primeiros séculos da história da igreja, pessoas insinuavam que Jesus seria filho de Maria com um militar romano, um caso extraconjugal. E se infidelidade já era um insulto naquele tempo, para a comunidade de Israel, ainda mais um adultério com um soldado de uma unidade militar de ocupação estrangeira.[1]

Mas o Novo Testamento, ao estabelecer uma ligação com as profecias do Antigo Testamento (Is 7.14; 9.6-7), enfatiza que Jesus nasceu da Virgem, sem cooperação humana, sem ação humana, gerado que foi pelo Espírito Santo. Como afirmou tão bem um Pai da Igreja, Gregório de Nissa:

> Doente, nossa natureza precisava ser curada; decaída, ser reerguida; morta, ser ressuscitada. Havíamos perdido a posse do bem, era preciso no-la restituir. Enclausurada nas trevas, era preciso trazer-nos à luz; cativos, esperávamos um salvador; prisioneiros, um socorro; escravos, um libertador. Essas razões eram sem importância? Não eram tais que comoveriam a Deus a ponto de fazê-lo descer até nossa natureza humana para visitá-la, uma vez que a humanidade se encontrava em um estado tão miserável e tão infeliz?[2]

---

[1] Dois Pais da Igreja responderam a estas acusações, Justino de Roma, em *Diálogo com Trifão* 66-67, e Orígenes, em *Contra Celso* 1.32.
[2] Gregório de Nissa, *Or. Catech.* 15, citado em *Catecismo da Igreja Católica*, p. 129.

IV. O nascimento virginal de Jesus

Se, de um lado, o nascimento virginal enfatiza a noção de "somente a graça" (*sola gratia*), uma ação completamente monergística da parte de Deus, o nascimento virginal também aponta para outra verdade importantíssima: se Adão, e nós nele, estragou tudo no início da história da redenção (Gn 3.1-24), em Jesus Cristo a história está sendo recapitulada. Pois, agora, Jesus Cristo é o segundo Adão (Rm 5.12-21). Em Cristo, uma nova linhagem é iniciada. Se os nossos primeiros pais, Adão e Eva, eram jardineiros no jardim, Jesus é enviado para o deserto. Se nossos primeiros pais foram tentados uma única vez e caíram, Jesus é tentado três vezes e permanece firme. Se a tentação de Adão e Eva foi uma tentação mediada, agora, em Jesus, num ambiente inóspito, o próprio diabo aparece para o nosso salvador, tentando-o três vezes, e o diabo é vencido e repreendido ao final daquela contenda: "Retira-te, Satanás" (Mt 4.1-10; Lc 4.1-13).

O que o ensino sobre o nascimento virginal enfatiza, então? De um lado, aponta que a salvação ocorre sem concurso humano. A salvação é "somente pela graça" (*sola gratia*), desde o momento inicial em que Jesus foi gerado pelo Espírito no ventre da Virgem. Mas, de outro lado, o nascimento virginal lembra que, em Jesus, começa uma nova linhagem, sem pecado, como Adão, que foi criado também sem pecado e colocado no jardim. E agora, aqueles que recebem Cristo são parte da nova humanidade (Rm 5.17). Há uma nova solidariedade para aqueles que estão em Cristo e o receberam. Então, o nascimento virginal é um milagre que marca o início da vida terrena de Jesus Cristo: Creio em "Jesus Cristo, seu único Filho, nosso Senhor, que foi concebido pelo poder do Espírito Santo, nasceu da Virgem Maria".

Nós não precisamos temer o ensino bíblico sobre a virgindade de Maria. A mãe de nosso salvador foi uma personagem importantíssima na história bíblica. Não devemos reagir de tal forma a ela, por causa das polêmicas protestantes contra o catolicismo, a ponto de esquecê-la. Maria foi importante. Ela é a mãe de nosso salvador. O interessante, ainda meditando no nascimento virginal, é que nós supomos que a história avança por meio de grandes heróis e grandes feitos. Pensemos em Alexandre, o Grande, Júlio César, Otávio Augusto, Constantino, Clóvis, Carlos Magno, George Washington. Também lembramos de personagens sórdidos, cruéis, como Josef Stalin, Fidel Castro e Adolf Hitler. Essas pessoas todas, para o mal ou para o bem, lutaram para alcançar o poder.

O que torna importante a narrativa bíblica sobre o nascimento virginal é que aprendemos que Jesus nasceu de uma simples moça chamada Maria. Na narrativa da "grande história", Maria nunca seria citada, nem numa nota de rodapé. Mas Deus, o Pai todo-poderoso, criador do céu e da terra, opera por meio de seu Espírito numa cidade esquecida pelo império. Cidade que talvez só fosse mencionada na hora de recolher impostos. Mas Deus escolhe nesta cidade a Maria. E por meio dessa adolescente — ela deveria ser bem nova nesta época —, o salvador vem ao mundo.

E, aliás, aqui há outro princípio que destrói a acusação de que o cristianismo é misógino e machista. Eva, apesar da sua desobediência, recebeu a promessa de uma descendência que será vitoriosa sobre o Maligno; o salvador entrou no mundo por uma mulher, Maria; e a ressurreição de Jesus Cristo foi anunciada por três mulheres, Maria Madalena, Maria, mãe de Tiago e Salomé (Mc 16.1-8). A operação de renovação da história, de recapitulação (Ef 1.10), está operando agora com muito mais poder do que na criação. A ação que Deus inicia na vida de Jesus Cristo é mais poderosa do que aquela que ele operou na criação de todas as coisas.

Mais uma vez: o *Credo* destaca aquelas doutrinas que são absolutamente essenciais para a fé cristã; aderir a estas doutrinas ajuda-nos a identificar se certa pessoa é cristã. Inclusive a pergunta que levantamos no início desta exposição foi: É possível uma pessoa ser cristã eliminando algum artigo, alguma afirmação do *Credo*? A resposta é não – e se estiver errado gostaria de ser corrigido em termos bíblicos, pois gostaria realmente de saber como uma pessoa pode se identificar como cristã abrindo mão de alguns dos temas que temos meditado aqui, como o nascimento virginal.

Jesus Cristo é "Javé que salva", ele é a "salvação que vem de Javé" e ele é o "especialmente Ungido". Nosso senhor Jesus Cristo, é o único que é ungido como rei, profeta e sacerdote, é o único que é ungido para um tríplice ofício. Nenhum outro ser, nenhuma outra pessoa tem este tríplice ofício. Só Jesus Cristo detém o ofício de rei, profeta e sacerdote. Ele, que é o Ungido, é o Messias de Deus para nós. Cristo é o enredo que unifica a Escritura, então toda a Escritura considerada como a grande narrativa é centrada em Jesus Cristo e, como também aprendemos no *Credo*, esta narrativa é centrada na morte sacrificial de Jesus Cristo. A vida, os ensinos e a obediência de Jesus Cristo são a preparação para o sacrifício de Jesus.

A relação de Deus com a criação é de duas esferas que se tocam, mas não se interpenetram. Na Escritura não há ensino tal como a de que há "centelhas divinas" na alma do ser humano. Seres finitos não podem suportar um ser infinito. O único Mediador entre o Deus todo-poderoso e as suas criaturas é Jesus Cristo, o único ponto de contato entre Deus e nós. Não há como conhecer Deus, não há como aprender de Deus por outro caminho que não Jesus Cristo. Deus se revela na criação, na história, na lei moral gravada no coração de todo homem e toda a mulher, em todo tempo e lugar. Mas esta revelação de Deus na criação, na história e na lei moral, torna todo ser humano indesculpável (Rm 1.18-2.16).

Essa tríplice revelação, então, torna todo o ser humano alvo do desprazer divino. Por quê? Porque nós, como filhos de Adão, nosso primeiro pai, distorcemos uma revelação clara e preferimos dar glória à criatura e não ao criador. Então, a criação, a história e a lei moral não servem como caminhos para conhecermos a Deus. O único caminho certo e seguro, oferecido na Sagrada Escritura, para chegarmos a Deus e termos intimidade com ele é Jesus Cristo.

Assim, Deus vem a nós por meio do seu amado filho Jesus Cristo. Isso é absolutamente central para a fé cristã. Há hinos e cânticos que nós cantamos em nossos cultos que um espírita ou mulçumano cantaria sem nenhuma dificuldade ou constrangimento. Por quê? Porque falta o Cristo encarnado, crucificado, sepultado e ressurreto nesses cânticos e hinos. Então, se queremos ser, de fato, igreja cristã, é recuperar a centralidade de Jesus como testemunhado no *Credo*. Não seguimos a Jesus pelos ensinos elevados dele – e eles o são! Não seguimos a Jesus por sua vida, por mais inspirativa que seja – e ela o é! Seguimos a Jesus porque, como diz o *Credo*, ele "padeceu sob Pôncio Pilatos, foi crucificado, morto e sepultado; desceu à mansão dos mortos, ressuscitou ao terceiro dia; subiu aos céus". É por causa do que Jesus fez objetivamente, fora de nós, que é permitido a nós ficarmos de pé diante do Pai, e tê-lo, de fato, como nosso amigo fiel e leal.

Então, precisamos voltar a reforçar esse artigo do *Credo*, que é a obra de Jesus na cruz e sua ressurreição poderosa. Uma igreja deixa de ser igreja quando se envergonha desse Jesus. Quando começa a falar de Jesus mais como uma espécie de mestre ou curandeiro. Quando remove ou esconde a cruz. É absolutamente vital que nossas orações, nossos cânticos, nossa pregação, nossa comunhão seja centrada em Jesus Cristo encarnado, crucificado, morto e ressurreto.

Se você notou, não se está dizendo que o *Credo* é o evangelho. O *Credo* fala de quem origina o evangelho e dos benefícios do evangelho. O evangelho, mais propriamente, é Jesus Cristo, crucificado sepultado e ressurreto. Como já vimos, dizia Jerônimo, que raios e trovões ribombam na epístola de Paulo aos cristãos da Galácia, pois eles estavam distorcendo o evangelho, a boa nova da parte de Deus, de que Jesus Cristo veio ao mundo para morrer por pecadores, ressuscitou dentre os mortos e desarraiga pecadores de um mundo caído. Quando o *Credo* faz com que as pessoas divinas do Pai e do Espírito gravitem em torno do Filho, o *Credo* está sendo completamente leal à Escritura.

Estamos tratando do nascimento virginal de Cristo. Tal nascimento é um milagre. E este milagre lembra que Deus salva por meio de Cristo sem a obra humana, sem a cooperação humana, sem a ajuda humana. Maria foi, por assim dizer, uma parceira passiva do Espírito Santo. A oração de Maria (Lc 1.46-55) é um canto que celebra esse Deus que salva sem a cooperação humana. Maria celebra Deus tê-la escolhido para carregar em seu ventre o nosso salvador. Maria celebra a sua indignidade e o triunfo da graça em sua vida. Esse primeiro milagre que marca a entrada de nosso salvador no mundo é um milagre que sublinha esse caráter monergístico da obra divina, a livre graça de Deus, operando salvação com poder entre pecadores.

Em segundo lugar, e igualmente importante, é que o fato de que Jesus nasceu da virgem por obra do Espírito, destaca que o nosso salvador veio ao mundo sem pecado. Assim como Deus criou, pelo seu Espírito, o nosso primeiro pai, Adão, e o criou sem pecado, agora, o mesmo Espírito repousa sobre Maria, sobre seu ventre e gera um ser humano sem pecado. Em Jesus Cristo a história da redenção está sendo recapitulada. Cristo é o segundo Adão, nele tudo se faz novo. Aqueles que estão em Adão recebem como herança a ofensa, a morte, a condenação, a desobediência e o pecado. Agora aqueles que recebem Cristo (Rm 5.17), aqueles que confiam nele, recebem o dom gratuito, a graça, a justificação, a vida e a obediência, estes são a nova humanidade. A história está começando de novo com o segundo Adão, e com todos aqueles ligados a este. Então, o nascimento virginal também lembra e enfatiza que aquele que nasceu da virgem marca o início de uma nova etapa na história da redenção. Nós confiamos em um salvador sem pecado. E porque ele é alguém sem pecado, ele pode entregar a sua vida pelo pecado de muitos e no lugar destes.

V. O MISTÉRIO DA ENCARNAÇÃO

No *Credo*, lemos que "o único Filho, nosso Senhor, foi concebido pelo poder do Espírito Santo, nasceu da Virgem Maria". O que o *Credo* lembra é que o Filho de Deus assumiu nossa natureza humana. O eterno Filho de Deus, aquele que existe com o Pai desde toda a eternidade em santa comunhão, em amor paternal e filial, em uma eterna troca de amor, desceu à Terra. Ele se revestiu da natureza humana.

O quadro *The Natavity*, pintado por Gari Melchers em 1891, é impressionante. O pintor retratou um desenho realista da manjedoura, quando do nascimento de Jesus. Então, diferente dos nossos presépios bonitinhos e assépticos, dava quase para sentir o cheiro da estrebaria onde Jesus nasceu, ao contemplar aquele quadro. Ele não nasceu num palácio, não nasceu num dos centros de poder da Antiguidade. Nosso Salvador, o eterno Filho de Deus, aquele que tem a exata forma de seu Pai, nasceu num estábulo, malcheiroso, fedendo a esterco, cheirando a resto de comida, com Maria extenuada. O quadro me ajudou a imaginar a mãe de nosso salvador suja e cansada. Aquele bebê foi enrolado em faixas e colocado numa manjedoura, onde os animais comiam e bebiam. Atentem: esse é o nosso Deus, o Deus que vem a nós. Há uma completa identificação entre nosso salvador e nossa situação de miséria e pecado.

Aquele nenê, que precisa que seus pais cuidem dele, que o protejam e o coloquem em um lugar onde ele não caia, não seja vulnerável, é o eterno Filho de Deus, é a Palavra criadora de Deus, que desde o início estava com o Pai na criação dos céus e da terra. Isso é impressionante. Deus em Cristo se identifica não com os poderosos, não com os fortes, não com os sábios, não com os educados, mas com aqueles que nada são. Como a apóstolo escreveu (2Co 5.18-19):

> Ora, tudo provém de Deus, que nos reconciliou consigo mesmo por meio de Cristo e nos deu o ministério da reconciliação, a saber, que Deus estava em Cristo reconciliando consigo o mundo, não imputando aos homens as suas transgressões, e nos confiou a palavra da reconciliação.

Precisamos sublinhar e destacar: "Deus estava em Cristo reconciliando consigo o mundo". A igreja cristã "confessa que Jesus é inseparavelmente verdadeiro Deus e verdadeiro homem. É verdadeiramente o Filho de Deus feito homem, nosso irmão, e isso sem deixar de ser Deus, nosso Senhor".[1] Se Jesus Cristo não fosse o verdadeiro Deus, verdadeiro homem, estaríamos presos às mais densas trevas. Por isso não podemos ter comunhão alguma com as seitas que ensinam que Jesus foi a primeira criatura, não a Palavra de Deus. Tal posição, conhecida como arianismo, é herética. Como Jesus pode prometer salvação, como lemos nos evangelhos, se ele não for Deus? Como ele pode dizer que perdoa pecados se ele não é Deus? Como ele pode ter a ousadia de se voltar para as irmãs de Lázaro e dizer: "Eu sou a ressurreição e a vida. Quem crê em mim, ainda que morra, viverá" (Jo 11.25). Somente se Jesus Cristo for Deus estas palavras têm sentido.

Por isso que Atanásio, aquele santo homem, um Pai da Igreja do século IV, lutou tanto para preservar a confissão de Jesus como Deus.[2] Se o

---

1 *Catecismo da Igreja Católica*, p. 132.
2 Para mais informações sobre este pai da Igreja, cf. Franklin Ferreira, *Servos de Deus: Espiritualidade e Teologia na História da Igreja* (São José dos Campos: Fiel, 2014), p. 52-64.

mundo inteiro não acordou negando a divindade de Cristo, devemos isso a Atanásio. Ele era chamado, com desprezo pelos seus inimigos de "anão negro". Ele era baixo, um copta, mas esse anão negro salvou a cristandade. Ele entendeu biblicamente que se Jesus encarnado não é Deus verdadeiro, então toda a nossa confiança depositada em Jesus é vã. E mais, ele entendeu também que se Jesus não é Deus verdadeiro todo o culto que a igreja prestava, a adoração e o louvor a Jesus, o batismo em nome de Jesus, tudo isso foi idolátrico e vão. Nós, portanto, estamos diante do mistério do Deus encarnado. O eterno Filho de Deus se revestiu da nossa natureza, da nossa criação. Nas palavras de Atanásio: "Ele se tornou aquilo que somos, para que pudesse fazer de nós aquilo que ele é".[3]

E Cristo nos fez seus irmãos mais novos. Ele é o irmão mais velho, nós somos os irmãos mais novos; ele é o herdeiro, nós somos coerdeiros com ele. Essa é uma das grandes mensagens cristãs. Quando a abandonamos, quando a deixamos de lado, dizendo: "Ah, o povo não está mais interessado nisso, vamos oferecer autoajuda", e coisas desse tipo, estamos, na verdade, deixando de oferecer aquilo que satisfaz completamente o coração das pessoas. Deus amou tão intensamente os piores pecadores que mandou seu único Filho, o Filho do seu amor, para nos reconciliar consigo mesmo. Você conhece alguma religião que ensine algo tão profundo, tão encantador?

Pense nos cultos espíritas. Todo o ser humano instintivamente sabe que "sem derramamento de sangue, não há remissão" (Hb 9.22). Essa verdade está gravada em quem nós somos. Os espíritas retornam toda semana à encruzilhada, e deixam lá seu sacrifício. Um animal foi morto, foi sacrificado, para tentar aplacar a divindade. Ele precisa fazer esse sacrifício sempre e sempre. Mas ele nunca encontra a paz completa. Ele nunca encontra a realização e a alegria. Ele nunca encontra aquela certeza de que ele agora é aceito por Deus, é amado por Deus, foi completamente

....

3 Atanásio de Alexandria, *De Incarnatione Verbi Dei*, 54.3.

perdoado, e que nada pode tirá-lo das mãos de Deus. Mas o evangelho oferece uma solução única, radical e cabal. Jesus Cristo morreu uma única vez, uma única morte eficaz, uma única morte suficiente, aceita pelo Pai para nos reconciliar consigo mesmo. Deus homem, Filho de Deus, o eterno Filho de Deus, nascido da virgem, de Maria.

Deus na história

Como já mencionado, o *Credo* cita Pôncio Pilatos. Algumas pessoas ficam ofendidas por este nome aparecer no *Credo*. Por que citar aquele que tinha o poder sobre a morte de Cristo? E, pior, ele não foi a razão primária do sacrifício de nosso Salvador. Jesus foi morto por instigação dos religiosos de sua época. Pôncio Pilatos entrou na história como um omisso, um fraco. Ele tinha o poder político e militar, mas escolheu lavar as mãos. Ele errou da pior forma, de todos os ângulos possíveis. Por que, então, ele é citado no *Credo*?

A primeira razão é que aquilo que Cristo fez por nós, ele o fez em nossa história. O que Cristo fez pode e deve ser checado historicamente. Cristo é mencionado por Tácito (*Anais* 15.44), assim como por Plínio, o Moço (*Carta* X.96), assim como por Flávio Josefo (*Antiguidades* 18.3.3; 20.9.1). Alguns vão sugerir (James D. G. Dunn) que Suetônio cita Cristo ao mencionar certo "Cresto", quando ele trata da expulsão dos judeus de Roma, durante o império de Cláudio (*Vida dos Césares* [Claudio, 25]; cf. At 18.2). De qualquer forma, o que deve ser enfatizado é que aquilo que Jesus Cristo fez, ele o fez na nossa história. Então, se de um lado Deus é atemporal, não está preso ao tempo, não está preso ao espaço, por outro lado, em um lance de amor, em uma conversa de amor entre o Pai, o Filho e o Espírito, Deus envia seu Filho para nós, entrando no nosso tempo.

De igual forma aprendemos dos evangelhos que esse mesmo Filho sabe o que estava no coração das pessoas, mas ele não pode dizer o tempo de sua vinda. Esse mesmo Filho tem poder para multiplicar pães e peixes, mas ele sente fome, sede e cansaço. Esse mesmo Filho tem poder para dar ordem para as pedras virarem pães, mas ele restringe livremente seu poder. Jesus, o eterno Filho de Deus, nascido da virgem, é o descendente de Davi: Jesus, o Deus homem. Como diz o apóstolo (Fp 2.5-11):

> Tende em vós o mesmo sentimento que houve também em Cristo Jesus, pois ele, subsistindo em forma de Deus, não julgou como usurpação o ser igual a Deus; antes, a si mesmo se esvaziou, assumindo a forma de servo, tornando-se em semelhança de homens; e, reconhecido em figura humana, a si mesmo se humilhou, tornando-se obediente até à morte e morte de cruz. Pelo que também Deus o exaltou sobremaneira e lhe deu o nome que está acima de todo nome, para que ao nome de Jesus se dobre todo joelho, nos céus, na terra e debaixo da terra, e toda língua confesse que Jesus Cristo é Senhor, para glória de Deus Pai.

Este texto afirma que aquele que tem a forma de Deus, Jesus — isto é, aquele que é a exata forma do seu amado Pai — não se agarrou a isso como direito, mas se esvaziou. Os teólogos liberais diziam que ao se esvaziar Jesus abriu mão da divindade, abriu mão dos seus atributos de poder. O texto não diz nada disso. Segundo o texto, qual o esvaziamento de Jesus? Ele assumiu a forma de escravo. A forma mais baixa, a forma mais vil de existência no Império Romano.

Ser escravo no mundo greco-romano não estava ligado à cor da pele, à etnia. O escravo mais desprezado no Império Romano era o germano, de cabelos claros, de olhos azuis. Esse era o escravo mais desprezado porque ele era o inimigo mais temido do Império Romano. Neste mundo a escravidão ocorria por meio da conquista militar. Os romanos conquistaram assim a Grécia, que a partir de então servia com escravos a Roma. O mesmo se deu em outras regiões conquistadas por meio da ação militar, como a Judéia por volta do ano 70. A questão da escravidão estava conectada com o poder e a conquista militar. Surpreendentemente, o nosso Salvador assume essa forma, a forma de escravo, de alguém que foi conquistado pelos poderes terrenos. Esse é o esvaziamento que Paulo trata.

E esse esvaziamento ocorre em nossa história. Então, quando formos debater com incrédulos, não precisamos fugir do debate histórico. Antes, devemos plantar os nossos dois pés no chão e argumentar a respeito da vinda de nosso salvador na história. Isso é muito importante. João escreveu (1Jo 4.1-3):

> Amados, não deis crédito a qualquer espírito; antes, provai os espíritos se procedem de Deus, porque muitos falsos profetas têm saído pelo mundo fora. Nisto reconheceis o Espírito de Deus: todo espírito que confessa que Jesus Cristo veio em carne é de Deus; e todo espírito que não confessa a Jesus não procede de Deus; pelo contrário, este é o espírito do anticristo, a respeito do qual tendes ouvido que vem e, presentemente, já está no mundo.

O apóstolo, muito preocupado com a comunidade cristã, afirma que se supostos cristãos, mesmo participantes da igreja, estão ensinando que Jesus não "veio em carne", esses são do anticristo, são de outro espírito. Por que afirmação tão forte? Porque parece que alguns mestres estavam se infiltrando na comunidade cristã, e sugerindo uma modificação nos ensinos apostólicos sobre Jesus Cristo, oferecendo um tipo de mensagem palatável, muito racional e respeitável. Em muitos círculos na cultura greco-romana a criação era desprezada. Esta era um empecilho para a alma ascender ao sagrado. Então, falar que Jesus "veio em carne", assim como que ele ressuscitou na carne, era escandaloso.

Lucas registrou um importante sermão de Paulo, pregado na cidade de Atenas (At 17.30-31):

V. O MISTÉRIO DA ENCARNAÇÃO

> Ora, não levou Deus em conta os tempos da ignorância; agora, porém, notifica aos homens que todos, em toda parte, se arrependam; porquanto estabeleceu um dia em que há de julgar o mundo com justiça, por meio de um varão que destinou e acreditou diante de todos, ressuscitando-o dentre os mortos.

Paulo, pregando seu sermão aos atenienses, havia afirmado que Deus é quem colocou os povos onde eles estão, Deus é quem determinou as fronteiras, Deus é quem comanda a história. Agora, Deus ordena que todo homem, em todo lugar, se arrependa. Assim, ele diz que aquele que julgará o mundo foi morto, mas ressuscitou dentre os mortos. O sermão é interrompido por escárnio de alguns. Esse era um aspecto importante da cultura greco-romana. A matéria era desprezada, o corpo era vergonhoso. Mas não para a fé bíblica. O nosso Salvador assumiu a nossa natureza. Ele se revestiu de carne humana verdadeira, real. E somente por isso temos a esperança da nossa redenção e da ressurreição do nosso corpo. Então, quando o *Credo* fala do procurador romano Pôncio Pilatos, está frisando o aspecto de que toda a história de Cristo ocorreu em nossa história. No final, também podíamos estar no lugar de Pôncio Pilatos!

VI. "HOMEM DE DORES"

A menção a Pôncio Pilatos se encontra conectada ao fato de que Cristo *padeceu*. A vida de Jesus Cristo foi uma vida de dores, de sofrimento. Quando ensinados que Cristo "pode salvar totalmente os que por ele se chegam a Deus, vivendo sempre para interceder por eles" (Hb 7.25), somos confortados por termos um intercessor que vive para interceder por nós. E nós podemos ter confiança de que temos um intercessor que faz súplicas a nosso favor tendo completa empatia pelo que padecemos.

O *Credo* lembra que o sofrimento não é algo estranho para Deus. Quando sofremos por nossos pecados, por causa da ação demoníaca, pelo mal presente na criação — doença, mudanças hormonais, o que quer que seja —, ao orar em nome de Cristo, temos a confiança de ter um intercessor à destra do Pai que sabe exatamente o que estamos sofrendo - ainda que "em tudo foi tentado, mas sem pecado" (Hb 4.15). Há uma completa identificação entre Cristo e os seus. Se gastarmos um tempo estudando as três tentações que Jesus enfrentou no deserto, veremos que aquelas três tentações são representativas, e cobrem todas as tentações que nós sofremos.

Então, nós temos o salvador que em tudo padeceu. Nós temos o salvador que é um "homem de dores" (Is 53.3-12):

> Era desprezado e o mais rejeitado entre os homens; homem de dores e
> que sabe o que é padecer; e, como um de quem os homens escondem o

rosto, era desprezado, e dele não fizemos caso. Certamente, ele tomou sobre si as nossas enfermidades e as nossas dores levou sobre si; e nós o reputávamos por aflito, ferido de Deus e oprimido. Mas ele foi traspassado pelas nossas transgressões e moído pelas nossas iniquidades; o castigo que nos traz a paz estava sobre ele, e pelas suas pisaduras fomos sarados. Todos nós andávamos desgarrados como ovelhas; cada um se desviava pelo caminho, mas o Senhor fez cair sobre ele a iniquidade de nós todos. Ele foi oprimido e humilhado, mas não abriu a boca; como cordeiro foi levado ao matadouro; e, como ovelha muda perante os seus tosquiadores, ele não abriu a boca. Por juízo opressor foi arrebatado, e de sua linhagem, quem dela cogitou? Porquanto foi cortado da terra dos viventes; por causa da transgressão do meu povo, foi ele ferido. Designaram-lhe a sepultura com os perversos, mas com o rico esteve na sua morte, posto que nunca fez injustiça, nem dolo algum se achou em sua boca. Todavia, ao Senhor agradou moê-lo, fazendo-o enfermar; quando der ele a sua alma como oferta pelo pecado, verá a sua posteridade e prolongará os seus dias; e a vontade do Senhor prosperará nas suas mãos. Ele verá o fruto do penoso trabalho de sua alma e ficará satisfeito; o meu Servo, o Justo, com o seu conhecimento, justificará a muitos, porque as iniquidades deles levará sobre si. Por isso, eu lhe darei muitos como a sua parte, e com os poderosos repartirá ele o despojo, porquanto derramou a sua alma na morte; foi contado com os transgressores; contudo, levou sobre si o pecado de muitos e pelos transgressores intercedeu.

Cristo sofreu! Então, quando nós sofremos e oramos ao Pai em nome de Jesus, confiamos que temos alguém que vive para interceder por nós, alguém que intercede por nós com completa empatia.

Hoje, somos saturados com noções tais como "muita oração, muito poder; pouca oração, pouco poder; nenhuma oração, nenhum poder". Só que estas frases de efeito são meros clichês. Algumas das orações bíblicas mais bonitas são muito curtas. Assim aprendemos nos Salmos. A minha oração predileta na Escritura é: "Senhor, Filho de Davi, tem compaixão de mim!" (Mt 15.22). Ou: "Filho de Davi, tem misericórdia de mim!" (Mc 10.48). Uma oração muito parecida com esta estava na boca do mártir Jan Hus, quando ele foi queimado na fogueira em Constança, em 1415.[1] Algumas vezes não vamos conseguir orar. Os nossos problemas, as nossas lutas, nossas transgressões, a ação demoníaca, vão pesar tanto sobre nós que "travaremos", por assim dizer. Então, por causa desses ditados fáceis, ficamos nos sentindo pior do que na verdade somos. Como se Deus deixasse de nos amar e nos repelisse, visto não conseguirmos orar e ler a Escritura. Mas lembre-se, mesmo o Espírito Santo intercede por nós com "gemidos inexprimíveis" (Rm 8.26).

Quando travamos batalhas espirituais — e todos vamos travá-las com grande intensidade em algum momento de nossa vida —, a nossa confiança é que Jesus Cristo intercede por nós. A nossa confiança é que ao lado do Pai está o nosso amado Jesus Cristo, intercedendo continuamente por nós. Tal compreensão tem poder de dar fim a uma noção neurótica sobre oração. Lemos livros devocionais de oração, do tipo que ensina que oração é como um cheque, ou que mesmo que Deus não nos atenda, a oração é, por assim dizer, "acumulada" nos céus, e uma hora Deus derramará suas bênçãos sobre nós. A partir de tal noção, pessoas ficam orando horas à noite, dormem no meio da oração, acordam, e tentam continuar a oração de onde talvez tenham parado. Como se a nossa oração tivesse poder para mudar a Deus, forçando-o a fazer qualquer coisa que queiramos. Antes, a oração é uma invocação, para que Deus faça a vontade dele, para que seu reino venha. Oração não tem o poder de manipular Deus. Ele não é um olho arregalado no canto do universo, esperando que cheguemos lá com algumas petições e, por meio da fé ou de algum poder, façamos com que ele realize a nossa vontade, e não a vontade dele.

....

[1] Para mais informações sobre este mártir cristão, cf. Ferreira, *Servos de Deus*, p. 142-54.

Então, quando somos lembrados aqui que o nosso Salvador viveu uma vida de dores, somos avisados que, quando oramos em nome de Cristo, temos alguém que intercede por nós com completa empatia. Então Deus, algumas vezes até sem nossa oração, cerca-nos com todo o seu amor, bondade e poder.

"Homem de dores". "Servo sofredor". "Padeceu sob Pôncio Pilatos"; sofreu em nossa história. Não como espírito, não como ser desencarnado, mas como homem verdadeiro, como o segundo Adão. É nele que recomeça toda a nossa grande história. Então, num aspecto, não existe sofrimento que não tenha sido padecido pelo próprio Deus. Devemos afirmar a imutabilidade divina. Se Deus está fora do tempo, ele não está preso ao tempo, não há variação em Deus. Ele é um ser simples. Toda a história está descortinada diante de si.

Porém, há base bíblica para afirmar que Deus tem, em alguma medida, sentimentos análogos aos sentimentos que nós temos? Nós não falamos do amor de Deus? Nós não falamos da bondade de Deus? Da benignidade de Deus? Como o apóstolo João escreveu: "Digno é o Cordeiro que foi morto... desde a fundação do mundo" (Ap 5.12, 13.8). Ao encarar esse versículo bíblico com seriedade, aprendemos que já estava determinado desde a fundação do mundo que o nosso salvador encarnasse para morrer pelos nossos pecados. Se isso já estava determinado desde a fundação do mundo, todas as dores, tormentos, e a rejeição que o Filho sofreu, já estavam comportadas em Deus desde a fundação do mundo. Então, o nosso Deus não é só um Deus de amor eletivo desde a fundação do mundo. O nosso Deus, o Deus Trindade, é um Deus de dores desde a fundação do mundo.

Isso lembra uma história do Holocausto. Elie Wiesel, um importante escritor, ativista político do pós-guerra e ganhador do prêmio Nobel em 1986, conta uma história do seu tempo no campo de concentração (ele foi prisioneiro entre 1944 e 1945). Ele ficou preso em Auschwitz, na Polônia, e Buchenwald, no leste da Alemanha. Em seu livro *A noite*, que narra seus sofrimentos e os de seu pai, nos campos de concentração, ele conta a história de uma criança que foi enforcada pelos guardas das infames SS. Enquanto a criança está sendo enforcada, alguém pergunta: "Onde está Deus?" Alguém responde em voz alta, lá atrás: "Ele está aqui – ele está pendurado naquela forca". O sentido original era uma confissão de que Deus morreu em Auschwitz. Mas, mesmo que este não tenha sido o sentido original da fala, a ideia bíblica afirma poderosamente que Deus está com os que sofrem. Então, o único Deus, o Deus de Israel, estava naquela forca. Deus está com os que sofrem. Esta verdade está presente em todo o Antigo Testamento, também em todo o Novo Testamento, e o clímax desta certeza está na cruz. O nosso Deus não é um Deus estranho ao sofrimento. O nosso Deus é o Deus que desde antes da fundação do mundo determinou enviar o seu Filho como único sacrifício para salvar e socorrer os seus eleitos e seus amados.

Nas nossas piores provações, temos a confiança de descansar, por meio do Filho, no Deus que é, de fato, por nós. Um Deus que está ao nosso lado, o Deus do impossível, o Deus todo-poderoso, que tem o poder de torcer a nossa sorte de tal forma que as piores provações concorrem para o nosso bem. Isso é evangelho, isso é boa nova, boa notícia! Isso vem a nós como palavra de consolo da parte de Deus. E isso não se alcança dando dízimos ou ofertas para a igreja, nem se frequentando culto de libertação, ou tentando fazer revolução na sociedade; isso vem a nós quando dizemos "creio".

Deus, amando pecadores, enviou seu único Filho para salvar-nos. Recebemos o Filho estendendo as mãos, pela fé, e agora temos um salvador que se identifica com todas as experiências de dor que nós passamos. Não há uma única experiência nossa da qual Jesus Cristo não tenha participado, não tenha sofrido, ou que não permita que ele seja aquele que vive para interceder por nós momento após momento. A dádiva do conforto e do consolo, da força e do triunfo sobre a dor, vem por pura graça, em todo o tempo da nossa peregrinação.

VII. CRUCIFICAÇÃO E RESSURREIÇÃO

O *Credo* enfatiza que Jesus Cristo padeceu, foi crucificado, morto, sepultado, ressuscitou ao terceiro dia, desceu à mansão dos mortos. Esse é o coração da fé cristã (Rm 4.24b-25; 1Co 15.3-4).

> ...Jesus, nosso Senhor, o qual foi entregue por causa das nossas transgressões e ressuscitou por causa da nossa justificação.

> Antes de tudo, vos entreguei o que também recebi: que Cristo morreu pelos nossos pecados, segundo as Escrituras, e que foi sepultado e ressuscitou ao terceiro dia, segundo as Escrituras.

Este é o evangelho. Não devemos nos enganar. Ao estudarmos a Escritura, fica claro que o evangelho é Cristo morto, sepultado e ressurreto. Esse é o evangelho.

A crucificação era uma morte humilhante, infame, no mundo antigo. Eram os piores bandidos que eram crucificados. No clássico filme *Spartacus*, de 1960, como termina a guerra dos gladiadores, ocorrida entre 73 e 70 a.C.? Todos os gladiadores e escravos derrotados são crucificados na Via Ápia. Seis mil escravos crucificados ao longo da estrada que conduz a Roma. Esse era o tratamento que os exércitos romanos concediam aos piores criminosos no mundo antigo. Esta forma de morte também era usada para aterrorizar os inimigos – quando no cerco de Jerusalém, em 70, milhares de civis judeus, que tentavam fugir da cidade cercada, foram crucificados, por ordem do comandante romano, o futuro imperador Tito. Estas crucificações são descritas em *Guerras dos judeus*, de Flávio Josefo. E em *Anais*, de Tácito, são narradas as crucificações no contexto das ações punitivas romanas às fronteiras da Germânia.

E o crucificado não era morto pelos cravos ou pregos. Algumas vezes estes não entravam na palma da mão da pessoa (como costuma ser retratado em quadros ou filmes antigos), mas entre os dois ossos acima do pulso. Algumas vezes, também, os pregos também não eram colocados sobre os pés, mas na parte do lado do calcanhar, que eram esmagados no processo.[1] Em algumas cruzes a pessoa era pendurada numa posição mais ou menos sentada, o que a levava a morrer de asfixia, perdendo o ar lentamente. O tempo que levava para a pessoa morrer era mais ou menos dois ou três dias. A pessoa geralmente era crucificada no lugar onde ela cometera o crime, quando era capturada por uma tropa romana. Por isso, Jesus Cristo é crucificado fora da cidade de Jerusalém (Hb 13.12), junto com os dois salteadores, à esquerda e à direita. Podemos imaginar as pessoas zombando, jogando pedras, ridicularizando aqueles que estavam morrendo daquela morte horrorosa, demorada e violenta. Algumas vezes, os soldados empalavam aqueles que estavam sendo crucificados; isto é, eles enfiavam uma lança no orifício anal do crucificado. Aquele que era crucificado era degradado. Podemos imaginar abutres e corvos pousando sobre aqueles crucificados ainda vivos, bicando, machucando, e a pessoa completamente impotente, lentamente sendo morta. Assim eram as crucificações naquela época.

....

1 No caso de Jesus Cristo, parece que as mãos foram transpassadas pelos pregos, na crucificação: "E logo disse a Tomé: Põe aqui o dedo e vê as minhas mãos; chega também a mão e põe-na no meu lado; não sejas incrédulo, mas crente" (Jo 20.27).

VII. Crucificação e Ressurreição

A cruz usada era a cruz latina. Havia um outro tipo de cruz que era chamada de Tau, onde a pessoa ficava até mais exposta; mas, aparentemente, Cristo foi crucificado com a cruz latina, que é comumente representada em quadros e filmes. Como vimos, não era uma morte bonita de se ver. Aquele que assumiu forma de escravo, morreu essa morte, e morreu fora de Jerusalém, aos portões: "Por isso, foi que também Jesus, para santificar o povo, pelo seu próprio sangue, sofreu fora da porta. Saiamos, pois, a ele, fora do arraial, levando o seu vitupério" (Hb 13.12-13).

É curioso como há pessoas tentando tornar o cristianismo um tipo de religião inofensiva e inócua, geralmente removendo-se a cruz do centro. Porém, esta reinterpretação está longe de ser cristianismo. O nosso salvador morreu uma morte violenta. Ele morreu morte sangrenta. Os teólogos liberais e as teólogas feministas querem remover a cruz da mensagem cristã, achando que tal fé seria doentia: Deus matar o seu Filho.

O fato é que o nosso Salvador foi crucificado. Ele provou morte excruciante, uma morte horrível, horrorosa. Não havia nenhuma beleza naquela morte. Cristo provavelmente morreu nu, sendo desprezado pelos homens. Até os seus o abandonaram. Só as mulheres ficaram ao pé da cruz. Cristo "foi crucificado, morto".

E o *Credo* enfatiza esta morte: ele foi "sepultado" e "desceu à mansão dos mortos". A palavra original empregada no *Credo* é *inferos*. A frase traduzida por "desceu ao inferno" apareceu pela primeira vez em uma das versões do *Credo* de Rufino, em 390, e depois não apareceu novamente em qualquer versão do *Credo*, até o século VII. Aqueles que mantêm a tradução tradicional, isto é, que Cristo "desceu ao inferno", defendem a ideia de Jesus Cristo indo ao inferno e levando algum tipo de mensagem redentiva para aqueles que morreram antes dele. Mas, corretamente entendido, o que o *Credo* quer afirmar é que nosso salvador, Jesus Cristo, conheceu a morte, como todos os homens, e foi à morada dos mortos; ele experimentou a dor da morte e a humilhação do julgamento de Deus sobre o pecado, que ele suportou em nome de todos os que creem nele.

Os gnósticos, que na verdade eram vários grupos heréticos que gravitavam ao redor da igreja entre os séculos II e III, tinham algumas noções curiosas sobre a crucificação e a morte: para alguns gnósticos, visto que Deus não pode morrer ou entregar a sua vida, então quem morreu na cruz não foi Jesus. Foi algum passante que estava ali na hora da crucificação. Alguns desses gnósticos diziam que Simão Cireneu foi pego no lugar de Cristo, e pregado na cruz. Outros gnósticos ensinavam que Jesus foi crucificado, e quando Jesus grita: "Deus meu, Deus meu, por que me desamparaste?", isso ocorreu porque o "espírito Cristo" o abandonou; Jesus morreu, mas o Cristo não morreu na cruz. Outros diziam que Jesus, na verdade, ao entregar o seu espírito, desmaiou; então, quando colocado na tumba, ele teve uma espécie de choque, e reviveu, por assim dizer. Mas o salvador não provou a morte, para os gnósticos. Porque na mente dos membros deste grupo, a noção do Filho de Deus entregar a sua vida é escandalosa. Mas o evangelho ensina que a morte foi morta pela morte de Jesus Cristo. E esta é toda a nossa esperança.

O inimigo que nos aterroriza, a morte, é um inimigo que está próximo de nós. Vivemos em um país onde o número de homicídios é maior do que em países que estão em guerra. Estamos entorpecidos, não conseguimos perceber que a morte está próxima. Mas esse inimigo terrível foi morto na morte de Cristo. Para este inimigo ser morto, Jesus Cristo teve de morrer, de fato. Este é o escândalo da fé cristã. Em seu último sermão aos cristãos em Éfeso, o apóstolo Paulo afirmou: "Atendei por vós e por todo o rebanho sobre o qual o Espírito Santo vos constituiu bispos, para pastoreardes a igreja de Deus, a qual ele comprou com o seu próprio sangue" (At 20.28).

Essa afirmação é tão escandalosa que alguns eruditos citarão alguns manuscritos para traduzir "a igreja de Cristo, a qual ele comprou com o seu próprio sangue". Mas o nosso Deus, o Deus que se revela na Sagrada Escritura, em Cristo derramou sangue no nosso lugar. O Deus homem foi crucificado, morto, sepultado, e desceu à mansão dos mortos. O Deus homem morreu, de fato. Ele provou a morte. E então, quando começamos a estudar um pouco mais, começamos a descobrir algumas questões interessantes.

Primeiro, o Pai ressuscitou a Jesus Cristo (At 2.29-32):

> Irmãos, seja-me permitido dizer-vos claramente a respeito do patriarca Davi que ele morreu e foi sepultado, e o seu túmulo permanece entre nós até hoje. Sendo, pois, profeta e sabendo que Deus lhe havia jurado que um dos seus descendentes se assentaria no seu trono, prevendo isto, referiu-se à ressurreição de Cristo, que nem foi deixado na morte, nem o seu corpo experimentou corrupção. A este Jesus Deus ressuscitou, do que todos nós somos testemunhas.

E o Espírito Santo operou também na ressurreição de Jesus Cristo: "E com poder foi declarado Filho de Deus segundo o Espírito de santidade, pela ressurreição dentre os mortos, Jesus Cristo, nosso Senhor" (Rm 1.4, A21).

E aprendemos que o Filho dá a sua vida para tornar a tomá-la: "Por isso, o Pai me ama, porque eu dou a minha vida para a reassumir. Ninguém a tira de mim; pelo contrário, eu espontaneamente a dou. Tenho autoridade para a entregar e também para reavê-la. Este mandato recebi de meu Pai" (Jo 10.17-18). O "homem de dores" foi pelo Pai ressuscitado; o Espírito da vida o ressuscitou, e ele tornou à vida. E ele entregou a sua vida, e quando ele quis, junto com o Pai e o Espírito, ele voltou dentre os mortos.

Então, de um lado, se nós somos salvos pela crucificação, a ressurreição é a autenticação, é o selo de que o sacrifício de Jesus Cristo foi totalmente aceito pelo Pai e, num *concursus*, o Pai e o Espírito Santo levantaram o Filho dentre os mortos; e Jesus Cristo, no momento determinado, também saiu dentre os mortos, ao terceiro dia, ressuscitando.

Ele "padeceu sob Pôncio Pilatos, foi crucificado, morto e sepultado", tudo isso em nossa história. Precisamos estar prontos e aptos para argumentar a respeito da ressurreição de Jesus em nossa história. Se Jesus Cristo não ressuscitou ao terceiro dia daquela tumba onde ele foi colocado, toda a nossa fé é vã. Como o apóstolo afirmou (1Co 15.12-17) aos vacilantes cristãos da igreja de Corinto:

> Ora, se é corrente pregar-se que Cristo ressuscitou dentre os mortos, como, pois, afirmam alguns dentre vós que não há ressurreição de mortos? E, se não há ressurreição de mortos, então, Cristo não ressuscitou. E, se Cristo não ressuscitou, é vã a nossa pregação, e vã, a vossa fé; e somos tidos por falsas testemunhas de Deus, porque temos asseverado contra Deus que ele ressuscitou a Cristo, ao qual ele não ressuscitou, se é certo que os mortos não ressuscitam. Porque, se os mortos não ressuscitam, também Cristo não ressuscitou. E, se Cristo não ressuscitou, é vã a vossa fé, e ainda permaneceis nos vossos pecados.

Poucos captaram este ponto com tanta intensidade como o romancista norte-americano John Updike, em seu poema *Sete Estrofes Sobre a Páscoa* (*Seven Stanzas at Easter*, 1960), publicado no livro *Telephone Poles and Other Poems*:[2]

> Não se engane: se Ele ressuscitou mesmo
> foi com Seu corpo;
> se a dissolução das células não foi revertida, as moléculas reconectadas,
> os aminoácidos reanimados
> a Igreja cairá

....

2 Para esta tradução, cf. Franklin Ferreira, "Cercados pela Morte, Crentes na Ressurreição de Cristo", em *Gazeta do Povo* (disponível em: <https://www.gazetadopovo.com.br/vozes/franklin-ferreira/fe-ressurreicao-cristo/> Acesso em: 31/07/2024). Updike foi um dos mais importantes romancistas americanos do século 20, profundamente influenciado pelos escritos de C. S. Lewis e Karl Barth. Outras obras de sua autoria, com temática especificamente cristã, são *Pai Nosso Computador* (Rio de Janeiro: Rocco, 1987) e *Na Beleza dos Lírios* (São Paulo: Companhia das Letras, 1997), seu texto mais ambicioso. Seus livros devem ser lidos com discernimento, pois lidam com crises de fé, traições amorosas, discussões sociais e conflitos entre gerações.

VII. Crucificação e ressurreição

Não foi como as flores
que ressurgem em cada suave primavera
não foi com Seu Espírito nas bocas e olhos aturdidos
dos onze apóstolos;
foi com Sua Carne: nossa.

Os mesmos dedos articulados
o mesmo coração e suas válvulas
que – perfurado – morreu, murchou, parou, e então reconquistou
de permanente Poder
novas forças para sustentar.

Não debochemos de Deus com metáforas,
analogias, esquivando-nos da transcendência;
fazendo do evento uma parábola, um símbolo pintado na apagada
credulidade de eras antigas:
entremos pela porta.

A pedra foi rolada, não papel-machê,
não uma pedra de contos de fadas,
mas a vasta rocha da materialidade que no lento moer
do tempo vai eclipsar para cada um de nós
a vasta luz do dia.

E se vamos ter um anjo na tumba,
que seja um anjo real,
pesado com os quanta de Max Planck, vívido com cabelos, opaco
na luz do amanhecer, vestido com linho de verdade
feito em um tear definido.
Não busquemos deixar a coisa menos monstruosa,
para nossa conveniência, nosso senso de beleza,

para que, despertos naquela hora impensável, nós não sejamos envergonhados
pelo milagre,
e esmagados pelo julgamento.

É curioso notar que mesmo hoje, entre nós, mesmo em ambientes que não foram infectados pela teologia liberal, fala-se muito pouco da ressurreição do corpo. Aliás, as nossas visões de céu têm muito mais conexão com o espiritismo do que com o ensino bíblico da ressurreição do corpo. Oriunda das representações medievais, temos uma visão de inferno muito mais elaborada, física, palpável: um caldeirão, óleo fervente, todos os pecadores sendo assados, os demônios munidos de garfo. Quando se trata do céu, como ele é retratado? Uma imagem surreal, etérea, espiritual toma a cena. A impressão que se tem é de muito gelo seco, todos os que ali estão são assexuados, vestidos de lençol branco com um pregador segurando-o, auréolas grudadas com durex na nuca, e todos tocando harpa. E todos os que estão neste estado tiveram sua memória apagada.

Essa é a visão, caricatural, claro, que muitos cristãos têm do céu. Por que isso? Porque nós não ancoramos o nosso entendimento de novo céu e *nova terra* na ressurreição de Cristo dentre os mortos. Obviamente, Cristo tinha, agora, um corpo transformado. As pessoas estavam trancadas dentro de uma sala, todos morrendo de medo, e o Cristo ressurreto entrou naquela sala. Parece que ele tinha um domínio das dimensões que nós não temos. Mas esse salvador, com corpo ressurreto, se alimentou. Foi tocado por Tomé. E este confessou: "Senhor meu e Deus meu!" (Jo 20.28). Tomé, um judeu, alguém que foi educado para adorar apenas o Deus Eterno, invisível, quando toca em Jesus, quando se coloca de joelhos diante do salvador, chama a Jesus de Senhor (uma referência a Javé) e Deus.

Imagine este judeu, diante do verdadeiro Deus, verdadeiro Homem, frente àquele que ressuscitou na carne. Ele diz: "Deus". Cristo ressuscitou dentre os mortos, e precisamos estar aptos a argumentar a respeito da veracidade deste milagre que completa a história de Jesus Cristo. Precisamos ler bons livros para relembrar sempre que Cristo ressuscitou dentre os mortos.

Por exemplo, o teólogo luterano alemão, Wolfhart Pannenberg, não era ortodoxo em todos os pontos de sua teologia. Ele tinha certas dificuldades com a doutrina tradicional da criação, com a inerrância das Escrituras, mesmo com o nascimento virginal, mas é impressionante a defesa que ele faz da ressurreição de Jesus Cristo como um evento que ocorreu na história. No segundo volume de sua *Teologia Sistemática* há umas trinta páginas impressionantes, onde Pannenberg argumenta que não há como entender a história da igreja posterior, não há como entender tudo o que aconteceu na Europa nos três séculos seguintes, se o nosso salvador, ao terceiro dia, não tivesse levantado da tumba, levantado dentre os mortos: ressuscitado dentre os mortos.[3] Buda morreu, Maomé morreu, os ditadores que conduziram os experimentos totalitários do século XX, todos morreram. Aquele sob o qual a igreja está assentada, foi crucificado, morreu e foi sepultado, ressuscitou e vive sempre e sempre, hoje, assentado à "direita do Pai" — como diz o *Credo* — de onde voltará em glória, para consumar a história. Nenhuma outra religião, nenhum outro "ismo" tem ensino parecido. O salvador, que se entregou pelos nossos pecados, entregou a sua vida e tornou a tomá-la.

O *Credo* confessa que Deus é o Pai, o Filho e o Espírito Santo. E, no cerne desta confissão, no coração do *Credo*, é dito: "Ele padeceu sob Pôncio Pilatos, sofreu sob Pôncio Pilatos, foi crucificado, morto, sepultado, desceu à mansão dos mortos". Ele morreu de fato, ele entregou o seu sangue pela igreja, e ao terceiro dia ressuscitou, vencendo a morte. Esse ensino é central à fé cristã. Como escreveu Karl Barth, ao comentar esta seção do *Credo*: Este é "o centro dentro desse centro".[4]

....

3 Cf. Wolfhart Pannenberg, *Teologia Sistemática*, vol. 2 (Santo André: Academia Cristã; São Paulo: Paulus, 2009), p. 484-510. Provavelmente a mais impressionante defesa da ressurreição de Cristo, escrita nos últimos anos, seja N. T. Wright, *A Ressurreição do Filho de Deus* (Santo André: Academia Cristã; São Paulo: Paulus, 2013).
4 Karl Barth, *Credo* (Eugene: Wipf and Stock, 2005), p. 83.

Em janeiro de 2013 estive em Israel. E ao visitar Jerusalém, fui à Tumba do Jardim. Naquela ocasião eu não tinha o que falar. Entrei naquela sepultura e fiquei em silêncio, durante um bom tempo. É impressionante estar naquele lugar — desde 1883, quando o major-general Charles Gordon (retratado no ótimo filme *Khartoum*, de 1966) visitou Jerusalém, muitos protestantes entendem que ali perto está o lugar onde Cristo foi crucificado, no Calvário; e bem próximo desta localidade está a tumba. A tumba ficou vazia. A pedra foi removida.

As imagens que o apóstolo Mateus usa para retratar a ressurreição são imagens de realeza (Mt 28.1-7).

> No findar do sábado, ao entrar o primeiro dia da semana, Maria Madalena e a outra Maria foram ver o sepulcro. E eis que houve um grande terremoto; porque um anjo do Senhor desceu do céu, chegou-se, removeu a pedra e assentou-se sobre ela. O seu aspecto era como um relâmpago, e a sua veste, alva como a neve. E os guardas tremeram espavoridos e ficaram como se estivessem mortos. Mas o anjo, dirigindo-se às mulheres, disse: Não temais; porque sei que buscais Jesus, que foi crucificado. Ele não está aqui; ressuscitou, como tinha dito. Vinde ver onde ele jazia. Ide, pois, depressa e dizei aos seus discípulos que ele ressuscitou dos mortos e vai adiante de vós para a Galileia; ali o vereis. É como vos digo!

Jesus Cristo está sob a terra, a tumba lacrada, oito soldados ao redor daquela localidade. De repente, os anjos descem, os soldados caem ao chão apavorados. O anjo do Senhor simplesmente removeu a pedra, e quando esta cai, o Rei Jesus Cristo está lá, de pé, só esperando alguém abrir a porta, como um arauto faz ao anunciar a chegada do rei. Cristo "foi crucificado, morto e sepultado; desceu à mansão dos mortos". Mas a morte não o pode conter: Jesus Cristo ressuscitou ao terceiro dia.

VIII. A VITÓRIA DE JESUS CRISTO

Este artigo do *Credo* é centrado também na vitória de Cristo na cruz. Falamos do sofrimento, crucificação, morte, sepultamento e ressurreição de Cristo. Um ponto importante é o que Jesus Cristo fez na cruz. Ainda que o *Credo* não detalhe, a noção de que Jesus Cristo "foi crucificado, morto e sepultado; desceu à mansão dos mortos; ressuscitou ao terceiro dia; subiu aos céus; está sentado à direita de Deus Pai todo-poderoso, donde há de vir a julgar os vivos e os mortos", afirma a obra de nosso salvador na cruz como uma obra de vitória. Esse foi um tema muito importante nos primeiros séculos da igreja cristã: Cristo como o vitorioso – como aquele que alcançou a vitória na sua morte e ressurreição no Calvário.

Esta noção de Cristo como o vitorioso ensina que todos os nossos inimigos foram esmagados na cruz, na fraqueza de Deus. É popular a ideia de que quando Cristo morreu, o diabo foi vitorioso. Então, enquanto ele comemorava, quando Cristo ressuscitou, o diabo foi derrotado. Esta ideia é profundamente errada. Na verdade, é na cruz que o diabo é derrotado. A pouco tratamos de Cristo padecendo, Deus que sofre conosco; o mundo não consegue entender isso. Na fraqueza de Deus, todos os nossos inimigos são vencidos. Como Paulo afirmou (Cl 2.11-15):

> Nele, também fostes circuncidados, não por intermédio de mãos, mas no despojamento do corpo da carne, que é a circuncisão de Cristo, tendo sido sepultados juntamente com ele, no batismo, no qual igualmente fostes ressuscitados mediante a fé no poder de Deus que o ressuscitou dentre os mortos. E a vós outros, que estáveis mortos pelas vossas transgressões e pela incircuncisão da vossa carne, vos deu vida juntamente com ele, perdoando todos os nossos delitos; tendo cancelado o escrito de dívida, que era contra nós e que constava de ordenanças, o qual nos era prejudicial, removeu-o inteiramente, encravando-o na cruz; e, despojando os principados e as potestades, publicamente os expôs ao desprezo, triunfando deles na cruz.

Então, a obra de Jesus Cristo de sofrimento, crucificação, morte, sepultamento, ressurreição e ascensão é uma obra de vitória. No Calvário, Jesus Cristo alcançou vitória contra o diabo e seus demônios. Jesus Cristo, pendurado na cruz sangrenta, alcançou o cancelamento da dívida de pecadores, o cancelamento de *toda* a dívida de pecadores. Isso é muito importante para nós hoje. Por exemplo, um destes pregadores da prosperidade, anos atrás, afirmou que o crente que crê que Jesus Cristo venceu o diabo, confia num triunfalismo vazio. Outros destes pregadores da prosperidade ensinavam a ideia de que o cristão poderia ser "endemoninhado". Fazia-se uma distinção entre possessão e demonização. Então, em alguma medida, o cristão poderia ser "endemoninhado".

Mas, o que Jesus Cristo fez em sua morte na cruz? Ele apagou o escrito da dívida que havia contra aqueles que confiam nele. O que Paulo está dizendo na passagem acima é que todos os pecados daqueles que confiam em Jesus Cristo foram perdoados. Todos os pecados. Os pecados que cometemos no passado, os que cometemos agora, nesse momento, os que cometeremos amanhã e depois; todos estes pecados, transgressões e iniquidades foram cobertos pela morte de Cristo na cruz, e o diabo também foi esmagado na morte do Filho de Deus. O diabo, portanto, foi cabalmente vencido na cruz por Jesus Cristo.

Salvação pela graça

Então, ainda que o *Credo* não detalhe a obra de Cristo em termos de justificação, redenção, propiciação, reconciliação (Rm 3.24-25; 5.10) — temas que precisam ser aprofundados *a partir* do *Credo* —, esta confissão já aponta para a obra de Jesus Cristo como uma obra de triunfo e vitória, no Calvário, naquela cruz solitária, onde ele foi crucificado. Então, o pecado, a maldição da lei, os demônios e a morte foram completamente derrotados na cruz. Lembremos que aquele que é mencionado, daqueles que são iguais a nós, é somente Pôncio Pilatos. Note que todo o foco do *Credo* está em Deus e, agora, na dádiva de Deus, na graça de Deus. E aqui não há espaço para nenhuma cooperação humana. Não há qualquer ajuda da parte dos seres humanos. Muito pelo contrário, nós somos representados no *Credo* por Pôncio Pilatos.

Como disse Pedro (At 2.22-24; 4.27-28), nós nos unimos aos homens perversos, aos gentios, aos poderosos, para crucificar Jesus Cristo, para fazê-lo sofrer. É neste quadro tenebroso que nós entramos: em pecado, transgressão, iniquidade, traição e morte. Do outro lado, todo o foco está na graça de Deus em Cristo Jesus, no que ele fez na cruz. Não há qualquer possibilidade de cooperarmos com nossa salvação. "Deus estava em Cristo reconciliando consigo o mundo, não imputando aos homens as suas transgressões" (2Co 5.19). Então, essa exclusividade da obra de Cristo na cruz tem que ser enfatizada quando lemos o *Credo* corretamente.

Um evento único e perfeito

Outro destaque do Credo é que a morte de Jesus na cruz foi um evento único e perfeito, em favor e no lugar de pecadores (Mc 10.45; 14.24; Lc

22.20). Aprendemos aqui que a obra de Cristo é única e *perfeita*, não precisando ser repetida: "E, assim como aos homens está ordenado morrerem uma só vez, vindo, depois disto, o juízo, assim também Cristo, tendo-se oferecido uma vez para sempre para tirar os pecados de muitos, aparecerá segunda vez, sem pecado, aos que o aguardam para a salvação" (Hb 9.27-28). A morte de Cristo na cruz é completamente suficiente para perdoar pecados, para nos colocar numa relação correta com Deus.

IX. FÉ EM JESUS CRISTO, "NOSSO SENHOR"

Precisamos voltar ao tema de Cristo "nosso Senhor". Se Deus operou com poder em Cristo, o que é requerido de nós? Acima, tratamos de Cristo como Senhor de cada um de nós, Senhor de todos nós juntos, Senhor de toda a criação, de todo o cosmos. Então, quando começamos a meditar no que Jesus Cristo fez no Calvário, em seu sofrimento, crucificação, morte, sepultamento, descida à casa dos mortos, ressurreição ao terceiro dia, o que precisamos aprender é que nos cabe, como resposta cheia de gratidão pelo que Deus fez em Cristo, entregar toda a nossa vida a ele, dedicar tudo o que somos, tudo o que fazemos a ele. Como Martinho Lutero resume em seu *Catecismo Menor*:

> Creio que Jesus Cristo, (...) que me remiu a mim, homem perdido e condenado, me resgatou e salvou de todos os pecados, da morte e do poder do diabo; não com ouro ou prata, mas com seu santo e precioso sangue e sua inocente paixão e morte, para que eu lhe pertença e viva submisso a ele, em seu reino, e o sirva em eterna justiça e bem-aventurança, assim como ele ressuscitou da morte, vive e reina eternamente.

Cristo Jesus é, de fato, o nosso Senhor. Ele tem esse *status*, ele ganha "o nome que está acima de todo nome" (Fp 2.9), "Filho de Deus com poder" (Rm 1.4), porque a morte de Cristo foi completamente aceita por Deus, e ele foi ressuscitado dentre os mortos, e agora tem um nome — "Filho de Deus com poder" — que nenhum outro tem: "Para que ao nome de Jesus se dobre todo joelho, nos céus, na terra e debaixo da terra, e toda língua confesse que Jesus Cristo é Senhor, para glória de Deus Pai" (Fp 2.10-11). E nós somos chamados a oferecer glória a Jesus Cristo e a nos colocar sob o seu senhorio. Alister McGrath escreve o seguinte, comentando esse ponto do *Credo*:

> Jesus Cristo, porém, não é apenas o Senhor de nossa vida particular. Ele também é o Senhor da igreja. É a Jesus Cristo que a igreja deve obedecer. É a Jesus Cristo, ninguém mais, que a igreja deve obediência e lealdade. (...) Em outras palavras, a igreja não pode nem deve substituir Jesus Cristo por coisa alguma (o governo do país, por exemplo) ou pessoa (...). Se a igreja algum dia perder sua obediência e lealdade ao Senhor, terá perdido a vida e a alma.[1]

Jesus Cristo não divide sua mediação com ninguém. Deus não precisa de outro vigário na terra. Cristo é o nosso único Vigário, ele é o nosso único Mediador.

"Eis que estou à porta e bato; se alguém ouvir a minha voz e abrir a porta, entrarei em sua casa e cearei com ele, e ele, comigo" (Ap 3.20). Alguns usam este texto em sermões evangelísticos. Mas nesta passagem, a igreja está reunida para a ceia, e Cristo está fora da igreja, batendo à porta, querendo entrar para cear. Nós precisamos confessar Cristo como Senhor também em nosso país. Nós não podemos dividir a nossa

---

1 Alister McGrath, *Creio* (São Paulo: Vida Nova, 2013), p. 62-63.

lealdade com o partido, com o governo, com o Estado. Não devemos dividir a nossa lealdade com apóstolo, bispo, profeta ou pastor. Ninguém é inquestionável. O único que é inquestionável é o nosso soberano Senhor Jesus Cristo. Nesse sentido, o cristão é um rebelde. Como os apóstolos responderam aos líderes religiosos judeus (At 5.29-32):

> Antes, importa obedecer a Deus do que aos homens. O Deus de nossos pais ressuscitou a Jesus, a quem vós matastes, pendurando-o num madeiro. Deus, porém, com a sua destra, o exaltou a Príncipe e Salvador, a fim de conceder a Israel o arrependimento e a remissão de pecados. Ora, nós somos testemunhas destes fatos, e bem assim o Espírito Santo, que Deus outorgou aos que lhe obedecem.

Verdadeiramente submisso a Cristo, o verdadeiro cristão não será fascinado pela idolatria do partido ou do Estado. E quando o líder religioso diz algo do tipo "quem me questiona, questiona a Deus", os cristãos já sabem, instintivamente: "Esta é a voz de um mercenário" (Jo 10.13). O cristão sabe quando bispos ou supostos apóstolos querem dominar as consciências dos fiéis. "Só pode casar com a minha autorização", ou "só pode mudar de emprego com a minha autorização". Esta não é a "voz" de Jesus Cristo. E os cristãos conhecem a voz de seu Pastor: "As minhas ovelhas ouvem a minha voz; eu as conheço, e elas me seguem" (Jo 10.27). Porque, no final, Cristo reina sobre nós por meio da sua Palavra régia, por meio da Sagrada Escritura. Somente a ele entregamos completamente a nossa vontade, mente e afetos, e a mais ninguém.

Há uma citação atribuída a um puritano inglês de que gosto muito: "Se Deus joga um alfinete no chão, eu vou me abaixar e pegar aquele alfinete. Mas se os homens jogarem alfinetes no chão e me pedirem para pegar, eu não pego". Então, o cristão tem um espírito rebelde. O cristão sabe que a sua pátria está nos céus (Fp 3.20). Nós esperamos novo céu e nova terra, então nós não nos encantamos com promessas mirabolantes, seja de políticos, seja de partido, seja de supostos apóstolos ou profetas.

Nós não entregamos nossa consciência e nossa vida a nenhum ser humano, porque Cristo é o único Senhor. Se fizermos isso, trairemos o nosso chamado. Se uma igreja se torna um mero curral eleitoral, ela traiu o seu chamado. Se cristãos colocam a sua fé em deputados ou no presidente, eles estão traindo o seu chamado. Porque nós queremos mais. Esquerda, direita, liberalismo, conservadorismo, tudo isso vai passar. Mas há um reino, e só participará deste reino aquele que se submeter ao Rei do reino, que é Jesus Cristo nosso Senhor. Para lembrar da citação de McGrath, se a igreja algum dia perder sua obediência e lealdade ao Senhor, terá perdido sua vida e alma.

A única forma de sermos beneficiados por Cristo

Estamos pensando em algumas implicações do segundo artigo do *Credo* para o nosso dia a dia. Outra implicação seria que a fé é o único meio pelo qual recebemos os benefícios que vêm da morte de Cristo na cruz. O nosso documento aqui começa com "creio". Este símbolo, que é usado por católicos e ortodoxos, enfatiza que nossa salvação se dá "somente pela graça" (*sola gratia*) recebida pela "fé somente" (*sola fide*). Este símbolo começa com um homem ou uma mulher, sozinhos, diante do Pai, do Filho e do Espírito, sendo chamados a confiar, a confessar, a se comprometer e a obedecer. Então, já na primeira palavra deste documento, "creio", vemos em destaque — e isso tem de ser destacado — que só entramos em uma relação correta com Deus o Pai, o Filho e o Espírito por meio da fé somente. Não por meio de obras ou méritos. E não custa lembrar: a fé não é uma obra.

Já falamos de passagem que a fé é dom de Deus, que o Espírito opera esta fé no coração dos cristãos, mas, mais uma vez, o que é a fé? A fé é o reconhecimento de que não temos nada. A fé é autodenúncia. Não há mérito algum em estender a mão para receber um prato de comida, ou um remédio. Não há mérito algum em estender a mão para receber uma coberta. Uma pessoa está passando frio na rua, e alguns cristãos doam roupas, cobertas, sopa ou comida a eles; o mérito está em quem dá, não em quem recebe. Então, quando estendemos as mãos para Jesus Cristo, quando dizemos a ele, diante do Pai: "Eu creio, eu preciso", estamos reconhecendo que tudo o que precisamos está em Jesus Cristo, e nada temos a oferecer para tentar entrar em uma relação correta com Deus; tudo foi e é dado em Jesus Cristo, em sua morte, sepultamento e ressurreição. Então, o *Credo* enfatiza desde a sua primeira palavra que a fé é o único meio pelo qual entramos em uma relação correta com Deus; a fé é o único meio pelo qual recebemos as bênçãos que Cristo alcançou no Calvário.

Um fiel intercessor

O *Credo* lembra que nós temos um fiel intercessor: Jesus Cristo. O autor da epístola aos Hebreus (4.14-16) afirmou:

> Tendo, pois, a Jesus, o Filho de Deus, como grande sumo sacerdote que penetrou os céus, conservemos firmes a nossa confissão. Porque não temos sumo sacerdote que não possa compadecer-se das nossas fraquezas; antes, foi ele tentado em todas as coisas, à nossa semelhança, mas sem pecado. Acheguemo-nos, portanto, confiadamente, junto ao trono da graça, a fim de recebermos misericórdia e acharmos graça para socorro em ocasião oportuna.

Qual é a nossa tendência quando transgredimos os mandamentos divinos? Nós pecamos, transgredimos, fazemos escolhas equivocadas, e ainda fugimos de Deus. Achamos que o amor de Deus mudou, por causa de nossas iniquidades. Tudo errado. Quando pecamos, aí é que devemos correr para o "trono da graça", confiando em Jesus Cristo, para receber misericórdia e graça "em ocasião oportuna". E misericórdia e graça, como citadas na passagem, são duas palavras-chave para nós. A misericórdia é Deus não dar aquilo que nós merecemos; a graça é Deus dar aquilo que nós não merecemos. E é isso que nos é oferecido por conta da morte de Jesus Cristo na cruz. Nós pecamos, fizemos escolhas iníquas, parece que o mundo está desmoronando, mas podemos correr para Jesus Cristo, para receber misericórdia e graça. Em outras palavras, mesmo em meio ao nosso pecado, se confiamos em Jesus Cristo, Deus nos atrai para si com cordas de amor. As provações, as lutas que enfrentamos, não são motivo para abandonarmos a busca por esse trono de misericórdia e graça, onde Jesus Cristo está, pronto a renovar sua graça a nós, graça abundante. Então, uma aplicação deste artigo do *Credo* é que temos em Jesus Cristo um fiel Intercessor, que vive "sempre para interceder" por seu povo (Hb 7.25).

X. JULGAMENTO FINAL

Agora, tratemos a respeito da vinda de Cristo em glória. Tudo o que fazemos tem significado, uma vez que haverá julgamento. Em um contexto onde a corrupção campeia em todas as esferas, e onde 80% dos crimes não são solucionados, e onde pessoas morrem e nunca são vindicadas, somos chamados a ter a confiança de que haverá um tempo de acerto de contas, quando o mal será vencido completamente.

Quando confessamos que Jesus Cristo "há de vir a julgar os vivos e os mortos", somos lembrados de que, mesmo em situações limite, tudo o que fazemos terá a sua recompensa final. Mesmo algo aparentemente simples, como oferecer um copo d'água para um dos "pequeninos irmãos" de Jesus Cristo (Mt 25.40), terá seu galardão.

Chega a ser engraçado a forma como incrédulos ficam chocados com a doutrina bíblica do inferno. Eu sei o quão difícil é falar sobre o inferno em contextos pluralistas, perante pessoas de outras religiões. É difícil falar que somente por meio de Jesus Cristo entramos numa relação correta com Deus. Mas, quer ver isso de outro ângulo? O que nos motiva, num mundo como o nosso, que parece andar para trás, onde o certo se tornou o errado e o errado se tornou o certo, onde — para lembrar o clássico *A revolução dos bichos*, de George Orwell — "todos os animais são iguais, mas alguns são mais iguais que os outros"? O que nos motiva, dia a dia, a levantarmos de nossas camas, para vivermos vida digna? Qual é a motivação dos incrédulos, de homens e mulheres que não têm Deus nem Jesus Cristo em sua vida, para se levantarem, diariamente, de suas camas e irem ao mundo? Trabalhar, amar o cônjuge, cuidar de filhos? Qual é a motivação daqueles que não creem no Pai, no Filho e no Espírito a viver vidas significativas? Para os incrédulos, o mundo precisa ser uma piada sórdida ou mortal. Pois, para o incrédulo, o mundo é um labirinto sem saída. Ele não tem nenhuma esperança de justiça, não tem nenhuma justificativa para o amor, a beleza ou a bondade. E então? Para os que creem, o que os motiva a levantar com alegria de manhã para viver "o dia que o SENHOR fez" (Sl 118.24); a demonstrar amor ao cônjuge, a cuidar e proteger os filhos? A motivação para nós, os que cremos, é que haverá um tempo em que estaremos todos diante de Jesus Cristo, e uns serão chamados à sua direita, para a bem-aventurança eterna; e outros serão colocados à esquerda, banidos e condenados à perdição eterna (Mt 25.31-46):

> Quando vier o Filho do Homem na sua majestade e todos os anjos com ele, então, se assentará no trono da sua glória; e todas as nações serão reunidas em sua presença, e ele separará uns dos outros, como o pastor separa dos cabritos as ovelhas; e porá as ovelhas à sua direita, mas os cabritos, à esquerda; então, dirá o Rei aos que estiverem à sua direita: Vinde, benditos de meu Pai! Entrai na posse do reino que vos está preparado desde a fundação do mundo. Porque tive fome, e me destes de comer; tive sede, e me destes de beber; era forasteiro, e me hospedastes; estava nu, e me vestistes; enfermo, e me visitastes; preso, e fostes ver-me. Então, perguntarão os justos: Senhor, quando foi que te vimos com fome e te demos de comer? Ou com sede e te demos de beber? E quando te vimos forasteiro e te hospedamos? Ou nu e te vestimos? E quando te vimos enfermo ou preso e te fomos visitar? O Rei, respondendo, lhes dirá: Em verdade vos afirmo que, sempre que o fizestes a um destes meus pequeninos irmãos, a mim o fizestes. Então, o Rei dirá também aos que estiverem à sua esquerda: Apartai-vos de

> mim, malditos, para o fogo eterno, preparado para o diabo e seus anjos. Porque tive fome, e não me destes de comer; tive sede, e não me destes de beber; sendo forasteiro, não me hospedastes; estando nu, não me vestistes; achando-me enfermo e preso, não fostes ver-me. E eles lhe perguntarão: Senhor, quando foi que te vimos com fome, com sede, forasteiro, nu, enfermo ou preso e não te assistimos? Então, lhes responderá: Em verdade vos digo que, sempre que o deixastes de fazer a um destes mais pequeninos, a mim o deixastes de fazer. E irão estes para o castigo eterno, porém os justos, para a vida eterna.

Portanto, faz sentido as palavras de Jesus Cristo sobre o valor de dar um copo d'água para um de seus pequeninos irmãos. E como isso é bonito! O nosso senhor Jesus Cristo, que ressuscitou, agora está assentado à direita do Pai todo-poderoso, e haverá de vir em poder, no último dia, para julgar os vivos e os mortos. Sentar-se à direita do Pai significa não somente o cumprimento da visão do profeta Daniel, mas que o reino que não terá fim foi inaugurado: "Eis que vinha com as nuvens do céu um como o Filho do Homem, e dirigiu-se ao Ancião de Dias, e o fizeram chegar até ele. Foi-lhe dado domínio, e glória, e o reino, para que os povos, nações e homens de todas as línguas o servissem; o seu domínio é domínio eterno, que não passará, e o seu reino jamais será destruído" (Dn 7.13-14).

Portanto, todos os nossos gestos, por menores que sejam, ganham significado e dignidade à luz deste ensino. Oferecer uma palavra de apreciação a um irmão ou irmã na fé, uma conversa despretensiosa, uma palavra simples pela qual abençoamos um irmão ou irmã na fé. Todos os pequenos gestos têm significado para Jesus Cristo.

Por outro lado, ai daquele que não se arrepende de seus pecados e iniquidades, e não corre para confiar em Jesus Cristo, crucificado, sepultado e ressurreto. Não importa o quão elevado esta pessoa seja, não importa quanto poder esta pessoa tenha nesse lado da existência, esta pessoa comparecerá diante de uma autoridade maior, e a grande surpresa que esta pessoa talvez tenha é que não haverá como usar de "jeitinho" para ludibriar aquele que "há de vir a julgar os vivos e os mortos". Esta pessoa, por não ter confiado exclusivamente em Jesus Cristo, não terá quem a defenda, ela não terá um advogado para se colocar entre ela e o Pai (1Jo 1.9-2.2).

> Se confessarmos os nossos pecados, ele é fiel e justo para nos perdoar os pecados e nos purificar de toda injustiça. Se dissermos que não temos cometido pecado, fazemo-lo mentiroso, e a sua palavra não está em nós. Filhinhos meus, estas coisas vos escrevo para que não pequeis. Se, todavia, alguém pecar, temos Advogado junto ao Pai, Jesus Cristo, o Justo; e ele é a propiciação pelos nossos pecados e não somente pelos nossos próprios, mas ainda pelos do mundo inteiro.

Todas as conquistas desta pessoa — diplomas, títulos, cargos, poder, casa, família — serão nada. Não representarão nada diante de Deus e do seu Filho no dia do julgamento.

Então, quando pensamos em Jesus Cristo, que "há de vir a julgar os vivos e os mortos", temos uma motivação. Os facínoras, os maus, os assassinos, aqueles que desviam fortunas que poderiam ser usadas para o progresso do país, eles vão se ver não com o Cordeiro que tira o pecado do mundo, mas com o Leão da tribo de Judá. E isso será um despertar terrível. Esses, se não se refugiaram no Cordeiro e não glorificaram a graça de Deus, irão para o inferno glorificando a retidão da justiça de Deus. Tal ideia causa espanto ou desconforto? Pense nas últimas palavras do evangelista metodista Billy Bray:

> Na sexta-feira ele desceu as escadas pela última vez. A um de seus velhos amigos que, poucas horas antes de sua morte, perguntou-lhes se

não tinha nenhum medo da morte, ou de se perder, ele disse: 'O quê? Eu temer a morte? Eu perdido? Ora, meu salvador venceu a morte. Se eu fosse para o inferno, iria gritando glória! glória! ao meu bendito Jesus, até fazer o inferno ressoar, e o miserável e velho Satanás diria: 'Billy, Billy, isso não é lugar para você; saia daqui'. Então eu iria para o céu gritando 'glória! glória! glória! louvado seja Deus!' Pouco depois ele disse: 'Glória!', e essa foi sua última palavra.[1]

Assim sendo, naquele momento decisivo, diante daquele que "há de vir a julgar os vivos e os mortos" haverá louvor pela graça de Deus de um lado, e do outro, louvor pela justiça de Deus. Louvor entre aqueles que ouvirão da parte de Deus: "Eis que tenho feito que passe de ti a tua iniquidade e te vestirei de finos trajes" (Zc 3.4). E louvor aterrorizado daqueles que não têm quem interceda por eles; porque estes, neste terrível dia, saberão que, diante do Deus Pai todo-poderoso, criador dos céus e da terra, a condenação que virá sobre eles é completamente justa. Não haverá espaço para a malandragem ou jeitinho. Então, a nossa motivação para viver uma vida digna, uma vida bonita num mundo cínico, cada vez mais injusto, onde o abismo social aumenta cada vez mais, é que Jesus Cristo "há de vir a julgar os vivos e os mortos".

Para concluir, gostaria de citar Karl Barth mais uma vez:

> A fé cristã se sustenta ou cai de uma vez por todas com o fato de que Deus e somente Deus é o seu objeto. Ela cai se alguém rejeita a doutrina bíblica de que Jesus Cristo é o Filho de Deus, e de fato o Filho unigênito de Deus e, portanto, a completa revelação de Deus e que toda a reconciliação entre Deus e o homem está contida nele.[2]

....

1 Alan Pieratt e Russell P. Shedd (eds.), *Imortalidade* (São Paulo: Vida Nova, 2000), p. 254.
2 Karl Barth, *Credo* (Eugene: Wipf and Stock, 2005), p. 49.

Este teólogo não cria na inerrância das Escrituras; não cria na doutrina da criação como um evento histórico; tinha uma interpretação da doutrina da eleição muito diferente do comum; mas ele percebeu a importância deste segundo artigo do *Credo*. Embora Barth não possa ser aceito como um mestre fiel por aqueles que procuram permanecer leais às doutrinas cristãs históricas, devemos ouvir com toda a seriedade seu alerta, na medida em que somos comandados a batalhar "diligentemente, pela fé que uma vez por todas foi entregue aos santos" (Jd 3).

Não podemos comprometer nem uma das declarações do segundo artigo do *Credo*. Se nós almejamos uma igreja alegre, operosa, se ambicionamos ver pecadores sendo salvos pelo anúncio do evangelho por meio das igrejas, pessoas sendo edificadas, tendo vida bonita e santificada, precisamos pregar em todo o tempo sobre "Jesus Cristo, (...) [o] único Filho [de Deus, o Pai], nosso Senhor, que foi concebido pelo poder do Espírito Santo, nasceu da Virgem Maria, padeceu sob Pôncio Pilatos, foi crucificado, morto e sepultado; desceu a mansão dos mortos; ressuscitou ao terceiro dia; subiu aos céus; está sentado à direita de Deus Pai todo-poderoso, donde há de vir a julgar os vivos e os mortos"; esse Jesus Cristo tem de ser pregado, ensinado e celebrado por meio de "salmos, (...) hinos e cânticos espirituais" (Ef 5.19), domingo após domingo. Que não nos deixemos intimidar por uma cultura hostil; antes, que afiemos nossa linguagem e a usemos para que, "em nome de Cristo", pecadores sejam reconciliados com Deus (2Co 5.20).

Sempre me lembro de Russell Shedd pregando, em 1993, na capela do Seminário Teológico Batista do Sul do Brasil, onde estudei. Ele estava pregando sobre a relação entre a obra da graça de Deus e o avivamento, em Efésios 1.3-14. Em um dos sermões, ele disse mais ou menos o seguinte: Que se entendêssemos de fato o que Jesus Cristo fez por nós na cruz, nunca mais entraríamos numa capela ou templo como costumamos entrar. Ele concluiu dizendo algo assim: Entraríamos em nossas capelas e templos pulando e saltando de alegria, celebrando a "graça, que ele nos concedeu gratuitamente no Amado, no qual temos a redenção, pelo seu sangue, a remissão dos pecados, segundo a riqueza da sua graça, que Deus derramou abundantemente sobre nós" (Ef 1.6-8). E tal mensagem está no centro deste artigo do *Credo*. Portanto, precisamos guardar as afirmações deste artigo do *Credo*, vigiando, e prontos a vindicá-los diante de uma cultura cada vez mais abertamente agressiva à fé cristã, também confrontando aqueles que abandonam estas afirmações do *Credo*.

Devemos valorizar os chamados "cinco pontos do calvinismo", mas os "cinco pontos do calvinismo" não são centrais à fé. Os "cinco pontos do calvinismo", por assim dizer, giram em torno desse segundo artigo do *Credo*. Amamos os "cinco pontos do calvinismo" porque cada uma das "antigas doutrinas da graça" apontam para Jesus Cristo crucificado, sepultado e ressurreto. Então, se cremos, pregamos e ensinamos os "cinco pontos do calvinismo", nós o fazemos porque estas "antigas doutrinas da graça" magnificam a Jesus Cristo, como ensinado no *Credo dos Apóstolos*.

"Se nós proferimos o *Credo* com confiança, com obediência, com comprometimento, estamos confessando que nossas vidas não pertencem mais a nós mesmos. Jesus é Senhor de fato da nossa existência."

Iluminura do Sacramentário de Augsburgo (início do século XI) que representa a descida do Espírito Santo sobre os discípulos no Pentecostes.

TERCEIRO ARTIGO

Deus restaurador

...

"Creio no Espírito Santo,
a santa Igreja católica,
a comunhão dos santos,
a remissão dos pecados,
a ressurreição da carne,
a vida eterna."

I. DEUS, O ESPÍRITO

No primeiro e no segundo artigos, o "creio" trata do Pai e do Filho. Agora, de novo, no terceiro artigo, o "creio" é repetido: "Creio no Espírito Santo". Como disse no início, estamos empregando uma tradução um pouco diferente neste último artigo.

A tradução "Creio... a Igreja" é uma insistência de João Calvino nas *Institutas da Religião Cristã*, de 1541. Segundo o reformador francês, creio "em Deus" é apropriado, mas não "na santa Igreja" ou "na remissão de pecados" ou "na ressurreição da carne".[1] Nós cremos *em* Deus Pai, Filho, Espírito. Mas nós não cremos *na* obra dele.

O interessante é que todas as profissões de fé anteriores à versão final do *Credo dos Apóstolos* seguiam esta tradução: a *Tradição Apostólica*, de Hipólito de Roma; o Saltério do rei Etelstano; o *Codex Laudianus*; a *Explanatio*, de Ambrósio; os dois sermões de Agostinho; os sermões de Pedro Crisólogo; a *Exposição do Símbolo*, de Tirânio Rufino; a *Explicação do Símbolo*, de Nicetas; o símbolo de Idelfonso de Toledo; o símbolo gálico antigo, citado nos escritos de Cipriano de Toulou e Fausto de Riez; o sermão sobre o símbolo, de Cesário de

....

[1] João Calvino, *As Institutas ou Tratado da Religião Cristã*, edição francesa de 1541, vol. 2. (São Paulo: Cultura Cristã, 2006), p. 90-91. Cf. também João Calvino, "Instrução na Fé ou Catecismo de Calvino", em *João Calvino: Textos Escolhidos* (São Paulo: Pendão Real, 2008), p. 70.

Arles; os textos canônicos de Pirmínio; o antifonário de Bangor, e o ritual batismal romano.²

Calvino, portanto, chama nossa atenção para o fato de que, no primeiro artigo, afirma-se a fé em Deus, o Pai, assim como no Filho, no segundo artigo; no terceiro artigo afirma-se a fé no Espírito Santo. Em cada artigo, à pessoa divina confessada é conectada a algumas obras que ela faz. Então, corretamente compreendido, o terceiro artigo nos convida a afirmar a fé no Espírito Santo como uma das pessoas da Deidade única. E crer que ele é poderoso para constituir a igreja, perdoar pecados, ressuscitar a carne e nos inserir na vida eterna. Vamos por partes, pensando em cada um desses artigos do *Credo*.

A união do Espírito com o Pai e o Filho

Quando lemos no *Credo* "creio no Espírito", este documento está confessando a plena igualdade do Espírito com o Filho e o Pai. O *Credo* coloca o Filho e o Pai no mesmo nível de igualdade. Novamente, temos de tomar cuidado com toda a tentativa de numerar as pessoas da Trindade. Isso é muito comum. Devemos resistir à tentação de dizer que a primeira pessoa da Trindade é o Pai, a segunda pessoa da Trindade é o Filho e a terceira é o Espírito Santo. O que o *Credo* lembra no início do terceiro artigo, dizendo "creio no Espírito Santo", é que o Espírito Santo é um, junto com o Pai e com o Filho. Há plena igualdade entre as pessoas divinas: elas compartilham os atributos divinos; compartilham o nome de Deus; fazem as obras de Deus; e recebem adoração e louvor. O Espírito Santo é o primeiro no despertar da nossa fé e na vida nova que consiste em conhecer o Pai e o Filho (Jo 17.3). No entanto, ele foi revelado por

---

2 Cf. Heinrich Denzinger, *Compêndio dos Símbolos, Definições e Declarações de Fé e Moral* (São Paulo: Paulinas & Loyola, 2013), p. 19-28. Todos estes textos estão referenciados no apêndice.

último. Gregório Nazianzeno explicou esta progressão da pedagogia da "condescendência" divina:

> O Antigo Testamento proclamava manifestamente o Pai, mais obscuramente o Filho. O Novo manifestou o Filho, fez entrever a divindade do Espírito. Agora o Espírito tem direito de cidadania entre nós e nos concede uma visão mais clara de si mesmo. Com efeito, não era prudente, quando ainda não se confessava a divindade do Pai, proclamar abertamente o Filho e, quando a divindade do Filho ainda não era admitida, acrescentar o Espírito Santo como um peso suplementar, para usarmos uma expressão um tanto ousada... É por meio de avanços e de progressões "de glória em glória" que a luz da Trindade resplandecerá em claridades mais brilhantes.[3]

O apóstolo Judas escreveu: "Vós, porém, amados, edificando-vos na vossa fé santíssima, orando no Espírito Santo, guardai-vos no amor de Deus, esperando a misericórdia de nosso Senhor Jesus Cristo, para a vida eterna" (Jd 20-21). Este texto é uma declaração trinitária. O apóstolo ensina-nos a orar no Espírito. E este é citado antes do Pai e do Filho. Não precisamos temer o Espírito Santo. O que precisamos é temer o nosso pecado, que entristece o Espírito Santo – mas não devemos temer o Espírito Santo.

A SUSTENTAÇÃO DA IGREJA EFETUADA PELO ESPÍRITO

É necessário enfatizar que até mesmo o início da vida cristã se dá por obra do Espírito: "Vós, porém, não estais na carne, mas no Espírito, se, de fato, o Espírito de Deus habita em vós. E, se alguém não tem o Espírito

---

3 Gregório Nazianzeno, *Or. Theol.* 5,26, citado em *Catecismo da Igreja Católica*, p. 197.

de Cristo, esse tal não é dele" (Rm 8.9); "Por isso, vos faço compreender que ninguém que fala pelo Espírito de Deus afirma: Anátema, Jesus! Por outro lado, ninguém pode dizer: Senhor Jesus!, senão pelo Espírito Santo" (1Co 12.3); "E, porque vós sois filhos, enviou Deus ao nosso coração o Espírito de seu Filho, que clama: Aba, Pai!" (Gl 4.6). Só conseguimos dizer "creio" por causa da ação prévia do Espírito Santo. Assim sendo, para estar em comunhão com Jesus Cristo, é preciso primeiro ter sido alcançado pelo Espírito Santo.

Se estivermos lendo o *Credo* corretamente, o que aprendemos é que só há vida cristã e só há igreja verdadeira quando o Espírito Santo opera. Toda a nossa vida cristã, tudo o que somos como cristãos, todas as bênçãos que recebemos são dádivas concedidas pela bendita pessoa do Espírito Santo. Então, o que aprendemos do *Credo*, quando lemos "creio no Espírito... a santa Igreja... a comunhão dos santos", é que a igreja encontra a sua razão de ser por meio do Espírito Santo. A igreja só é igreja por causa da obra do Espírito Santo.

Há uma influência forte do individualismo oriundo do movimento pietista dos séculos XVII e XVIII que conspira contra a compreensão correta do que é a igreja. Quando cristãos influenciados por esta tradição querem convencer alguém que o fumo é pecado, ou que o uso de bebida alcóolica é pecado, qual é o argumento comumente usado? Que "o crente é templo do Espírito, por isso ele não pode fumar e não pode beber". Mas o texto bíblico ensina *mesmo* que é o crente o templo do Espírito? Paulo diz: "Sois santuário de Deus e que o Espírito de Deus habita em vós?" (1Co 3.16); "Vosso corpo é santuário do Espírito Santo, que está em vós, o qual tendes da parte de Deus" (1Co 6.19); "Enchei-vos do Espírito, falando entre vós com salmos, entoando e louvando de coração ao Senhor com hinos e cânticos espirituais, dando sempre graças por tudo a nosso Deus e Pai, em nome de nosso Senhor Jesus Cristo, sujeitando-vos uns aos outros no temor de Cristo" (Ef 5.18-21). Quais são os pronomes empregados nas passagens bíblicas? O pronome está no plural: "sois"; "vós";

"vosso". Quer dizer, a partir do ensino do *Credo*, é que precisamos afirmar que o Espírito Santo opera na comunidade, e todos os fiéis são convocados a se encher do Espírito Santo.

Então, o cristão precisa da igreja porque a igreja é o local onde o Espírito opera. A igreja não é o templo ou o edifício, mas o ajuntamento do povo de Deus é que constitui a igreja, reunida pela Palavra e os sacramentos. Por que Paulo fala que "vosso corpo é santuário do Espírito Santo", e exorta com força o crente que se uniu à prostituta a se corrigir? Porque a comunidade é o templo do Espírito. E um crente que permanece em pecado pode levar o Espírito a se entristecer com toda aquela comunidade e se afastar daquela comunidade. A partir desta compreensão, começam a fazer sentido, portanto, algumas súplicas dos Salmos:

> Vivifica-nos, e invocaremos o teu nome. Restaura-nos, ó Senhor, Deus dos Exércitos, faze resplandecer o teu rosto, e seremos salvos. (Sl 80.18-19)

> Até quando, SENHOR? Esquecer-te-ás de mim para sempre? Até quando ocultarás de mim o rosto? Até quando estarei eu relutando dentro de minha alma, com tristeza no coração cada dia? Até quando se erguerá contra mim o meu inimigo? (Sl 13.1-2)

> Esconde o rosto dos meus pecados e apaga todas as minhas iniquidades. Cria em mim, ó Deus, um coração puro e renova dentro de mim um espírito inabalável. Não me repulses da tua presença, nem me retires o teu Santo Espírito. Restitui-me a alegria da tua salvação e sustenta-me com um espírito voluntário. (Sl 51.9-12)

Se o Espírito é Espírito *Santo*, como é que ele pode habitar em uma comunidade que tolera o pecado? Em uma comunidade que tem os seus porões cheios de pecados que não são tratados devidamente?

Se, de um lado, o Espírito é digno de culto e adoração — lembre-se: quem é o nosso Deus, o Deus em quem confiamos? Pai, Filho, Espírito Santo —, do outro lado, a igreja é igreja por obra do Espírito Santo. O *Credo* não trata da pregação da Palavra, nem do batismo ou da ceia do Senhor, mas num mundo escravo da imagem, num mundo onde pregadores têm de competir com imagem, o que justifica e dá sentido à pregação, ao batismo e à ceia — e que caracterizam uma igreja verdadeira segundo as confissões da Reforma — é a obra do Espírito Santo operando sobre esses elementos.

Nós vivemos na era da imagem. Não mais na era da palavra. Hoje tudo é imagem, as pessoas não estão mais pensando em conteúdo. A preocupação atual é com a imagem. O que socorrerá o pregador fiel neste novo mundo, tendo de, por exemplo, competir com o *YouTube*? É a obra do Espírito Santo. O Espírito Santo usando a palavra pregada fielmente diante da igreja e aplicando-a eficazmente à comunidade. O que faz com que elementos tão simples, como a água, o pão e o vinho representem de fato aquilo para o qual eles apontam? Porque Deus escolheu estes meios simples – a palavra, a água, o pão e o vinho – como os meios de graça para nos inserir no reino, e nos manter no reino. Mas também porque o Espírito Santo opera na igreja quando pessoas ouvem com fé a pregação da Palavra, e são batizadas no nome trino, e o pão e o vinho são divididos na comunidade. É isso que torna a igreja diferente. Não é só afirmar a doutrina correta – mas experimentar a ação do Espírito por meio da mesma. O que torna o ajuntamento dos féis na igreja uma reunião diferente de um clube social ou de uma escola? O que torna a igreja realmente diferente? Paulo escreveu (Rm 15.18-20):

> Porque não ousarei discorrer sobre coisa alguma, senão sobre aquelas que Cristo fez por meu intermédio, para conduzir os gentios à obediência, por palavra e por obras, por força de sinais e prodígios,

pelo poder do Espírito Santo; de maneira que, desde Jerusalém e circunvizinhanças até ao Ilírico, tenho divulgado o evangelho de Cristo, esforçando-me, deste modo, por pregar o evangelho, não onde Cristo já fora anunciado, para não edificar sobre fundamento alheio.

As primeiras palavras do versículo 19 precisam ganhar nossa mente. "Por força de sinais e prodígios, pelo poder do Espírito Santo". Essa ação soberana e poderosa do Espírito é que justifica a nossa pregação, o batismo e a ceia, dá sentido ao nosso ajuntamento solene. É o Espírito Santo que nos conduz algumas vezes a um culto, e em algum momento durante aquela celebração, não queremos parar de cultuar a Deus. As pessoas não querem se separar, pois Deus está ali presente. E isso se deu, não por persuasão intelectual, não por alguma experiência sensorial. Antes, tem-se a nítida sensação de que o Espírito Santo está presente, e operando na comunidade. O Espírito Santo veio àquele culto com tanto poder e graça que as pessoas não querem se retirar do templo.

Aqui lembramos do diálogo entre Jesus e a mulher samaritana (Jo 4.1-26). O culto que Deus requer de seu povo é o culto em Espírito e em verdade: "Deus é espírito; e importa que os seus adoradores o adorem em espírito e em verdade" (Jo 4.24). Deus é um ser espiritual. É isso o que significa "Deus é espírito". Mas os tradutores grafaram a segunda menção ao "espírito" em minúsculo. Mas esta é, me parece, uma referência ao Espírito Santo. O que Jesus ensina é que Deus é um ser espiritual, então importa que os que o adoram o adorem por meio do Espírito Santo e pela verdade, que é Jesus Cristo (Jo 8.32; 14.6). A partir do contexto maior do Evangelho de João, podemos sugerir que o texto conecta o Deus Trindade ao culto. Em outras palavras, Jesus ensina que o culto tem de ser segundo a verdade, mas o Espírito Santo tem de operar naquele culto para que aquele culto seja aceito por Deus, seja um culto verdadeiro, um digno espetáculo para o Senhor da glória, e um culto que infunde alegria nos fiéis, que lhes oferece um dia do céu no domingo. A igreja, então, tem de ser sustentada pelo Espírito Santo.

II. A CENTRALIDADE DO ESPÍRITO

O Espírito Santo é central na vida cristã: "É o Espírito que inflama nossos corações com o fogo do amor ardente para com Deus e para com o próximo", disse João Calvino.[1] Toda a vida cristã é vida de dependência do Espírito Santo. Um homem ou uma mulher que teme a Deus e crê em Jesus é um homem ou uma mulher que tem de suplicar pelo Espírito dia após dia. O que precisamos lembrar é que quando dizemos "creio no Espírito", também confessamos nossa dependência do Espírito Santo. Nós precisamos almejar mais do Espírito Santo, e suplicar para que ele venha em poder sobre nossas vidas, nossa comunidade, para que sejamos cada vez mais cheios do Espírito, cada vez mais renovados à imagem do Filho.

Se buscarmos assim o Espírito Santo, não será ele que receberá a glória, porque o prazer do Espírito Santo é comunicar glória ao Filho Jesus. Então, quando começamos a depender do Espírito e a invocá-lo, suplicando para que ele opere em nosso meio com poder, com sinais e com prodígios, Cristo será glorificado. E o Filho, quando recebe tal glória, a confere ao Pai, que é glorificado: "Glorifica a teu Filho, para que o Filho te glorifique a ti" (Jo 17.1).

....

1 Calvino, "Instrução na fé", p. 70.

Estamos considerando aquelas doutrinas que são essenciais à fé cristã, aquelas doutrinas que não tem como se negociar, e que todo cristão, todo aquele que crê em Jesus, como seu único Salvador, tem de conhecer bem: o que é o mais básico à fé, como demonstrado no *Credo*. Penso que antes de concluir, seria de ajuda recapitular brevemente o que já foi visto até aqui.

O *Credo* afirma o Espírito em igualdade com o Pai e com o Filho. O *Credo* não elabora as relações internas da Trindade, não há um aprofundamento da relação entre Pai, Filho e Espírito Santo. Tal ênfase aprendemos ao estudar o *Credo* de Niceia-Constantinopla, a Declaração de Fé de Calcedônia e o *Credo* de Atanásio. Mas a declaração mais sucinta da fé, como encontramos no *Credo dos Apóstolos*, é que o Pai, o Filho e o Espírito compartilham a mesma glória, o mesmo poder, são dignos do mesmo louvor e da mesma honra, e fazem as obras que somente Deus pode fazer. Há, portanto, plena igualdade entre as pessoas da deidade. Não podemos hierarquizá-las; se isso for feito, incorre-se numa variante herética muito antiga, chamada semiarianismo, que é meio caminho para o arianismo.

Os arianos, no século IV, queriam tanto proteger a solidão divina, a unidade divina, que eles abriram mão da divindade do Filho, ensinando que este seria a primeira das criaturas. Obviamente, isso é uma heresia, que desconsidera as promessas de salvação de Jesus, uma heresia que descarta o culto que a igreja primitiva prestava a Jesus Cristo como Deus.[2] Os semiarianos, de forma mais sutil, ensinavam que Cristo era similar ao Pai, ainda que subordinado eternamente a ele. Obviamente, tais heresias precisam ser rejeitadas cabalmente, uma vez que elas não têm como ser harmonizadas com o ensino global das Escrituras, como resumida no *Credo*. O *Credo*, esse documento mais básico da fé cristã, estabelece que

---

2 Para o culto a Jesus Cristo como Deus na igreja primitiva, cf. estas duas obras de Larry Hurtado: *Senhor Jesus Cristo* (Santo André: Academia Cristã; São Paulo: Paulus, 2012), e *As Origens da Adoração Cristã: o Caráter da Devoção no Ambiente da Igreja Primitiva* (São Paulo: Vida Nova, 2011), p. 81-117.

o cristão crê e adora o Pai, o Filho e o Espírito igualmente. O nome do nosso Deus, o Deus Trindade, é o Pai, o Filho e o Espírito Santo.

Portanto, à luz dessa declaração, e acentuando o último artigo do *Credo*, a igreja é sustentada pelo Espírito Santo. A igreja é mencionada em dois contextos: "a santa Igreja católica" e, depois, "a comunhão dos santos". Aqui é ensinado que a igreja é importante, e que não se ensina nada acerca de um cristianismo solitário na Escritura, e que tudo que vem após a confissão "creio no Espírito Santo", a começar pela igreja, é obra desta pessoa da deidade.

O que torna o culto aceitável a Deus não é a sinceridade das pessoas. Se fosse assim, estaríamos em maus lençóis, porque há adeptos de seitas e religiões que talvez sejam muito mais sinceros, mais devotos do que nós somos. O que torna um culto aceitável a Deus é a presença do Espírito Santo em nosso meio, suscitando em nós um culto que seja em "Espírito e em verdade". É isso que torna um culto aceitável.

Lembre-se: O *Credo* está tratando do que é mais básico na fé. Não há menção ao batismo ou a ceia – questões que dividem os cristãos. O *Credo* ensina que aquilo que confere significado à "comunhão dos santos" é a obra do Espírito Santo; e é melancólico quando perdemos esse anseio pelo Espírito Santo em nosso culto. Na liturgia medieval, cantava-se o hino "venha Espírito criador" (*Veni Spiritus Creator*), que é atribuído a Rábano Mauro, no século IX. Esta era uma súplica que, no rito latino, era usada na celebração do Pentecostes. Tal hino lembra que, no passado, os cristãos sabiam que se o Espírito Santo não viesse com o poder no culto, o que seria oferecido ali seria uma paródia, e não um culto espiritual, não "sacrifício vivo, santo e agradável a Deus" (Rm 12.1), oferecendo "a Deus, sempre, sacrifício de louvor, que é o fruto de lábios que confessam o seu nome" (Hb 13.5). Então, quando confessamos o Espírito Santo, a "santa igreja católica" e a "comunhão dos santos", somos ensinados que precisamos do Espírito Santo para sermos igreja de verdade.

O CREDO DOS APÓSTOLOS

"Por palavra e por obras, por força de sinais e prodígios, pelo poder do Espírito Santo" (Rm 15.18-19): O que torna a fé cristã veraz não é apenas argumentação lógica. Acho até que Deus às vezes ri de algumas das nossas tentativas de argumentar logicamente a favor da fé, o que me lembra "a prece vespertina do apologista", atribuída a C. S. Lewis:[3]

> De todas as minhas pobres derrotas e oh! de muito mais, eu sei,
> De todas as vitórias que aparentemente conquistei,
> Da sagacidade que em Teu favor demonstrar consegui,
> À qual, enquanto pranteiam anjos, o auditório ri;
> De todos os meus esforços para Tua divindade provar,
> Tu, que não concedeste um sinal, vem me livrar.
>
> Pensamentos como moedas são. Que eu não confie, em lugar
> De confiar em Ti, na imagem gasta de Tua face neles a brilhar.
> Dos pensamentos todos, até os que acerca de Ti venha a ter,
> Ó Tu, belo Silêncio, cai, e vem brilhar meu ser.
> Do fundo da agulha e da estreita porta o Senhor,
> Livrar-me vem do vão saber para a morte não ser meu penhor.

O que torna a nossa fé veraz, o que distingue o cristianismo de qualquer sistema filosófico, é que o Espírito Santo autentica o que cremos com sinais, com poder e com prodígios.

---

3   Peter Kreeft, *O Diálogo* (São Paulo: Mundo Cristão, 1986), *passim*.

III. UMA COMUNHÃO VISÍVEL

O *Credo* fala que o Espírito Santo opera de tal forma que ele torna a igreja santa e católica; depois, que a igreja é a comunhão dos santos. Vamos tratar destas questões.

A palavra "igreja" é de mais fácil compreensão. Ela é derivada da palavra grega traduzida como "chamar para fora", e significa "convocação". Assim sendo, Deus "convoca" o seu povo de todos os confins da terra para se reunir em seu nome. Esta palavra é utilizada no Antigo Testamento grego para designar a assembleia do povo de Deus. E no Novo Testamento os primeiros cristãos chamam-se de "igreja" por perceberem-se herdeiros daquela assembleia. E "igreja" designa uma comunidade local ou a comunidade total dos cristãos, que constituem o corpo de Cristo.

A palavra "católica" espanta alguns evangélicos na atualidade. Esta palavra significa "universal" no sentido de "segundo a totalidade" ou "segundo a integralidade". A palavra indica que uma igreja onde o Espírito Santo opera é igreja para todos e que está em todo lugar. Por exemplo, uma marca das seitas, em contraste com a catolicidade, é que elas afirmam que o seu grupo é o único correto em todo o mundo. E que mesmo depois de séculos de história da igreja, finalmente aquele grupo descobriu a "verdade" (geralmente tratada de forma exotérica), e todo o restante do mundo está errado. Mas esse grupo não é a igreja de Cristo, porque a igreja de Cristo é católica, isto é, ela se espalha por todo canto do mundo, e reúne homens e mulheres em todo o mundo. Esta igreja tem uma única profissão de fé, e em todo canto do mundo essa profissão de fé é repetida. Então, uma comunidade que se acha detentora da verdade, um grupo que acha que durante séculos a igreja leu a Escritura erradamente, esse grupo não é a igreja verdadeira. Eles deixaram a catolicidade.

Outro aspecto da catolicidade da igreja é que a igreja verdadeira é uma igreja de homens e mulheres, adultos e crianças, letrados e iletrados, gentios e judeus, pessoas de todas as etnias. A igreja católica é a igreja de todos e para todos. É muito desconfortável ler manuais de crescimento da igreja onde se defende o princípio de homogeneidade ou "público-alvo". Parece-me que este conceito foi popularizado por Rick Warren em *Uma igreja com propósito*. A ideia é que se um obreiro quer uma igreja relevante, e que faça a diferença, ele precisa traçar o perfil daqueles que ele quer alcançar, e fazer com que tudo que se realize naquela igreja satisfaça os anseios daquele perfil que ele traçou. Obviamente, ninguém conseguirá plantar uma igreja com propósitos entre aqueles em classes sociais mais desfavorecidas, porque uma comunidade plantada em bairros pobres dificilmente conseguirá ser uma igreja autônoma ou autossuficiente. É curioso que, geralmente, quem abraça esse princípio, geralmente pensa em termos de público alvo de classe média-alta, classe alta.

Mas tal modelo conspira contra a catolicidade da igreja. A igreja católica é a igreja de todos e para todos. E o que torna a igreja um lugar tão atraente e bonito, e completamente diferente de outro ajuntamento humano, partido político ou reunião religiosa, é a diversidade de pessoas dentro da comunidade cristã. Isso é o que torna tão especial a igreja. Por causa da Escritura Sagrada, por causa da obra do Espírito Santo, temos um ajuntamento de pessoas que por nenhuma outra razão se conectariam. E temos pessoas ali reunidas que travam as mais diferentes lutas, enfrentam tensões e pecados distintos, vêm de contextos sociais e culturais distintos. Mas elas se unem por causa do chamado do Espírito Santo, para adorar o único Deus, o Pai, o Filho e o Espírito Santo. Não há outra organização no mundo que ofereça algo parecido. E quando alguns começam, talvez por questões metodológicas, a deixar segmentos sociais fora do alcance da pregação, estes estão traindo a confissão de fé da igreja, o *Credo*, o qual ensina que o Espírito Santo ajunta uma igreja que é, de fato, católica. Isso é o que significa "creio no Espírito Santo, *a* santa Igreja Católica". Alguns vão sugerir traduzir "católica" por "universal", o que dá no mesmo: a igreja de Cristo se espalha por todo canto do mundo e reúne homens e mulheres dos mais diferentes contextos.

Alguns já devem ter experimentado o seguinte: muda-se para uma boa igreja em outro lugar do Brasil ou mesmo fora do país. Esta é uma igreja saudável, e as pessoas recebem aquele que a visita como se fosse um velho amigo. Isso é muito bonito! Nenhuma organização secular tem como imitar isso. E quando não valorizamos a igreja, quando não amamos a igreja, quando não temos zelo pela igreja, estamos abrindo mão dessas bênçãos. E quando somos igreja católica de fato, oferecemos uma prova irrefutável do poder do evangelho, porque nenhum outro grupo ou sistema político consegue fazer isso.

Pense no esquerdismo e no socialismo. Estes sistemas ideológicos almejam uma consumação, um tipo de milênio pervertido. Tal "messianismo secularizado, 'intrinsecamente perverso'",[1] é sobejamente ilustrado na história ao longo século XX — União Soviética, Polônia, Alemanha Oriental, Hungria, China, Vietnã, Camboja, Cuba, Coreia do Norte e Albânia. O que se queria nesses países era instaurar uma espécie de reino milenarista. Mas, mais de 100 milhões de pessoas foram assassinadas para que somente os líderes partidários usufruíssem um pouquinho desse "paraíso terreno", desse "outro mundo possível".

---

1 Pio XI, enc. *Divini Redemtptoris*, citado em *Catecismo da Igreja Católica*, p. 195.

Por outro lado, o cristianismo oferece uma realidade tangível, concreta. Nós já provamos os poderes do mundo vindouro, por obra do Espírito Santo, juntos, neste lado da existência, na igreja católica, e nós reinaremos com Jesus Cristo, quando ele vier uma segunda vez, com grande poder e glória, inaugurando o novo céu e a nova terra, e consumando o reino.

Então, precisamos destacar que não há cristãos solitários no Novo Testamento. Como ensinou Dietrich Bonhoeffer, não é natural o cristão estar sozinho.[2] Nossos cultos e encontros como igreja precisam ser muito especiais, necessitam ser significativos. Os cânticos e hinos bem escolhidos, tocados e cantados, a pregação da Escritura deve ser feita no poder do Espírito Santo, as orações devem refletir temor a Deus. Por que os cristãos não almoçam juntos, após o culto? Por que não começar o domingo tomando café juntos? O que precisamos fazer é marcar as reuniões nos domingos como aqueles momentos em que a presença de Deus, por meio de seu Espírito Santo, é real; momentos em que vislumbramos o triunfo do reino de Deus; momentos que nos levem a, durante a semana, ter saudades dos cultos e encontros, a contar os dias para nos reencontrarmos.

Martinho Lutero ensinou que fora da igreja e da comunhão dos santos não há salvação, "porque ali [fora da igreja] não há Salvador", pois este é pregado e ensinado apenas na igreja.[3] Calvino ensinou que a igreja visível é a "mãe dos fiéis".[4] Às vezes, é difícil ser membro de uma igreja local. Mas precisamos lembrar do espirituoso ditado medieval: "A Igreja é como a arca de Noé; se não fosse a tempestade lá fora, não seria possível suportar o cheiro dentro dela".[5]

Então, a noção aqui ensinada de comunhão é que o Espírito Santo não

---

2 Cf. Dietrich Bonhoeffer, *Vida em Comunhão* (São Leopoldo, Sinodal, 1998).
3 Philip S. Watson, *Deixa Deus ser Deus: uma Interpretação da Teologia de Martinho Lutero* (Canoas: ULBRA, 2005), p. 233.
4 João Calvino, *As Institutas ou Tratado da Religião Cristã*, edição latina de 1559, vol. 4. (São Paulo: Cultura Cristã, 2006), p. 28-29.
5 Citado em Robert McAfee Brown, *The Significance of the Church* (Westminster: John Knox Press, 1956), p. 17.

apenas reúne os cristãos, mas ele os reúne para mutuamente se exortarem, confortarem e buscarem juntos a santificação. Assim, não existe cristianismo sem "comunhão dos santos". Precisamos de irmãos e irmãs. Talvez não tenhamos o mesmo nível de amizade e intimidade com todas as pessoas da igreja da qual somos membros, mas precisamos de cristãos ao nosso redor. Para nos aconselhar, para orar por nós, para ler a Escritura conosco, talvez ler a Escritura *em nosso lugar*, para conversar sobre as lutas, tentações, belezas encontradas e perdidas, para simplesmente, em silêncio, juntos, olhar o pôr do sol, uma paisagem bonita, uma pintura bonita. Precisamos de irmãos e irmãs, e a igreja tem de oferecer tal ambiente, se ela é igreja como o *Credo* ensina, à luz das Escrituras.

IV. UMA IGREJA PARA TODOS

Aprendemos no *Credo* que a igreja é o lugar onde o Espírito Santo age, uma comunhão visível, chamada à unidade, santidade e universalidade.

Precisamos lutar pela santidade da igreja. Não podemos ser complacentes com o pecado em nosso meio. É doloroso disciplinar pessoas endurecidas, empedernidas e orgulhosas. Mas a disciplina é necessária. Lembremo-nos de Acã (Js 7.1-26). Esta seriedade quanto ao pecado é repetida no Novo Testamento. O Espírito Santo não fez o mesmo com Ananias e Safira? Quando eles mentiram a Deus, a vida deles não foi tomada? Ananias e Safira morreram porque os dois, em ocasiões diferentes, mentiram ao Espírito Santo (At 5.1-11). Então precisamos cuidar da pureza da igreja com muita seriedade.

Precisamos valorizar a unidade da igreja. Há áreas em nossas afirmações doutrinais que são absolutamente secundárias. Precisamos tomar muito cuidado e não tornar a forma de batismo, a ceia do Senhor ou a estrutura da igreja um ídolo. Todos estes temas são importantes, mas são secundários; não são centrais à fé cristã – e aprendemos isso ao estudar o *Credo*. Somente nos séculos XVI e XVII essas questões começaram a ser debatidas entre os diversos grupos protestantes. Devemos valorizar os sacramentos, debatê-los com seriedade com outros cristãos, talvez até temperar estas discussões eclesiológicas com uma pitada de bom humor. Mas não podemos dividir a igreja de Cristo por questões secundárias, não podemos ser cismáticos em áreas periféricas. Precisamos estabelecer pontes com cristãos de outras denominações, e manter os canais de diálogo abertos com estes, mesmo em questões não essenciais. Como C. S. Lewis escreveu:

> É no centro da religião, onde habitam seus mais verdadeiros filhos, que cada comunhão cristã se aproxima das outras em espírito, mesmo que não em doutrina. Isto sugere que nesse centro existe algo, ou Alguém, que, apesar de todas as divergências de fé, de todas as diferenças de temperamento, de toda uma história de perseguições mútuas, fala com uma só voz.[1]

A cultura ao nosso redor tem se tornado cada vez mais hostil à fé cristã. Se, em algum momento, a crescente hostilidade se tornar perseguição no Brasil – perseguição que só aumenta contra cristãos no Oriente Médio, África e Ásia –, encontraremos apoio de cristãos e de denominações as quais nunca pensamos que nos ajudariam. Talvez o apoio poderá vir até mesmo de católicos – e não se espante com isso! Os militantes do Exército Islâmico, ao invadir uma igreja cristã para assassinar aqueles ali reunidos, não demonstram nenhum interesse na expressão denominacional daquela comunidade. Assim, quando numa situação política volátil, com o recrudescimento de uma cultura hostil, a igreja é perseguida, as questões centrais da fé ganham importância. Podemos aprender sobre isso ao estudarmos sobre a igreja perseguida na China, ou na antiga União das Repúblicas Socialistas Soviéticas; com os cristãos católicos na Polônia; em como católicos, reformados e luteranos resistiram ao nazismo na

---

1 C. S. Lewis, *Cristianismo Puro e Simples* (São Paulo: Martins Fontes, 2005), p. xvi.

IV. UMA IGREJA PARA TODOS

Alemanha, todos confrontando basicamente os mesmos perigos contra um sistema político idolátrico. Então, é importante notar que, muitas vezes, a provação leva a igreja à maior unidade.[2]

Bruce Hunt e William Blair narram a história dos avivamentos que ocorreram na Coreia entre 1900 e 1945, quando o Japão foi expulso daquele país, que acabou dividido em dois.[3] Eles destacam que durante o avivamento houve um senso de unidade entre presbiterianos e metodistas. Pastores pediram perdão em público por causa de divisão na igreja, pecados contra o corpo de Cristo, enquanto a igreja estava sendo perseguida pelo Império Japonês. A Coreia naquela época era um território japonês e o Império odiava o cristianismo porque ele identificava esta fé com o Ocidente e seus valores. Um outro destaque na narrativa é que a maior parte dos avivamentos da Coreia aconteceram na região norte, que com a divisão, em 1945, caiu sob o poder comunista. Então, os autores sugerem que o avivamento experimentado pela igreja coreana concedeu mais da presença de Deus, o que redundou em unidade da igreja, preparando-a para as perseguições horrorosas que ela iria enfrentar, e enfrentou a partir de 1945, especialmente depois do fim da Guerra da Coreia, em 1953.

Portanto, precisamos trabalhar pela unidade da igreja; precisamos estar prontos a estender a destra da comunhão a cristãos que compartilham a mesma fé que temos, como resumida no *Credo*. Então, devemos nos portar como se diz: "Em coisas essenciais, unidade; nas não essenciais, liberdade; em todas as coisas, caridade" (Peter Meiderlin). Ou como George Whitefield, num sermão pregado nos Estados Unidos, no século XVIII, afirmou:

....

[2] Devo deixar claro que não estou defendendo o fim das distinções denominacionais ou algo mesmo que levemente parecido com o ecumenismo, mas apelando para a cobeligerância em defesa de valores cristãos comuns, inclusive o da santidade da vida, o da liberdade de culto e de expressão da fé.

[3] William Blair e Bruce Hunt, *O Pentecoste Coreano* (São Paulo: Cultura Cristã, 1998).

> Pai Abraão, quem está com você nos céus? Os episcopais? Não! Os presbiterianos? Não! Os independentes ou metodistas? Não, não, não! Quem está com você? Nós, aqui, não sabemos seus nomes. Todos os que estão aqui são cristãos – crentes em Cristo – homens que venceram pelo sangue do Cordeiro e pela palavra de seu testemunho. É esse o caso? Então, Deus, me ajude; Deus, nos ajude a esquecer o nome de grupos e a nos tornarmos cristãos de verdade.[4]

Este trecho causou uma forte impressão em John Adams, que o transcreveu para Thomas Jefferson.

Outro ponto importante é a questão da universalidade da igreja. Precisamos amar a diversidade que há na igreja. A igreja precisa ser aberta a todos. A igreja precisa ser constituída de ricos e pobres, homens e mulheres, crianças, adolescentes, jovens e adultos, letrados e iletrados, de todas as etnias. Todas as pessoas, reunidas em culto, como antecipação daquela celebração que prestaremos no novo céu e na nova terra, onde uma "grande multidão que ninguém podia enumerar, de todas as nações, tribos, povos e línguas, em pé diante do trono e diante do Cordeiro, vestidos de vestiduras brancas, com palmas nas mãos" louvarão "em grande voz, dizendo: Ao nosso Deus, que se assenta no trono, e ao Cordeiro, pertence a salvação" (Ap 7.9-10). Quando alcançamos esse tipo de concórdia na igreja estaremos oferecendo uma prova sociológica da veracidade do cristianismo que nenhuma outra instituição consegue oferecer.

Pensemos na situação política e social do Brasil, na atualidade. Hoje, o país está dividido, fraturado. Não se consegue ter cinco minutos de conversa sobre política, pois agora estamos divididos, esquerda e direita, socialistas e democratas, tensão de todos os lados, minorias sendo favorecidas em detrimento da maioria. O que podemos oferecer a esta

---

[4] Este sermão foi pregado em Market-Street, Filadélfia, citado em J. B. Wakeley, *The Prince of Pulpit Orators* (Nova York: Carlton & Lanaham, 1871), p. 135.

nação? A catolicidade da igreja, a celebração do fato de que, em nome de Deus, o Pai, o Filho e o Espírito, pessoas diametralmente diferentes se reúnem no mesmo ambiente para celebrar e glorificar ao nome santo do Deus todo-poderoso. E o que é mais bonito: essas pessoas criam laços e relações afetivas de amizade real. Nenhum partido político consegue fazer isso, nem decreto estatal, nada consegue produzir isso, mas o Evangelho, na força do Espírito, consegue. Pessoas que talvez nunca se olhassem no rosto, lá fora, reunidos como igreja se tratam como irmãos e irmãs em Jesus Cristo. Prontos a servir, a carregar os fardos uns dos outros – isso é cristianismo, e prova a veracidade da nossa mensagem. O mundo não tem como produzir isso.

V. A SANTA IGREJA

Ainda que o *Credo* incite os cristãos a permanecerem unidos em torno da verdade, não podemos ignorar que há muitas igrejas que, embora até mesmo façam uso de uma terminologia cristã, não podem ser consideradas igrejas verdadeiras. Não podemos manter comunhão com os membros de tais comunidades, visto que, por mais que a unidade seja imprescindível, a verdade tem precedência em relação a ela.

Assim, uma pergunta incômoda, mas relevante é: como identificar a verdadeira igreja de Cristo em meio a tantas denominações cristãs?[1] A *Confissão de Augsburgo* (1530) ensina que a verdadeira igreja é onde o evangelho é pregado puramente e os sacramentos são administrados corretamente. Esse conceito foi reafirmado por outros documentos reformados. A *Confissão de Fé Escocesa* (1560) repete essa ideia e acrescenta que a pregação deve estar diretamente associada à ministração dos sacramentos, conferindo-lhes significado. A *Confissão Belga* (1561) também destaca a pregação pura e a administração correta dos sacramentos como marcas da verdadeira igreja. Essas confissões enfatizam a pregação e os sacramentos como centrais na verdadeira comunidade cristã.

....

1 Resumido de Franklin Ferreira, *Avivamento para a Igreja: o Papel do Espírito Santo e da Oração na Renovação da Igreja* (São Paulo: Vida Nova, 2015), p. 125-74.

Meios da graça

Os meios da graça são os instrumentos que Deus usa para salvar e santificar os pecadores, principalmente a pregação do evangelho, o batismo e a ceia. A tradição reformada sustenta que a salvação vem pela pregação da Palavra, confirmada pelo Espírito Santo através dos sacramentos. O *Catecismo de Heidelberg* (1563) afirma que a fé salvadora é produzida pelo Espírito Santo por meio da pregação do evangelho e confirmada pelo uso dos sacramentos.

O *Breve Catecismo de Westminster* (1647) e o *Catecismo Batista com provas* (1855) também enfatizam que os meios pelos quais Cristo comunica as bênçãos da redenção são a Palavra, os sacramentos e a oração, que se tornam eficazes para a salvação pela ação do Espírito Santo. Essas ordenanças comunicam Cristo aos fiéis e são essenciais para a salvação e a santificação.

Ação do Espírito Santo na igreja

O Espírito Santo é o vínculo interior dos relacionamentos pactuais de Deus com seu povo, operando tanto no Antigo quanto no Novo Testamento. Cada pacto é confirmado por um sinal específico, sendo Cristo o cumprimento e o mediador final desses pactos. A pregação, o batismo e a ceia são os sinais exteriores que, unidos à ação do Espírito Santo, confirmam a fé nos corações dos fiéis.

O Espírito Santo age nos meios da graça, selando e confirmando a salvação operada por Deus. Quando a Palavra é pregada, o batismo é ministrado e a ceia é celebrada, o Espírito Santo confirma espiritualmente o pacto de Deus com sua igreja.

O Espírito Santo e a pregação

Para tratar da pregação da Palavra como meio da graça, podemos destacar algumas passagens bíblicas que mostram claramente a conexão que há entre a pregação do evangelho e a obra do Espírito Santo. A primeira delas encontra-se em Mateus 10.19-20, em que Jesus orienta fiéis que sofrem perseguição e são chamados a dar um testemunho dramático a respeito dele. A menção que o Senhor faz no meio desse discurso é bem interessante, pois, a respeito daquele momento de tensão e decisão, ele diz: "Porque não sois vós que falais, mas o Espírito de vosso Pai é que fala por meio de vós". Jesus está caracterizando a comunidade que é chamada a anunciar o evangelho, e ele dá confiança a essas testemunhas — muitas das quais, verdadeiros mártires — de que, quando forem chamadas a falar sobre Jesus, o Espírito Santo falará por elas. Em um texto paralelo, Lucas 12.11,12, o evangelista é ainda mais contundente: "Porque o Espírito Santo vos ensinará na mesma hora o que deveis dizer". Essas duas passagens nos lembram que, quando tivermos de falar na presença de autoridades ou governantes, não seremos nós que falaremos, mas o Espírito Santo é quem falará por meio de nós.

Devemos, então, destacar que o Espírito Santo é absolutamente essencial à pregação. Vivemos na era da imagem, que, por si só, já é uma interpretação e não exige muita interação por parte das pessoas. As imagens são recebidas passivamente. Contudo, os pregadores que quiserem ser fiéis à Sagrada Escritura, domingo após domingo, terão de pregar o texto bíblico. A cada sermão, o pregador se coloca diante de homens e mulheres para expor a Palavra sagrada, mas não há como negar que ele compete com uma sociedade saturada e viciada na imagem. Somente no poder do Espírito Santo, poderemos oferecer a Palavra para nossas comunidades. Somente por meio do Espírito, a imaginação dos ouvintes será cativada pela Palavra. Portanto, convém lembrar que a luta contra as imagens era um dos combates da ala reformada da Reforma Protestante (a destruição dos ídolos). Porém, isso não se dava porque os reformados desprezassem a arte — Rembrandt, por exemplo, era reformado e foi batizado na igreja reformada holandesa (assim como o seu filho). Os protestantes, especialmente os da tradição reformada, atacavam a arte não pela arte, mas porque a imagem artística estava sendo colocada no lugar da Palavra sagrada.

O pregador que deseja ressaltar a centralidade da Palavra deve invocar e depender da ação do Espírito Santo enquanto prega. Não podemos deixar de depender do Espírito na pregação. Em Atos 1.8, Jesus diz aos apóstolos e discípulos reunidos que eles receberão poder quando o Espírito Santo for derramado sobre eles: "Sereis minhas testemunhas, tanto em Jerusalém como em toda a Judeia e Samaria, e até os confins da terra". Podemos dizer que estamos diante de um resumo do livro de Atos, o qual é um desdobramento desse versículo. O Espírito foi derramado em Jerusalém; depois, em Samaria; depois, em Cesareia; em Éfeso, desceu sobre pessoas que mal ouviram falar do evangelho (ouviram de João Batista, mas só sabiam os rudimentos sobre o arrependimento); por fim, por meio do Espírito, esse testemunho chegou até os confins da terra.

Ao considerarmos a ação do Espírito Santo na pregação como meio da graça, chegamos a Atos 2.1-4, em que o Espírito é derramado sobre os apóstolos reunidos, os quais saem de onde estavam e começam a pregar o evangelho. Então, algumas situações interessantes acontecem. Há uma resposta impressionante à mensagem pregada por Pedro (At 2.14-36): o sermão é interrompido pelas pessoas ansiosas por saber o que precisam fazer para serem salvas. "O que é que nós devemos fazer agora?", elas se perguntam. Note a conexão: Pedro prega um sermão, no qual destaca que a comunicação da verdade de Cristo feita pelos discípulos e apóstolos nada mais é que o cumprimento da profecia de Joel 2.28-32. A promessa feita pelo profeta assegura que nos últimos dias —inaugurados naquele momento — o Espírito seria derramado com poder para que o povo de Deus pudesse anunciar o "Dia do Senhor" (Jl 2.31).

Pedro diz que o Pai derramará de seu "Espírito sobre todas as pessoas" e que Cristo, "tendo recebido do Pai a promessa do Espírito Santo, derramou o que agora vedes e ouvis" (At 2.17,33). Note que uma pregação poderosa, decisiva e que magnifica a Cristo exige uma resposta de fé por meio da obra do Espírito Santo. A pregação, Cristo e o Espírito estão unidos inseparavelmente.

Em outra passagem, 1Coríntios 2.4,5,14-16, Paulo afirma: "Minha linguagem e pregação não consistiram em palavras persuasivas de sabedoria, mas em demonstração do poder do Espírito, para que a vossa fé não se apoiasse em sabedoria humana, mas no poder de Deus" (v. 4). E, mais adiante, ele declara: "O homem natural não aceita as coisas do Espírito de Deus" (v. 14). Veja a conexão: como aqueles fiéis de Corinto vieram a abraçar Jesus? O homem natural, a pessoa sem Deus e sem Cristo no mundo, não consegue entender salvadoramente a Sagrada Escritura. Como Martinho Lutero afirmou: "Se Deus não abrir e explicar a Sagrada Escritura, ninguém pode entendê-la; ela permanecerá um livro fechado, encerrado em trevas". Então, é necessário que o Espírito Santo acompanhe a pregação, para que a mente entenebrecida, escravizada ao pecado, seja iluminada, de maneira que os ouvintes possam entender a Escritura, encontrar Cristo nela e recebê-lo pela fé. Como a regeneração não é obra humana nem uma questão de persuasão, mas sim uma obra do Espírito, Paulo precisa estar cheio do Espírito Santo, e a sua pregação tem de estar carregada desse mesmo Espírito, a fim de que os pecadores tenham os olhos abertos, os ouvidos destampados, o coração enternecido e, assim, abracem a Palavra sagrada como é pregada.

Examinemos agora 2Coríntios 3.3,6,8, um texto provavelmente conectado a Jeremias 31.31-37, que contém a promessa de uma nova aliança, uma aliança interna, do coração. Alguns pontos importantes nessa passagem: os crentes em Corinto receberam uma carta de "Cristo, ministrada por nós, escrita não com tinta, mas pelo Espírito do Deus vivo, não em tábuas de pedra, mas em tábuas de corações de carne" (v. 3). A Almeida 21 grafa corretamente esta passagem: "Foi ele quem também nos capacitou para sermos ministros de uma nova aliança, não da letra, mas do Espírito; porque a letra mata, mas o Espírito dá vida" (v. 6). Paulo está contrapondo um conhecimento externo a uma transformação interna. Primeiro, Paulo falou do "Espírito do Deus vivo" (v. 3), uma menção ao Espírito Santo, e, na sequência, afirma que eles são ministros de uma nova aliança, pelo Espírito, porque "o Espírito dá vida" (v. 6). Ele conclui afirmando que o alvo do ministério dele é que o Espírito receba maior glória (v. 8).

Em 1Coríntios 2, Paulo relaciona o Espírito Santo à sua pregação, de tal forma que essa ação do Espírito abre a mente de homens naturais para que abracem a mensagem da salvação. Já em 2Coríntios 3 ele apresenta a pregação que opera mudança interna com o Espírito vivificador do Deus vivente.

Em 1Tessalonicenses 1.5-6 Paulo afirma: "Porque o nosso evangelho não chegou a vós somente com palavras, mas também com poder, com o Espírito Santo e com absoluta convicção. Sabeis muito bem como procedemos em vosso favor quando estávamos convosco. E vos tornastes nossos imitadores e do Senhor, recebendo a palavra com a alegria que vem do Espírito Santo, mesmo em meio a muita tribulação". O evangelho não chegou aos fiéis na cidade de Tessalônica tão somente em palavra, mas em poder no Espírito Santo. Por isso, os cristãos naquela cidade, mesmo perseguidos e atribulados, receberam a palavra de Cristo com alegria no Espírito. Mais uma vez, Paulo une a pregação da Palavra com o Espírito Santo, de tal forma que não é possível separar um do outro.

Por fim, vamos considerar 1Pedro 1.23: "Fostes regenerados, não de semente corruptível, mas incorruptível, pela palavra de Deus, viva e que permanece para sempre". Pedro afirma que a Palavra de Deus é viva e eficaz para operar a transformação interior no coração. Como podemos ser regenerados? Através da Palavra. Ora, para que isso seja possível, a Palavra não pode chegar sozinha. O Espírito, que a torna eficaz, deve acompanhá-la, operando no coração. Mais uma vez, encontramos o Espírito e a Palavra juntos.

Olhando para esses textos do Novo Testamento, percebemos a importância do Espírito Santo para a pregação. Ele é quem torna a pregação eficaz, abrindo a mente e o coração dos ouvintes para receberem a Palavra com fé e alegria. Essa dependência do Espírito na pregação é crucial para que ela seja um meio de graça. No entanto, para o pregador, isso significa que a preparação do sermão deve ser um processo de oração e súplica ao Espírito. Durante o estudo bíblico, o pregador deve buscar a iluminação do Espírito, permitindo que a Palavra fale primeiro a ele e depois à congregação. Esse processo devocional é essencial para que a pregação não seja apenas uma aula, mas uma comunicação viva e poderosa da Palavra de Deus.

Os puritanos são um exemplo de pregadores que se dedicavam à oração intensa antes do culto, invocando o Espírito Santo para acompanhar a pregação. Esse compromisso com a pregação como um ato espiritual, dependente do Espírito, era central para seu ministério. Eles entendiam que a pregação não era um simples discurso, mas uma declaração do poder de Deus que deveria transformar vidas. A confiança no Espírito para trazer convicção, arrependimento e fé era fundamental.

Além disso, a pregação deve ser vista como o meio pelo qual a fé é gerada e fortalecida. Paulo, em Romanos 10.17, afirma que a fé vem pelo ouvir a Palavra de Cristo. Assim, a pregação é indispensável para o crescimento espiritual da igreja, e o pregador deve se dedicar a essa tarefa com seriedade e dependência do Espírito Santo.

A pregação da Palavra é um meio de graça que depende inteiramente da ação do Espírito Santo. Desde a preparação até a entrega, o pregador deve invocar e confiar no Espírito, para que a mensagem bíblica tenha um impacto transformador na vida dos ouvintes. A fé, o crescimento espiritual e a edificação da igreja estão intrinsecamente ligados à pregação fiel e à ação do Espírito Santo. Portanto, pregadores devem estar continuamente conscientes da sua dependência do Espírito e buscá-lo em oração, a fim de que a Palavra pregada seja eficaz e poderosa para a salvação e edificação de seus ouvintes.

O Espírito Santo e o batismo

Tratemos agora da conexão entre o Espírito Santo e o batismo. Não tenho nenhuma pretensão de resolver o problema entre os que defendem o batismo infantil e os que defendem o batismo de pessoas que fizeram uma confissão de fé. Deus tem abençoado tanto uns quanto outros. Podemos discordar quanto à forma de batismo, mas é inegável que Deus tem usado homens das duas tradições. Isso deveria oferecer doses de doçura e bom-humor nos debates sobre o tema.

O *Didaquê*, um dos primeiros documentos cristãos pós-bíblicos, sugere tanto a imersão quanto a aspersão, refletindo a flexibilidade nas práticas de batismo desde o início do cristianismo. Antigas igrejas construíam batistérios fora do templo principal, simbolizando a importância e o caráter sagrado do rito. Exemplos notáveis incluem o Batistério de São João em Florença e o Batistério Neoniano em Ravena, que possuíam tanto piscinas quanto pias batismais, evidenciando a coexistência de diferentes modos de batismo.

O que é central é entendermos o batismo como o rito de entrada no Reino de Deus. Ele é realizado uma única vez, simbolizando a morte e ressurreição de Cristo. Diversas passagens bíblicas estabelecem a conexão entre o batismo e o Espírito Santo.

Por exemplo, em Mateus 28.18-20, Jesus comanda que seus discípulos batizem em nome do Pai, do Filho e do Espírito Santo, indicando a união do fiel com Deus. Em Atos 2.14-42, Pedro vincula o arrependimento e o batismo ao recebimento do Espírito Santo, sem sugerir uma regeneração batismal. Em Romanos 6.2-7, Paulo usa a linguagem do batismo por imersão para simbolizar a identificação do fiel com a morte e a ressurreição de

Cristo. Em 1Coríntios 6.11 e 12.13, Paulo menciona a lavagem e a unidade pelo Espírito no batismo. Em Gálatas 3.27 e Efésios 4.5, o batismo é visto como revestir-se de Cristo. Colossenses 2.11-12 liga o batismo à circuncisão espiritual operada pelo Espírito. Por fim, em Tito 3.4-7, o batismo é associado à regeneração e renovação pelo Espírito Santo.

O batismo é mais que um rito simbólico; é uma marca de pertença exclusiva a Cristo. Tertuliano, um teólogo do século III, descreve o batismo como um sacramento militar, indicando sua importância espiritual e permanente. Lutero, por exemplo, valorizava o batismo como uma defesa contra as tentações, indicando sua importância espiritual e permanente.

O batismo é um sinal externo da união do crente com Cristo, particularmente na morte e ressurreição. Em Romanos 6, Paulo usa a linguagem do batismo por imersão para ilustrar essa identificação com Cristo. Assim, o batismo não é apenas um ato simbólico, mas um meio pelo qual o Espírito Santo efetua a realidade espiritual que ele representa.

O Espírito Santo efetua internamente a realidade que o batismo representa, lavando e regenerando o fiel. A experiência do batismo é mais vivida do que entendida, ressaltando a ação transformadora do Espírito Santo. Portanto, precisamos enfatizar a seriedade e a importância do rito como uma marca de pertença a Cristo e entrada no Reino de Deus. A prática correta do batismo deve refletir seu profundo significado teológico e espiritual, reforçando a ideia de que o batismo é um meio pelo qual o Espírito Santo opera.

O batismo é uma marca da igreja verdadeira e um meio pelo qual o Espírito Santo age na comunidade. O Novo Testamento destaca a ligação entre o batismo e o Espírito Santo, indicando que o rito é mais que uma lembrança didática; é um ato rico em significado e espiritualidade para todos os envolvidos.

Karl Barth, um teólogo reformado, defendeu o batismo de adultos por imersão, argumentando que ele representa uma garantia divina da graça de

Deus e uma marca de pertença exclusiva a Cristo. Ele ressaltou que o batismo implica em uma mudança total de vida, onde o fiel não pertence mais a si mesmo, mas é completamente dedicado a Deus.[2]

Esse entendimento do batismo como uma marca de pertença a Cristo e um meio pelo qual o Espírito Santo opera deve guiar a prática e a teologia batismal em nossas comunidades. O batismo não é um rito de passagem ou uma mera formalidade, mas uma marca espiritual indelével e um meio de graça divina. O Espírito Santo está presente e ativo no batismo, fazendo desse rito uma experiência transformadora e uma entrada significativa na vida cristã.

O Espírito Santo e a ceia do Senhor

A Ceia do Senhor é um dos sacramentos centrais da fé cristã, instituído por Jesus Cristo durante sua última ceia com os discípulos, antes de sua crucificação. Esse rito é um momento de profunda reflexão e comunhão espiritual, no qual os cristãos participam dos elementos simbólicos do pão e do vinho em memória do sacrifício de Cristo na cruz. Portanto, gostaria de explorar diversos textos e conceitos centrais que vinculam o Espírito Santo à celebração e à significância espiritual da ceia.

Nos relatos sinóticos (Mt 26.26-28; Mc 14.22-25; Lc 22.19,20), Jesus recontextualiza a antiga cerimônia da Páscoa judaica. O que antes era um símbolo da libertação do cativeiro egípcio torna-se agora um símbolo do sacrifício redentor de Cristo. A ceia aponta para a entrega do corpo e do sangue de Jesus, que resgata e salva seu povo, estabelecendo uma nova aliança de graça e perdão de pecados.

Em contraste com os Sinóticos, o Evangelho de João (Jo 6.51-58) não relata a ceia do Senhor, mas apresenta um ensino profundo sobre a alimentação espiritual que vem por meio de Cristo. Embora não institua um

---

2 Karl Barth, *The Teaching of the Church regarding Baptism* (Eugene: Wipf and Stock, 2006), p. 32-33.

sacramento específico, João destaca a importância espiritual de se alimentar da vida que vem através do sacrifício de Cristo, um tema relevante para a compreensão da ceia como uma experiência contínua de comunhão com Cristo pelo Espírito Santo.

Em Atos 2.42-47, após o derramamento do Espírito Santo, a comunidade cristã primitiva perseverava na doutrina apostólica, na comunhão, no partir do pão e nas orações. O partir do pão é uma referência clara à celebração da ceia do Senhor, que se tornou uma prática regular e central na vida da igreja. Da mesma forma, em 1Coríntios 11, Paulo instrui a igreja em Corinto sobre a celebração correta da ceia, destacando sua natureza sagrada e sua conexão com a unidade e a comunhão espiritual dos crentes.

Paulo, em 1Coríntios 10.16-22, ensina que participar da ceia é participar da comunhão com o corpo e o sangue de Cristo, destacando a seriedade e a santidade desse ato. Em 1Coríntios 11.17-30, ele adverte sobre a necessidade de um exame pessoal e uma abordagem reverente ao participar da ceia, enfatizando que aqueles que o fazem de maneira indigna trazem juízo sobre si mesmos. A ceia não é apenas um ritual simbólico, mas um meio de graça, por intermédio do qual o Espírito Santo opera na vida dos crentes.

A ceia não é apenas um ato de lembrança histórica, mas uma experiência espiritual, na qual os crentes são nutridos espiritualmente pela presença de Cristo. Através dos elementos da ceia, o Espírito Santo efetua a presença espiritual de Cristo, fortalecendo a fé dos participantes e renovando sua comunhão com Deus.

A celebração da ceia deve ser um momento de profunda reflexão e comunhão espiritual, na medida em que, enquanto participam da mesa do Senhor, os cristãos são lembrados do sacrifício de Cristo, renovando sua fé e compromisso com Deus. A ceia não deve ser realizada de forma negligente ou rotineira, mas com reverência e preparação espiritual, de maneira que a presença e a operação contínua do Espírito Santo sejam reconhecidas.

Em suma, a ceia do Senhor é um sacramento central que vincula os cristãos à morte e ressurreição de Cristo, oferecendo-lhes nutrição espiritual e renovação de fé. A presença do Espírito Santo na celebração da ceia garante que esse seja um momento de encontro real com Cristo, de sorte que os crentes sejam fortalecidos espiritualmente e renovados em seu compromisso com Deus. Que a prática da ceia continue a ser um testemunho vivo da presença e da obra de Cristo em nossas vidas, trazendo-nos alegria e profunda comunhão com nosso Salvador.

A vida eclesial

A essência da vida eclesial verdadeira reside na prática fiel e reverente dos meios da graça estabelecidos por Deus na Escritura: a pregação da Palavra, o batismo e a ceia. Esses elementos não são apenas rituais formais, mas canais pelos quais o Espírito Santo atua poderosamente na vida da comunidade de fé, renovando, transformando e sustentando os crentes em sua jornada espiritual. Quais são as implicações práticas decorrentes do fato de a santa igreja ser uma comunidade da Palavra e dos sacramentos?

A pregação da Palavra não é simplesmente um discurso, mas um encontro com o próprio Cristo vivo. É através dela que Cristo é vividamente apresentado à congregação, renovando a fé e a devoção dos ouvintes. Da mesma forma, o batismo e a ceia são momentos sagrados, nos quais o Espírito Santo opera de maneira especial. No batismo, somos unidos a Cristo em sua morte e ressurreição, enquanto, na ceia, somos alimentados espiritualmente pelo Cristo vivo e ressurreto. A verdadeira igreja se distingue por sua fidelidade a esses sacramentos e pela centralidade de Cristo neles, não pelo seu tamanho ou localização.

Os meios da graça destacam a iniciativa soberana de Deus na vida dos crentes. Na pregação, batismo e ceia, somos receptores da graça divina, não seus dispensadores. Essa dinâmica sublinha a importância da fé ativa e preparada, dependente do Espírito Santo, para receber os benefícios espirituais desses ritos. A preparação e a expectativa devem caracterizar nossa abordagem para que participemos desses momentos com significado profundo.

Os meios da graça reforçam que Cristo deve ser o centro da vida da igreja. Através deles, o Espírito Santo faz de Cristo o foco da adoração e da comunhão da comunidade de fé. Esses sacramentos não apenas lembram, mas também unem misticamente os crentes a Cristo, fortalecendo sua fé e devoção. O culto autêntico não é uma apresentação para os fiéis, mas uma celebração em que os crentes oferecem a Deus a devida adoração, enaltecendo a beleza e a glória de Cristo.

Os meios da graça ressaltam a importância da comunidade de fé na vida cristã. A igreja não é apenas um agregado de pessoas, mas um corpo unido em amor e adoração a Deus. É através da participação regular na vida da igreja local que os crentes experimentam o poder transformador de Deus nos sacramentos e na comunhão uns com os outros. A vida cristã é vivida e nutrida na comunidade da fé, em meio à qual o Espírito Santo opera abundantemente.

Embora os ritos estabelecidos pelos sacramentos sejam imutáveis, sua celebração pode ser enriquecida com criatividade dentro dos limites bíblicos. Por exemplo, a arte na arquitetura e na liturgia pode comunicar verdades espirituais profundas, enquanto as práticas criativas na administração do batismo e da ceia podem tornar esses momentos mais impactantes e significativos para a congregação. A beleza e a reverência na celebração dos meios da graça podem intensificar a experiência espiritual dos crentes e sua conexão com Cristo e sua comunidade.

Em suma, a vida eclesial genuína é definida pela fidelidade à Palavra de Deus e à correta administração dos sacramentos como meios de graça. Estes não apenas marcam a identidade da igreja verdadeira, mas também capacitam os crentes a crescerem na fé e na devoção. Que possamos valorizar profundamente esses dons divinos e buscá-los com diligência, permitindo que o Espírito Santo nos guie na vivência plena da vida cristã por meio da participação nos meios da graça na comunidade da fé.

A justificação pela fé

Se o *Credo* afirma que a igreja é santa, também afirma a comunhão dos santos. Nesse ponto temos uma antecipação do ensino bíblico (e evangélico) da justificação pela fé. A verdade que aprendemos na Escritura é que, quando cremos em Deus, por meio de Jesus Cristo, já somos declarados completamente santos, justos. Esse é, tristemente, um problema do catolicismo, pois esta tradição cristã não tem como oferecer este ensino bíblico, redescoberto na Reforma protestante do século XVI. E esse é, também, um problema da igreja Ortodoxa, pois ela também não tem como oferecer esta certeza de uma nova posição que os crentes têm em Jesus Cristo. E, em obediência às Escrituras, devemos oferecer este ensino bíblico: de que pecadores, se colocarem sua fé em Jesus Cristo, se olharem para o crucificado, serão declarados homens e mulheres completamente santos.

Esse ensino é escandalosamente radical. De um lado, continuamos pecando, fazendo escolhas tolas, algumas vezes, tristemente, desonrando ao Senhor; esta é a nossa velha natureza em Adão, no primeiro Adão. Mas aqueles que estão no segundo Adão, Jesus Cristo, agora são contados como pessoas completamente santas, justas, retas. Portanto, a doutrina da justificação pela fé, que brilhou nos séculos XVI ao XVIII, precisa brilhar entre nós hoje.

VI. O INDICATIVO E O IMPERATIVO: "SANTA" E "SANTOS"

O *Credo* menciona a "santa igreja" e a "comunhão dos santos". De um lado, temos o indicativo: a igreja é santa; do outro lado, temos o imperativo: somos ordenados a ser santos, uma comunhão de pessoas lutando pela santificação.

Não é curioso que o *Credo*, em alguma medida, aponte para o ensino bíblico da justificação pela graça, recebida pela fé? Este documento está ensinando que, ao crermos em Deus, somos posicionalmente santos. Ao crermos, por meio de um ato divino, nós entramos numa relação correta com Deus por meio de Cristo, e nos é atribuída a qualificação de homens e mulheres que já são santos. Em alguma medida esse documento reflete as noções de indicativo e imperativo presentes no Novo Testamento, e que foram redescobertas na Reforma Protestante. Se somos unidos pelo Espírito Santo, se fomos incluídos na igreja, nesta comunhão, pelo Espírito Santo, por meio da fé somente, já somos considerados homens e mulheres completamente santos. A noção aqui é a análoga à da justificação. Se nós cremos em Cristo somente — e a Reforma foi o movimento que redescobriu esse ensino — somos, agora, homens e mulheres completamente justos, retos, não por seus próprios méritos, mas pela graça de Cristo, crucificado, sepultado e ressurreto.

O *Credo* ensina que aqueles que são parte da igreja, que foram chamados pelo Espírito Santo para esta comunhão, já estão numa posição de santidade perante Deus. Como Paulo afirmou (Ef 2.4-6):

> Mas Deus, sendo rico em misericórdia, por causa do grande amor com que nos amou, e estando nós mortos em nossos delitos, nos deu vida juntamente com Cristo, — pela graça sois salvos, e, juntamente com ele, nos ressuscitou, e nos fez assentar nos lugares celestiais em Cristo Jesus.

Já estamos assentados nas regiões celestes. Já estamos ressuscitados com Cristo. Paulo também ensinou (Rm 8.29-30):

> Porquanto aos que de antemão conheceu, também os predestinou para serem conformes à imagem de seu Filho, a fim de que ele seja o primogênito entre muitos irmãos. E aos que predestinou, a esses também chamou; e aos que chamou, a esses também justificou; e aos que justificou, a esses também glorificou.

Qual é o tempo verbal da última palavra, "glorificou"? Passado! O *Credo* lembra que aqueles que são parte da igreja, que ouviram o chamado do Espírito, podem ter a certeza de que a glória prometida para o futuro já começou a ser experimentada. Do outro lado, sendo fiel ao ensino do Novo Testamento, aqueles que já são santos são chamados a buscar a santidade em seu dia a dia. O Espírito Santo, que nos atribui santidade, nos empurra, por assim dizer, a buscar a santidade no dia a dia. De um lado, já somos posicionalmente santos; mas, por outro lado, somos exortados a buscar santificação diária, em dependência do Espírito Santo.

VI. O INDICATIVO E O IMPERATIVO: "SANTA" E "SANTOS"

Então, em alguma medida, esse *Credo* muito antigo também já reflete, por assim dizer, os ensinos que foram redescobertos na Reforma, a respeito da salvação pela graça e da distinção entre nossa nova posição em Cristo e nossa caminhada diária, em dependência do Espírito Santo. "Santa" e "santos": de um lado, indicativo, do outro, imperativo. De um lado, aqueles que atenderam ao chamado do Espírito já têm uma posição de santidade, atribuída por Cristo, diante de Deus; do outro, somos comandados a buscar a santificação, dia após dia.

Martinho Lutero sintetizou bem este ensino em seu *Catecismo Menor*: "Creio que por minha própria razão ou força não posso crer em Jesus Cristo, meu Senhor, nem vir a ele. Mas o Espírito Santo me chamou pelo evangelho, iluminou com seus dons, santificou e conservou na verdadeira fé". O reformador alemão nos ajuda a entender corretamente o *Credo*: tudo o que segue a confissão "creio no Espírito Santo" é obra de Deus. É o Espírito Santo que une pessoas tão diferentes na igreja, que aplica a obra de Cristo aos que creem, tornando-os, agora, posicionalmente santos; é o Espírito Santo que os introduz à comunhão cristã, que conduz a igreja por toda a face do mundo, e que conduz os fiéis a buscar a santificação, dia após dia.

O PERDÃO DOS PECADOS

O substantivo "pecado" é citado 593 vezes no Antigo Testamento; 173 vezes no Novo Testamento. De forma bem simples, "pecado" significado errar o alvo, e este tem como padrão a lei de Deus (Rm 7.17-18). É a palavra bíblica mais comum para descrever nossa ofensa contra Deus.

O *Credo*, portanto, ensina-nos que nós somos perdoados. E deve-se notar que o perdão dos pecados vem após a confissão de fé no Espírito Santo. Portanto, até mesmo a experiência do perdão dos pecados é obra do Espírito Santo. Como ensina o *Catecismo de Heidelberg* (Questão 56):

"Creio que Deus, por causa da satisfação em Cristo, jamais quer lembrar-se de meus pecados e de minha natureza pecaminosa, que devo combater durante toda a minha vida. Mas Ele me dá a justiça de Cristo, pela graça, a assim nunca mais serei condenado por Deus". Que boa nova! Que notícia maravilhosa! Nós, os que cremos em Cristo somente, entramos em uma correta relação com Deus. Somos completamente perdoados, se cremos em Jesus Cristo.

Devemos crer no perdão dos pecados, mas experimentamos o perdão dos pecados? Será essa a nossa experiência diária? De ser banhados pela vitória da cruz, de ter a certeza de que agora a nossa relação com Deus é marcada por completa paz? Devemos entender a doutrina, mas também vivenciá-la. Experimentando-a, podemos repousar a cabeça no travesseiro, à noite, em completa paz, por causa do perdão que vem de Deus, por meio de Jesus Cristo. Há alguma religião, filosofia ou sistema político que possa oferecer algo sequer parecido com este perdão? Não, somente a Escritura ensina tal verdade libertadora, de experimentar completo perdão, de haver uma reconciliação completa entre Deus e nós, por meio de Cristo Jesus.

Eu gosto muito do cântico "Olhos no espelho", de João Alexandre, baseado na parábola do Filho Pródigo (Lc 15.11-32): "Vê! Teus olhos no espelho, por fora um herói, por dentro um ladrão". Com a Queda a sintonia foi quebrada, está partida: entre quem o pecador acha que é, o que as pessoas acham que ele é, e quem o pecador é, de fato, sozinho diante de Deus. Mas sabe o que acontece? Quando este pecador experimenta o perdão dos pecados há um ajuste em sua imagem. Ele agora está em Cristo, unido ao Salvador, morto, sepultado e ressurreto, o que determina a sua nova imagem. Então, agora, apesar de nossos erros, fracassos, pecado, miséria e traumas, somos novas pessoas em Jesus Cristo. Quando os que creem se olham no espelho, o que veem são pessoas que estão sendo conformadas a Jesus Cristo. Finda-se a crise de autoestima para o cristão: "Deus tem vida plena, vale a pena retornar e ver. Ver no amor antigo, o abraço amigo, a festa começar. Pois arrependido mais um filho volta ao lar".[1]

O perdão dos pecados vem conectado com o indicativo: Os cristãos, os membros da igreja, são santos. O perdão dos pecados também está conectado com o imperativo: Os membros da comunidade precisam lutar por sua santificação – mas os cristãos já são perdoados. A noção aqui ensinada é que Deus olha para aquele que descansa em Jesus Cristo, confiando somente no salvador, como uma pessoa completamente santa, completamente perdoada. Por que buscamos o arrependimento todo dia? Não para barganhar com Deus. Não nos arrependemos todo dia porque o perdão nos foi negado ou retido – tal noção é completamente estranha às Escrituras. Arrependemo-nos diariamente como resposta grata a Deus, porque se cremos em Jesus Cristo, já fomos perdoados em sua morte na cruz.

Entender este ensino infunde paixão para comunicarmos a mensagem de salvação a outras pessoas. O que as seitas fazem, à semelhança do Flautista de Hamelin, é seduzir e conduzir pessoas para a perdição, com uma mensagem que não é o evangelho, cegando-as, tornando-as embrutecidas, endurecidas. Mas aqui temos uma mensagem que oferece completa paz para os pecadores: perdão dos pecados, o completo perdão dos pecados diante de Deus, por meio de Cristo somente, recebido pela fé somente, e aplicado pelo Espírito Santo.

Quando pecamos, a nossa tendência é tentar construir barreiras diante de Deus, tentando, a semelhança do profeta Jonas, fugir de Deus. Mas, se cremos em Jesus Cristo, já somos contados como homens e mulheres santos, perdoados – e o nosso pecado não diminui o amor de Deus por aqueles que creem somente no Filho. Antes, devemos retornar a Ele,

....

[1] Para um desenvolvimento deste parágrafo, cf. Anthony Hoekema, *O Cristão Toma Consciência do Seu Valor* (São Paulo: Luz para o Caminho, 1987).

derramar o nosso coração diante dele, suplicando por livramento, perdão e renovação diárias.

Do outro lado, há o indicativo: devemos buscar a santificação. Se de um lado somos membros da santa igreja, considerados santos e perdoados por Deus, por outro lado, somos a comunhão dos santos, isto é, nos ajuntamos para dia a dia buscar a santificação.

Assim sendo, é somente por meio do Espírito Santo que a imagem com a qual fomos criados é renovada, e diariamente é-nos concedido o perdão de nossos pecados, e a renovação de sua presença em nós. Então, o perdão dos pecados também é uma dádiva concedida por meio do Espírito Santo. Não temos como alcançar o perdão dos pecados por nossas obras ou méritos, mas nós somos perdoados por meio do Espírito, porque Jesus Cristo morreu por nós na cruz, foi sepultado e ressuscitado. E é o Espírito Santo que também nos dá a segurança de que somos perdoados, e estamos seguros em Cristo.

VII. O FUTURO ASSEGURADO

O *Credo* ensina a ressurreição dos mortos no fim dos tempos, e na vida eterna. Logo, cremos firmemente que, tal como Cristo "ressuscitou verdadeiramente dos mortos e vive para sempre", assim também os fiéis, "depois da morte, viverão para sempre com Cristo ressuscitado, e que Ele os ressuscitará no último dia".[1] Tal como aconteceu com Jesus Cristo, também a nossa ressurreição será obra da Trindade: "Se habita em vós o Espírito daquele que ressuscitou a Jesus dentre os mortos, esse mesmo que ressuscitou a Cristo Jesus dentre os mortos vivificará também o vosso corpo mortal, por meio do seu Espírito, que em vós habita" (Rm 8.11).

Alister McGrath escreveu: "Cristo ressuscitou e nós também seremos ressuscitados como participantes do que é dele. Quando pensamos na ressurreição de Cristo, estamos (...) vislumbrando nossa ressurreição futura no último dia".[2] Quando pensamos na ressurreição da carne e na vida eterna, lembramos que, de acordo com o *Credo*, ao morrermos, só temos dois caminhos a serem trilhados: o caminho com Cristo, esperando a sua vinda e a ressurreição do corpo, ou a perdição eterna. Quando

....

1 *Catecismo da Igreja Católica*, p. 279.
2 Alister McGrath, *Creio* (São Paulo: Vida Nova, 2013), p. 133.

o *Credo* diz que "creio no Espírito Santo", conectando-o ao perdão dos pecados, à ressurreição do corpo e à vida eterna, este documento confessional está excluindo completamente noções como a reencarnação e a transmigração da alma. Toda noção de que o nosso destino eterno pode ser mudado por algum tipo de obra realizada neste lado da existência é excluída completamente.[3]

Quando o *Credo* ensina que o Espírito Santo nos assegura a ressurreição do corpo e a vida eterna, somos lembrados de que o que fazemos neste lado da existência é determinante para o que vai acontecer depois da nossa morte, e na vinda do nosso salvador, Jesus Cristo. Portanto, a morte é aquele momento definidor, em que não se pode mais mudar o destino eterno. Então, para uns a morte é a entrada no estado de bem-aventurança, em que se aguarda a ressurreição do corpo e a entrada na vida eterna. Ou será um estado pavoroso de preparação para o juízo vindouro.

Nesse caso, o cristão é esperançoso. Tratamos pouco deste tema bíblico na atualidade, mas essa é uma virtude bem importante para a vida cristã.[4] Se esperamos a ressurreição do corpo e a vida eterna, então temos esperança. Assim sendo, o cristão sabe que não é a corrupção, a violência, a heresia ou a falha moral de pastores que dará a última palavra. É Jesus Cristo, agindo por meio do Espírito, quem dará a última palavra. Então,

....

3 Este ponto precisa ser bem enfatizado: a Igreja cristã nunca ensinou ou creu na reencarnação. Isto pode ser facilmente confirmado numa consulta ao *Didaquê* 16.6 e às obras de Inácio de Antioquia (*Trall.* 9.2), Clemente de Roma (*1 Clem.* 24-26), Justino (*1 apol.* 18s.), Irineu de Lião (*Adv. haer.* 1.6.2; 1.27.3; 5.1.2), Tertuliano (*De ressurr. carn.*) e Orígenes (*De princ.* 2.10; 3.6.6). A reencarnação foi ainda repetidamente rejeitada pelos Concílios de Lião (1274) e Florença (1439), bem como pelo do Vaticano II (1965, *Lumen Gentium*, 48). Em anos mais recentes, Rudolf Bultmann tentou negar a historicidade da ressurreição, tentando reinterpretá-la em termos de linguagem mitológica, sendo refutado pelos trabalhos de Oscar Culmann (*Christ and time*; *Immortality of the soul or resurrection of the body?*) e Herman Ridderbos (*Bultmann*), entre outros. A importância da doutrina da ressurreição na pregação e ensino cristãos pode ser facilmente comprovada a partir do estudo das obras de cristãos com métodos teológicos tão diferentes como Agostinho de Hipona (*Enchir.* 84-87; *De civ. dei* 22.20.1; 22.19), Tomás de Aquino (*Expositio super Symbolo Apostolorum*), João Calvino (*Inst.* 3.25) e Karl Barth (*Church Dogmatics* 3.2.47; 4.1.59), ou com uma consulta aos principais catecismos e confissões de fé da Igreja cristã.
4 Cf., por exemplo, Thomas Schirrmacher, *Esperança para a Europa: 66 propostas* (Nürnberg: VTR, 2003).

sabemos que ainda que caiamos, a nossa causa será vitoriosa. Aliás, ela já é vitoriosa. Para usar uma analogia da história militar: Na II Guerra Mundial, em 6 de junho de 1944, americanos, ingleses, belgas, holandeses, franceses e poloneses invadiram as praias da Normandia, na França ocupada pelos alemães. A Alemanha perdeu a guerra quase um ano depois em 1 de maio de 1945, mas todo o alto comando alemão já sabia que quando os aliados desembarcaram nas praias francesas, a guerra estava irremediavelmente perdida. Jesus Cristo é vitorioso na cruz. Nossos inimigos continuam lutando contra a igreja, mas eles já estão derrotados, nossa causa já é vitoriosa. Nós, agora, membros da igreja católica, a comunhão dos santos, recebemos não só o perdão dos pecados, mas esperamos a ressurreição da carne e a vida eterna. Então, somos chamados a manter a esperança, porque, com a ressurreição dos mortos e a vida eterna, receberemos a "salvação perfeita", e louvaremos a Deus por toda a eternidade – como ensina de forma tão bela o *Catecismo de Heidelberg* (Questão 58).

Conectando o que aprendemos no segundo artigo, com o que é dito no terceiro artigo, somos ensinados que, se Jesus Cristo ressuscitou, os que creem serão ressuscitados também (cf. Jo 5.28-29). E precisamos ter em mente que as imagens de céu, na Escritura, são palpáveis. Por exemplo, Jesus compara o reino dos céus "às bodas" (Mt 22.2-14; 25.1-13; cf. Ap 19.7,9). As bodas eram as festas de casamento judaicas. E nestas festas havia carneiro na brasa, muitas frutas, muito vinho, e muita alegria. As pessoas brincavam, riam, dançavam, cantavam, jogavam, comiam. Quando Jesus fala que os céus serão como as bodas, ele estimula nossa imaginação para termos uma imagem do céu como lugar. Jesus ensina que nos céus haverá um banquete, uma refeição entre os muitos que virão "do Oriente e do Ocidente" com Abraão, Isaque e Jacó (Mt 8.11). "Eu sou o Deus de Abraão, o Deus de Isaque e o Deus de Jacó? Ele não é Deus de mortos, e sim de vivos" (Mt 22.32). Todas essas imagens ensinam que, se Jesus Cristo ressuscitou dentre os mortos, se ao terceiro dia nosso salvador levantou da tumba que o prendia, assim acontecerá com os que creem. "Cristo ressuscitou dentre os mortos, sendo ele as primícias dos que dormem" (1Co 15.20).

É escandaloso como a doutrina da ressurreição foi, simplesmente, relegada a segundo plano em nosso discurso. Aqueles que faleceram em Cristo já desfrutam da bem-aventurança, já veem a Deus, "limpos de coração" (Mt 5.8). Vamos encontrá-los! Os cristãos ressuscitarão, para se banquetear, para celebrar por toda a eternidade. Os cultos fúnebres de cristãos precisam ser uma celebração. Lembramos as boas memórias que temos daquele cristão que faleceu, choramos, nos entristecemos (cf Jo 11.35), mas celebramos que aquela pessoa será levantada dentre os mortos. Nós a reconheceremos e seremos reconhecidos por ela. Nós celebraremos juntos a graça triunfante de Jesus Cristo por toda a eternidade.

Como o mártir Inácio de Antioquia escreveu:

> É bom para mim morrer em (...) Cristo Jesus, mais do que reinar dum extremo ao outro da terra. É a Ele que eu procuro, Ele que morreu por nós: é a Ele que eu quero, Ele que ressuscitou para nós. Estou prestes a nascer (...). Deixai-me receber a luz pura: quando lá tiver chegado, serei um homem.[5]

Assim sendo, a ressurreição do corpo lembra que o céu não é apenas um estado, é um lugar. A Escritura fala de novo céu e nova terra, da "cidade santa" (Ap 21.2), onde *Javé Shamá*, "o Senhor está ali" (Ez 48.35). As imagens bíblicas do céu comunicam a noção de que haverá descanso para uns, trabalho para outros. E haverá a perfeita paz, como ensinou o profeta (Is 11.6-9):

> O lobo habitará com o cordeiro, e o leopardo se deitará junto ao cabrito; o bezerro, o leão novo e o animal cevado andarão juntos, e um pequenino os guiará. A vaca e a ursa pastarão juntas, e as suas crias juntas se deitarão; o leão comerá palha como o boi. A criança

....

5 Inácio de Antioquia, *Rom.* 6,1-2, citado em *Catecismo da Igreja Católica*, p. 285.

de peito brincará sobre a toca da áspide, e o já desmamado meterá a mão na cova do basilisco. Não se fará mal nem dano algum em todo o meu santo monte, porque a terra se encherá do conhecimento do Senhor, como as águas cobrem o mar.

O céu será um lugar de completa harmonia, o "paraíso reconquistado" (John Milton). Confessamos crer na ressurreição de Jesus Cristo e, agora, esperamos a ressurreição dos nossos que creram em Cristo e nossa própria ressurreição. A criação será renovada. Cristo ressuscitou, portanto, temos uma grande esperança, a esperança do triunfo final.

A vida eterna

O *Credo* conclui falando da vida eterna. Na vida eterna viveremos num estado de felicidade completa. Como escreveu Agostinho de Hipona: "Ai descansaremos e veremos, veremos e amaremos, amaremos e louvaremos. Eis a essência do fim sem fim. E que outro fim mais nosso que chegarmos ao reino que não terá fim?"[6]

A visão beatífica será o clímax de nossa experiência da vida eterna: "Bem aventurados os limpos de coração, porque eles verão a Deus" (Mt 5.8). Os que morrerem na graça de Deus viverão para sempre com Cristo, e contemplarão a Deus "como ele é" (1Jo 3.2), "face a face" (1Co 13.12).

Mas quem consegue ver a Deus nesse lado da existência? Ninguém. Não foi o que o Deus Eterno falou para Moisés? Moisés ousadamente quis ver a Deus, e o que o Eterno disse a ele? "Farei passar toda a minha bondade diante de ti e te proclamarei o nome do Senhor; terei misericórdia de quem eu tiver misericórdia e me compadecerei de quem eu me compadecer. E acrescentou: Não me poderás ver a face, porquanto homem nenhum verá a minha face e viverá" (Êx 33.19-20).

....
6 *A Cidade de Deus* 22.30.

Ao ressuscitarmos na carne, entraremos na vida eterna. Nós, que já experimentamos o perdão dos pecados nessa vida, seremos completamente purificados. Então, veremos a Deus. Veremos o Pai com os olhos do coração, e a Cristo com os olhos de nosso corpo ressuscitado. Veremos as chagas de Jesus Cristo, caminharemos com ele no novo céu e na nova terra, por toda a eternidade. Um tempo sem tempo. De alegria, de banquete, de celebração, de triunfo completo, anjos louvando. "Vida é, de fato, estar com Cristo; aí onde está Cristo, aí está a vida, aí está o Reino".[7] Vida completa com Jesus Cristo por toda a eternidade. Não há nem como imaginar a eternidade. Lá nós não teremos mais as limitações que temos aqui, não seremos mais escravos do relógio como somos aqui – vida eterna.

A certeza do triunfo escatológico

Quando estudamos sobre a vida eterna, aprendemos duas ideias que infundem esperança em nós. Quando nós pensamos em ressurreição do corpo, especialmente na vida eterna, aprendemos que a história é linear. A história não é uma mera repetição, não é uma roda. A história é linear: há começo, meio e fim. Então, nesse sentido, tudo o que acontece em nossa vida tem um propósito. Não precisamos apagar experiências duras, tragédias, traições e pecado de nossa vida. Se nós estamos em uma relação correta com Deus, se já experimentamos o perdão dos pecados, podemos confiar que cada etapa da nossa existência foi o terreno que Deus preparou para chegarmos aqui, hoje, e nos preparar para o novo céu e nova terra, na vida eterna.

A história é linear, e, portanto, há um propósito na história. Ela caminha para um fim, e se ela se encaminha para um fim, podemos ter certeza de que Jesus Cristo já é o vitorioso, e ele será totalmente vitorioso em

---

7 Ambrósio de Milão, *Luc.* 10,121, citado em *Catecismo da Igreja Católica*, p. 289.

sua segunda vinda, quando ele vier para "julgar vivos e mortos, pela sua manifestação e pelo seu reino" (2Tm 4.1). Podemos, portanto, confiar no triunfo escatológico. Por isso, o cristão nunca é amargo, nunca perde a esperança, mesmo quando ele lê os jornais. Há pessoas ligadas à direita, ao liberalismo político, e que não são cristãos. Eles atacam, corretamente, a esquerda. Mas deve-se notar que, talvez, ainda que certos na opção política, algumas vezes portam-se como pessoas amargas, brigonas. Por quê? Porque eles não têm esperança de um triunfo no fim; eles não têm a certeza de que "a nossa pátria está nos céus, de onde também aguardamos o Salvador, o Senhor Jesus Cristo, o qual transformará o nosso corpo de humilhação, para ser igual ao corpo da sua glória, segundo a eficácia do poder que ele tem de até subordinar a si todas as coisas" (Fp 3.20-21). A nossa pátria está nos céus, e esta será a única pátria que existirá na vida eterna. Quando todos os que creem estarão sob o senhorio do nosso único rei messiânico, Jesus Cristo.

Então, o cristão é esperançoso, ainda que a situação, pelo menos visível, da igreja, seja dramática em alguns rincões. Ainda que a situação política e econômica seja muito ruim, os sinais da América Latina sejam muito preocupantes com a ascensão de regimes totalitários, sabemos que quando for "revelado o iníquo, (...) o Senhor Jesus [o] matará com o sopro de sua boca e o destruirá pela manifestação de sua vinda" (2Ts 2.8). Jesus Cristo já é vitorioso. James Renwick, que foi martirizado na Escócia, em 17 de fevereiro de 1688, disse, pouco antes de ser enforcado: "Tem havido dias gloriosos e grandiosos do Evangelho nesta terra, mas eles serão nada em comparação àquilo que haverá no futuro".[8]

Pense nas impressionantes imagens retratadas por João, preso por causa do evangelho, na Ilha de Patmos (Ap 19.6-9, 11-16):

....

8 Citado em Iain Murray, *The Puritan Hope: Revival and the Interpretation of Prophecy* (Edimburgo: Banner of Truth, 1998), p. xii.

> Então, ouvi uma como voz de numerosa multidão, como de muitas águas e como de fortes trovões, dizendo: Aleluia! Pois reina o Senhor, nosso Deus, o Todo-Poderoso. Alegremo-nos, exultemos e demos-lhe a glória, porque são chegadas as bodas do Cordeiro, cuja esposa a si mesma já se ataviou, pois lhe foi dado vestir-se de linho finíssimo, resplandecente e puro. Porque o linho finíssimo são os atos de justiça dos santos. Então, me falou o anjo: Escreve: Bem-aventurados aqueles que são chamados à ceia das bodas do Cordeiro. E acrescentou: São estas as verdadeiras palavras de Deus. (...) Vi o céu aberto, e eis um cavalo branco. O seu cavaleiro se chama Fiel e Verdadeiro e julga e peleja com justiça. Os seus olhos são chama de fogo; na sua cabeça, há muitos diademas; tem um nome escrito que ninguém conhece, senão ele mesmo. Está vestido com um manto tinto de sangue, e o seu nome se chama o Verbo de Deus; e seguiam-no os exércitos que há no céu, montando cavalos brancos, com vestiduras de linho finíssimo, branco e puro. Sai da sua boca uma espada afiada, para com ela ferir as nações; e ele mesmo as regerá com cetro de ferro e, pessoalmente, pisa o lagar do vinho do furor da ira do Deus Todo-Poderoso. Tem no seu manto e na sua coxa um nome inscrito: REI DOS REIS, SENHOR DOS SENHORES.

O Cordeiro virá, cavalgando com "os exércitos que há no céu" e, na sua coxa, está escrito: "REI DOS REIS, SENHOR DOS SENHORES". Ele virá para esmagar toda a resistência, todos os seus inimigos. Aqueles que se levantarem contra Jesus Cristo nem terão chance de se opor eficazmente. Serão completamente esmagados e derrotados. Jesus Cristo simplesmente passará por cima deles. São imagens de vitória e juízo impressionantes, terríveis até, mas que deveriam infundir confiança nos corações dos cristãos.

Podemos resumir o argumento a favor da vitória de Jesus Cristo da seguinte forma:

VII. O futuro assegurado

> Se Deus é totalmente bom, derrotará o mal;
> Se Ele é Todo-Poderoso, pode derrotar o mal;
> O mal ainda não está derrotado;
> Logo, o mal será derrotado um dia.

E essa é a esperança cristã, do começo ao fim. Todo o mal será finalmente derrotado. Os poderes das trevas serão destruídos, serão esmagados numa única batalha, que eles nem têm como resistir, muito menos vencer. Eles e todos aqueles que não foram achados inscritos "no Livro da Vida", serão lançados para o lago de fogo destinado a eles (Ap 19.20; 20.10, 14-15).

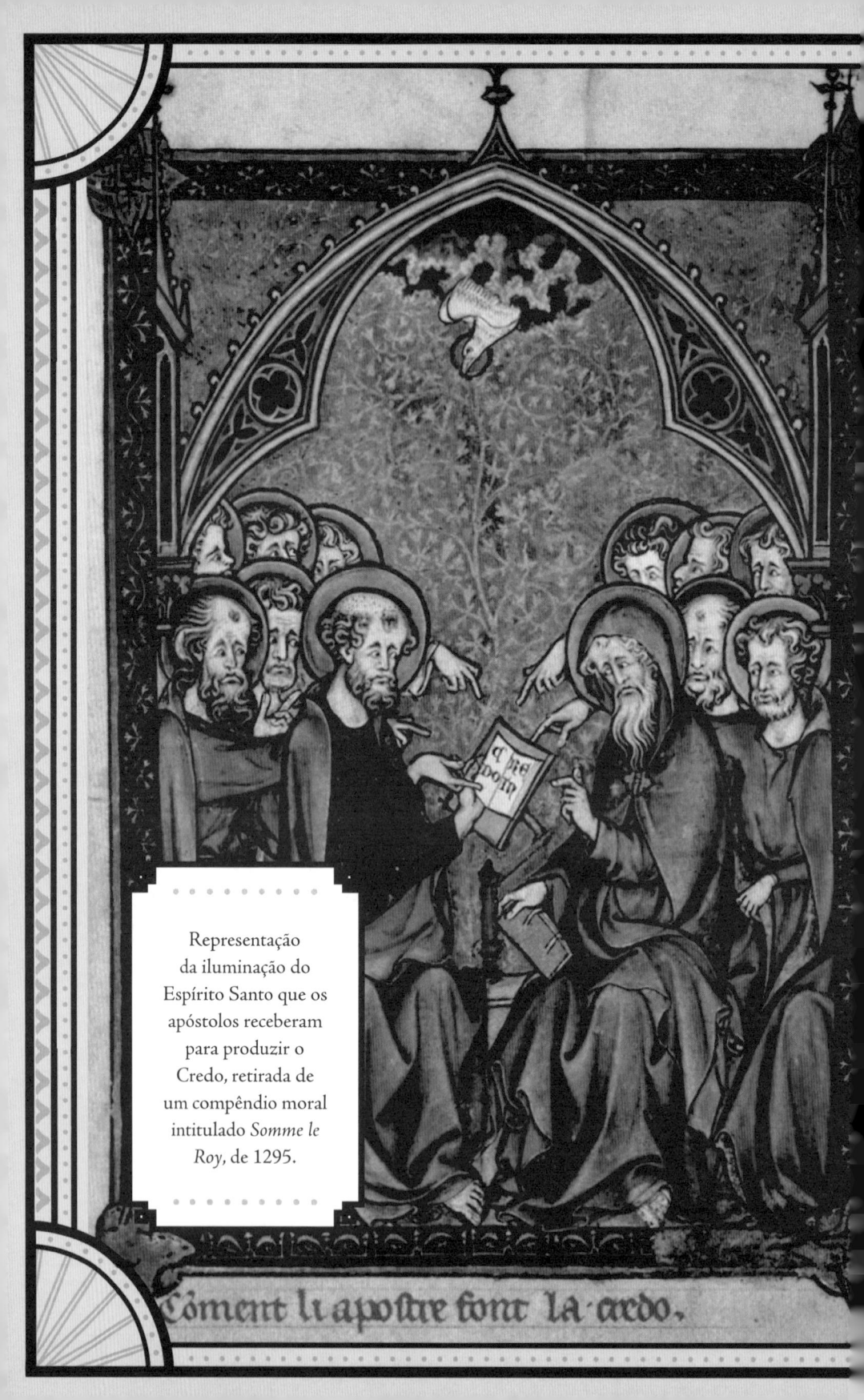

Representação da iluminação do Espírito Santo que os apóstolos receberam para produzir o Credo, retirada de um compêndio moral intitulado *Somme le Roy*, de 1295.

Conclusão

...

"Amém."

O *Credo*, tal como a Escritura (Ap 22.20,21), termina com a palavra hebraica "amém", palavra que se encontra com frequência nas orações bíblicas. Alister McGrath escreve:

> O *Credo* termina com uma única palavra: 'Amém'. Isso nos lembra que ele é uma oração e ao mesmo tempo, uma declaração de fé. É uma oração pedindo o aprofundamento de nossa fé e de nosso compromisso com Deus. Dizer 'Amém' ao *Credo* é orar para que o poder e a presença de Deus toquem em nossa vida, aprofundem nosso amor por Ele e aumentem a nossa compreensão do seu Evangelho.[1]

O "amém" final do *Credo* confirma, portanto, a palavra com que este texto começa: "Creio". Pois crer é dizer "amém", isto é, confiar totalmente no Deus Trindade, que se revelou a si mesmo na Escritura – cujos ensinos mais básicos são resumidos no *Credo*.

Dietrich Bonhoeffer, que foi martirizado pouco antes do fim da Segunda Guerra, em 9 de abril de 1945, proferiu um famoso sermão em Berlim, em 1933. Ele conclui o seu sermão da seguinte forma:

> A igreja não nos será tomada — seu nome é decisão, seu nome é o discernimento dos espíritos... Venha... você que foi abandonado, você que perdeu a igreja; retornemos às Sagradas Escrituras, busquemos juntos a igreja... Pois aqueles momentos, quando a compreensão humana se desintegra, podem muito bem ser uma grande oportunidade de edificação... igreja, permaneça igreja ... confesse, confesse, confesse.[2]

---

[1] McGrath, *Creio*, p. 134-35.
[2] Eberhard Bethge & Victoria J. Barnett, *Dietrich Bonhoeffer: a Biography* (Mineápolis: Augsburg Fortress, 2000), p. 296.

O CREDO DOS APÓSTOLOS

Que hoje voltemos a confessar a fé cristã, com inteligência, beleza e vivacidade, na confiança do dito de Jesus Cristo, de que "todo aquele que me confessar diante dos homens, também eu o confessarei diante de meu Pai, que está nos céus" (Mt 10.32)

APÊNDICE I
O DESENVOLVIMENTO
DO SÍMBOLO DE FÉ

O "símbolo" ou *Credo dos Apóstolos* se desenvolveu a partir das seguintes fontes:[1]

1. Hipólito de Roma, *Tradição Apostólica*, meados de 215 a 217:

> [Crês em Deus Pai onipotente?]
> Crês em Jesus Cristo, Filho de Deus,
> que nasceu do Espírito Santo, do seio da Virgem Maria,
> e foi crucificado sob Pôncio Pilatos, e morreu, e foi sepultado, e ao terceiro dia ressuscitou vivo dos mortos, e subiu aos céus, e está sentado à direita do Pai, e virá para julgar os vivos e os mortos?
> Crês no Espírito Santo e a santa Igreja e a ressurreição da carne?

2. Símbolo incluído num livro litúrgico monástico do século IX, Saltério do rei Etelstano, baseado no *Credo* de Marcelo de Ancira, meados do século IV:

---

[1] Para esta seção, que cita apenas fórmulas ocidentais, cf. Heinrich Denzinger, *Compêndio dos Símbolos, Definições e Declarações de Fé e Moral* (São Paulo: Paulinas & Loyola, 2013), p. 19-28.

O CREDO DOS APÓSTOLOS

Creio em Deus Pai onipotente,

e em Cristo Jesus, seu Filho unigênito, nosso Senhor,

que nasceu do Espírito Santo e Maria virgem,

que sob Pôncio Pilatos foi crucificado e sepultado; e ao terceiro dia ressuscitou dos mortos; subiu aos céus e está sentado à direita do Pai, de onde vem para julgar os vivos e os mortos;

e em Espírito Santo, a santa Igreja, a remissão dos pecados, a ressurreição da carne.

3. O *Codex Laudianus*, meados do século VI-VII:

Creio em Deus Pai onipotente,

e em Cristo Jesus, seu Filho unigênito, nosso Senhor,

que nasceu do Espírito Santo e Maria virgem,

que sob Pôncio Pilatos foi crucificado e sepultado; ao terceiro dia ressuscitou dos mortos; subiu nos céus, está sentado à direita do Pai, de onde virá julgar os vivos e os mortos;

e no Espírito Santo, a santa Igreja, a remissão dos pecados, a ressurreição da carne.

4. A *Explanatio Symboli*, de Ambrósio de Milão, meados de 390:

Creio em Deus Pai onipotente,

e em Jesus Cristo, seu único Filho, nosso Senhor,

que nasceu do Espírito Santo, do seio de Maria virgem,

padeceu sob Pôncio Pilatos, morreu e foi sepultado, ao terceiro dia ressuscitou dos mortos, subiu aos céus, está sentado à direita do Pai, de onde virá julgar os vivos e os mortos;

e no Espírito Santo, a santa Igreja, a remissão dos pecados e a ressurreição da carne.

5. Agostinho de Hipona, Sermões 213-215, pregados entre 391-392:

Creio em Deus Pai onipotente,
e em Jesus Cristo, seu único Filho, nosso Senhor,
que nasceu do Espírito Santo e da Virgem Maria,
sob Pôncio Pilatos foi crucificado e sepultado, ao terceiro dia ressuscitou dos mortos, subiu aos céus, sentou-se à direita do Pai, de onde virá julgar os vivos e os mortos;
e no Espírito Santo, na santa Igreja, a remissão dos pecados, a ressurreição da carne.

Cremos em Deus Pai onipotente, criador de tudo, rei dos séculos, imortal e invisível,
Cremos também em seu Filho, nosso Senhor Jesus Cristo,
Nascido do Espírito Santo, do seio da virgem Maria,
foi crucificado sob Pôncio Pilatos, morto e sepultado, ao terceiro dia ressuscitou dos mortos, subiu aos céus, está sentado à direita de Deus Pai, de onde virá julgar os vivos e os mortos;
Cremos no Espírito Santo, a remissão dos pecados, a ressurreição da carne, a vida eterna por meio da santa Igreja católica.

6. Sermões 57-62 de Pedro Crisólogo, meados do século V:

Creio em Deus Pai onipotente,
e em Jesus Cristo, seu único Filho, nosso Senhor,
que nasceu do Espírito Santo, do seio de Maria virgem,
que sob Pôncio Pilatos foi crucificado e sepultado, ao terceiro dia ressuscitou dos mortos, subiu aos céus, está sentado à direita do Pai, de onde virá julgar os vivos e os mortos;

O CREDO DOS APÓSTOLOS

Creio no Espírito Santo, a santa Igreja, a remissão dos pecados, a ressurreição da carne, a vida eterna.

7. *Exposição do Símbolo*, de Tirânio Rufino, por volta de 404. A fórmula "desceu aos infernos" é usada aqui pela primeira vez:

Creio em Deus Pai onipotente, invisível e impassível,
e em Jesus Cristo, seu único Filho, nosso Senhor,
que nasceu do Espírito Santo, do seio de Maria virgem,
crucificado sob Pôncio Pilatos e sepultado, desceu aos infernos, ao terceiro dia ressuscitou dos mortos, subiu aos céus, está sentado à direita do Pai, de onde virá julgar os vivos e os mortos;
e no Espírito Santo, a santa Igreja, a remissão dos pecados, a ressurreição da carne.

8. *Explicação do Símbolo*, de Nicetas de Remesiana, começo do século V:

Creio em Deus Pai,
e no seu Filho Jesus Cristo,
nascido do Espírito Santo e do seio da Virgem Maria,
tendo padecido sob Pôncio Pilatos, crucificado, morto, ao terceiro dia ressuscitou vivo dentre os mortos, subiu aos céus, está sentado à direita do Pai, de onde virá julgar os vivos e os mortos;
e no Espírito Santo, a santa Igreja católica, a comunhão do santos, a remissão dos pecados, a ressurreição da carne e a vida eterna.

9. O símbolo de Idelfonso de Toledo, meados do século VII:

Creio em Deus Pai onipotente,
e em Jesus Cristo, seu único Filho, Deus e Senhor nosso,

que nasceu do Espírito Santo e Maria virgem,
padeceu sob Pôncio Pilatos, foi crucificado e sepultado, desceu aos infernos, ao terceiro dia ressuscitou vivo dos mortos, subiu aos céus, está sentado à direita de Deus Pai onipotente, de onde virá julgar os vivos e os mortos;
Creio no Santo Espírito, a santa Igreja católica, a remissão de todos os pecados, a ressurreição da carne e a vida eterna.

10. Um símbolo gálico antigo, citado nos escritos de Cipriano de Toulou e Fausto de Riez, séculos V e VI:

Creio em Deus Pai onipotente,
Creio também em Jesus Cristo, seu Filho unigênito, nosso Senhor,
que foi concebido do Espírito Santo, nasceu do seio de Maria virgem,
tendo padecido sob Pôncio Pilatos, morto e sepultado, subiu aos céus,
está sentado à direita do Pai, de onde virá para julgar os vivos e os mortos.
Creio também no Espírito Santo, a santa Igreja, a comunhão dos Santos, a remissão dos pecados, a ressurreição da carne, a vida eterna.

11. Sermão 9, sobre o símbolo, de Cesário de Arles, meados do século VI:

Creio em Deus Pai onipotente, criador do céu e da terra
Creio também em Jesus Cristo, seu Filho unigênito sempiterno,
que foi concebido do Espírito Santo, nasceu de Maria virgem,
padeceu sob Pôncio Pilatos, foi crucificado, morto e sepultado, desceu aos infernos, ao terceiro dia ressuscitou dos mortos, subiu aos céus,
está sentado à direita de Deus Pai onipotente, de onde virá para julgar os vivos e os mortos;
Creio no Santo Espírito, a santa Igreja católica, a remissão dos pecados, a ressurreição da carne, a vida eterna.

12. Os textos canônicos de Pirmínio, escrito em torno de 718 e 724:

Crês em Deus, Pai onipotente, criador do céu e da terra?
Crês também em Jesus Cristo, seu Filho único, nosso Senhor, que foi concebido do Espírito Santo, nasceu do seio de Maria virgem, padeceu sob Pôncio Pilatos, foi crucificado, morto e sepultado, desceu aos infernos, ressuscitou dos mortos, subiu aos céus, sentou-se à direita de Deus Pai onipotente, de onde virá para julgar os vivos e os mortos?
Crês no Espírito Santo, a santa Igreja católica, a comunhão dos santos, a remissão dos pecados, a ressurreição da carne, a vida eterna?

13. Antifonário de Bangor, entre 680-691:

Creio em Deus Pai onipotente, invisível, criador de todas as criaturas visíveis e invisíveis.
Creio também em Jesus Cristo, seu único Filho, nosso Senhor, Deus onipotente,
concebido do Espírito Santo, nascido de Maria virgem, que padeceu sob Pôncio Pilatos, foi crucificado e sepultado, desceu aos infernos, ao terceiro dia ressuscitou dos mortos, subiu aos céus e sentou-se à direita de Deus Pai onipotente, de onde virá julgar os vivos e os mortos.
Creio também no Espírito Santo, Deus onipotente, que tem uma só substância com o Pai
e o Filho, creio que santa é a Igreja católica, a remissão dos pecados, a comunhão dos santos, a ressurreição da carne. Creio a vida depois da morte e a vida eterna na glória de Cristo.
Tudo isso creio em Deus.

14. O ritual batismal romano, entre os séculos VIII-X, originalmente usado na liturgia gálica:

> Creio em Deus Pai onipotente, criador do céu e da terra,
> e em Jesus Cristo, seu único Filho, nosso Senhor,
> o qual foi concebido do Espírito Santo, nasceu do seio de Maria virgem, padeceu sob Pôncio Pilatos, foi crucificado, morto e sepultado, desceu aos infernos, ao terceiro dia ressuscitou dos mortos, subiu aos céus, está sentado à direita de Deus Pai onipotente; de onde virá para julgar os vivos e os mortos.
> Creio no Espírito Santo, a santa Igreja católica, a comunhão dos santos, a remissão dos pecados, a ressurreição da carne, a vida eterna.

APÊNDICE II
SOBRE A UTILIDADE DO CREDO DOS APÓSTOLOS

Podemos destacar algumas formas de usar o *Credo dos Apóstolos* em nossas igrejas evangélicas, na atualidade.

1. Em primeiro lugar, podemos usar versões resumidas do *Credo*, em momentos oportunos da liturgia. Por exemplo: O amor do Pai, enviou o seu Filho ao mundo, no poder do Espírito Santo. Ou, mais resumidamente: Deus *por* nós, Deus *entre* nós, Deus *em* nós. Deus sempre conosco, desde a eternidade, e presente entre nós.

Essas são sínteses do *Credo*, que podem ser usadas com proveito, para ajudar os cristãos a fixar o conteúdo do símbolo. Que meditemos continuamente neste *Credo* tão antigo e tão atual. E que nós ouçamos a Agostinho: "Que o teu Símbolo seja para ti como um espelho. Revê-te nele, para ver se crês tudo quanto dizes crer. E alegra-te todos os dias na tua fé".[1]

2. C. S. Lewis escreveu o seguinte:

> O cristianismo 'puro e simples' é como um saguão de entrada que se comunica com as diversas peças da casa. (...) Porém, é nos cômodos da

---
[1] Agostinho de Hipona, *Serm.* 58,11,13, citado em *Catecismo da Igreja Católica*, p. 298.

casa, e não no saguão, que estão a lareira e as cadeiras e são servidas as refeições. O saguão é uma sala de espera, um lugar a partir do qual se podem abrir a várias portas, e não um lugar de moradia. (...) Eu não conheço o porquê dessa diferença, mas tenho a convicção de que Deus não deixa ninguém à espera a não ser que a julgue benéfica.[2]

A imagem sugerida por Lewis é instigante. Estamos tratando do que é mais básico na fé cristã. Mas não podemos parar nestes ensinos. Há muito mais para aprender! Parafraseando as palavras de Lewis, no *Credo* temos o saguão de entrada da casa. Mas precisamos entrar nos cômodos. E há cômodos para todos! É óbvio que haverá diferenças entre os cristãos, e estas diferenças permanecerão enquanto estivermos desse lado da existência. Porque nenhum de nós é algo como um "dono" da verdade, nenhum de nós tem toda a verdade. A Palavra de Deus vem a nós, mas nós não temos como dominar a Palavra, nos apossar da Palavra.

Do outro lado, ainda que tenhamos esses vários cômodos distintos, precisamos valorizar o saguão de entrada. Precisamos amar essas mobílias que embelezam a entrada para o resto da casa. E, de um lado, precisamos estar prontos a estender a destra para quem crê corretamente, como o *Credo* ensina, e do outro lado, não devemos ter comunhão com aqueles que querem distorcer o *Credo* e se aparentar ou se apresentar como cristãos: "Evita o homem faccioso, depois de admoestá-lo primeira e segunda vez, pois sabes que tal pessoa está pervertida, e vive pecando, e por si mesma está condenada" (Tt 3.10-11). Então, a percepção de Lewis é simples e brilhante. Estamos tratando do cristianismo básico. E não dá para negociar nenhum item deste resumo da fé cristã. Essa palavra tem de estar na boca e no coração de todo o crente sincero, mas não podemos parar aí. Como já foi mencionado, há muito

....

2 C. S. Lewis, *Cristianismo Puro e Simples* (São Paulo: Martins Fontes, 2005), p. xx-xxi.

mais luz para recebermos na Escritura. Também há outros cômodos para explorarmos, e aprender mais sobre eles.

3. Os Pais da Igreja sabiam da futilidade de argumentar com os hereges (fossem gnósticos, marcionistas ou montanistas) com base somente nas Escrituras, cujo significado eles podiam torcer – e frequentemente torciam. Então, os Pais da Igreja apelavam à regra de fé, que tinha sido preservada na Igreja desde os dias dos apóstolos.

Portanto, quando encontramos com pessoas que não são cristãs, especialmente membros de seitas ou outras religiões, ou aqueles de persuasão teológica liberal, não adianta debater a Escritura com eles. Por quê? Por que eles vão constantemente distorcer o significado da Escritura, segundo os seus próprios pressupostos. O nosso foco, então, é corrigir os pressupostos do nosso interlocutor. Se ele não aceita uma declaração sucinta da verdade, que não é ambígua e que não é dada a distorções, então ele não pode ser considerado um cristão legítimo e todo o debate quanto ao texto bíblico, a versículos bíblicos, será perda de tempo.

Aliás, qual deveria ser o critério que nortearia nossa entrada em um debate? Debater teologia simplesmente por amor ao debate me parece perda de tempo. Mas, por outro lado, se a pessoa está lutando com a Sagrada Escritura, com a fé e quer entender mais sobre o cristianismo; se ele tem dúvidas sinceras sobre a veracidade da Escritura, então, esta pessoa deve ter toda a atenção possível, e o apologista cristão precisa se dedicar a essa pessoa. Talvez haja debate, franco e até caloroso, mas o apologista deve caminhar com esta pessoa, e não apressar a obra do Espírito Santo no coração dela.

No primeiro caso, quem lida com pessoas que querem forçar o debate por amor ao debate, a minha sugestão é a seguinte: esta pessoa crê nas doutrinas centrais da fé? Se ela não crê, então não há por que debater com ela, porque ela distorcerá constantemente a Escritura, pois seus pressupostos são outros. Se a pessoa não crê nas doutrinas básicas da fé, por que debater o significado de certos versículos bíblicos com ela? Ela já tem pré-compreensões não-bíblicas;

o que é necessário é que ela troque essas pré-compreensões por pressupostos bíblicos; de fato, aceitando as *pressuposições* reveladas na Escritura, seguindo daí para as *proposições* das Escrituras, chegando às *conclusões* da Escritura, a Palavra de Deus: "Se alguém quiser fazer a vontade dele, conhecerá a respeito da doutrina, se ela é de Deus ou se eu falo por mim mesmo" (Jo 7.17).

Quando nos convertemos, os nossos pressupostos são modificados. Portanto, ao travar contato com pessoas de outras persuasões, antes de debater a Escritura, precisamos ajudá-las a abandonar paradigmas incrédulos e abraçar pressupostos cristãos. E se o evangelho exige integridade, coerência entre o que professamos e como vivemos, o incrédulo está preso numa armadilha, na qual ele não consegue ser coerente.

Gostaria de lembrar uma história contada por Francis Schaeffer, um dos grandes evangelistas do século XX, e que ilustram este assunto: certo dia, Schaeffer estava conversando com um pequeno grupo de estudantes no quarto de um aluno sul-africano, na Universidade de Cambridge, quando um jovem hindu começou a atacar veementemente o cristianismo, sem, no entanto, "entender os problemas reais relacionados às suas próprias convicções". Schaeffer voltou-se para o estudante indiano e disse: "Não é verdade que, se admitirmos o seu sistema, não fará nenhuma diferença, em última instância, se sou ou não sou cruel, pois não há diferença essencial entre as duas?". O estudante concordou que isso era verdade. Os outros alunos ficaram chocados com essa ideia. Mas o aluno em cujo quarto eles estavam reunidos pensou rápido; pegou uma chaleira com água fervendo e inclinou-a, de forma ameaçadora, sobre a cabeça do estudante indiano. Quando o hindu quis saber o que ele pensava estar fazendo, o estudante simplesmente respondeu: "Não há diferença entre crueldade e não crueldade". Em silêncio, o jovem hindu se levantou e saiu do quarto.[3]

---

3 Citado em Franklin Ferreira, *Servos de Deus: Espiritualidade e Teologia na História da Igreja* (São José dos Campos: Fiel, 2014), p. 450.

Em outras palavras: na evangelização, em vez de, talvez, debater a Escritura, ou algum ponto mais difícil relacionado à fé cristã, o que podemos fazer é "tirar o telhado do incrédulo", e mostrar que as pressuposições nas quais ele confia são insuficientes para explicar o mundo, também para interpretar a Palavra da verdade. Isso exige muito de nós, e precisa ser feito com amor, não com uma postura de superioridade ou para tentar ganhar um debate. Isso deve ser feito com amor, porque sabemos que, se conhecemos um pouco é por causa da divina revelação, não por causa de uma suposta inteligência ou por tentar fazer uma escada para o céu. Mais uma vez, para deixar claro – não se trata de subordinar as Escrituras ao *Credo*, mas, por meio do *Credo*, oferecer uma declaração bíblica sucinta dos artigos principais da fé a respeito da qual não pode haver debate algum.

4. Podemos usar o *Credo* de algumas formas hoje. Primeiro, o *Credo* pode ser usado na classe de preparação de novos membros ou de catequese. Uma forma de proteger a igreja é tornar esta classe de novos membros necessária para todo aquele que quer ser membro da igreja, não só daqueles que querem se batizar, mas de todo novo membro potencial. Esta classe de novos membros pode durar de seis meses a um ano, que é um tempo razoável para ensinar os fundamentos da fé cristã aos novos membros. E que nessa classe se ensine o *Credo*, expondo toda a sua riqueza. Ao estudo do *Credo dos Apóstolos*, pode ser acrescido o estudo do Pai Nosso, dos Dez Mandamentos e dos sacramentos/ordenanças. Com isso, ao novo membro é oferecido aquilo que se espera que ele creia como cristão, mas também como ele deve orar a Deus, como deve viver no mundo e como como ele pode receber a graça confirmadora e santificadora. Ao final deste estudo, duas coisas acontecerão. Haverá aqueles que não quererão ser membros da igreja, pessoas boas, que aparentemente temem a Deus, mas, embora respeitando esta igreja, talvez não concordem com estes ensinos básicos da fé; por outro lado, quem ficar, e se tornar membro desta igreja, será leal a ela, entendendo que está entrando em uma história que já começou à muito, e da qual ela quer fazer parte.

Uma igreja que pratica tal disciplina transmite segurança aos seus membros, que se sentem seguros e protegidos. E quem se torna membro desta igreja entrará para cooperar com ela, não para tentar consertar uma igreja firmada nas doutrinas centrais da fé cristã.

Segundo: o *Credo* pode ser usado como confissão batismal. Use o *Credo* para fazer as perguntas às pessoas que se batizarão, e espere respostas delas. "Você crê em Deus Pai, Todo-Poderoso, Criador dos céus e da terra? Em seu Filho Jesus? Você crê no Espírito Santo?" Ser cristão significa comunhão com o Deus Trindade, e aderência a um corpo de ensino, e estar pronto a viver à luz desse ensino – na medida em que este ensino, baseado nas Escrituras, nos informa quem é aquele com o qual temos comunhão. Então, que o *Credo* seja usado como uma ferramenta para preparar as pessoas para o batismo. No culto batismal, inclusive, pode-se levar as pessoas a recitar o *Credo* na igreja, a uma só voz, em uníssono.

Terceiro: o *Credo* deve ser usado para refutação de heresias. Por exemplo, a pessoa começa a dizer: "Olha, nós somos os artesãos da história. Está em nós o poder de construir a história. Deus sofre conosco, mas não tem o poder de mudar o nosso sofrimento, ele não intervém". Conhecendo o *Credo* já somos alertados: "O *Credo* ensina: 'Creio em Deus, o Pai Todo-Poderoso'". Duas vezes! "E aprendi que Jesus Cristo é nosso Senhor". Portanto, aquele que ensina de forma diversa está se afastando do ensino cristão mais básico sobre Deus, como resumido no *Credo*. Ou o teólogo liberal começa a ensinar algo do tipo: "Jesus não ressuscitou de fato, ele não ressuscitou na carne, isso é uma impossibilidade histórica; a linguagem do Novo Testamento precisa ser reinterpretada em categorias existenciais, pois este está carregado de linguagem mítica". Pois bem, quem assim ensina já se colocou em oposição ao ensino cristão, de acordo com o *Credo*. Não devemos ter comunhão com essas pessoas. E o Novo Testamento é muito radical quanto a esse tipo de separação. Não é separação entre irmãos na fé, mas é separação daquelas pessoas que, se dizendo cristãos, distorcem a mensagem cristã e podem, inclusive, envenenar a comunidade da fé (2Rs 4.38-41). Consideremos com seriedade o que Dietrich Bonhoeffer escreveu:

> A *disciplina doutrinária* é distinta da *disciplina eclesiástica* da seguinte forma: esta é consequência da sã doutrina, o que vale dizer, do uso correto do ofício das chaves, enquanto que aquela se dirige expressamente contra o abuso da doutrina. Por doutrina falsa se deteriora a fonte da vida da igreja e da disciplina eclesiástica. Por isso, pesa mais o pecado contra a doutrina que o pecado contra a disciplina cristã. Quem rouba da igreja o Evangelho merece condenação irrestrita; quem, porém, peca na sua conduta, para esse existe o Evangelho. Disciplina doutrinária refere-se, em primeiro lugar, aos ministros encarregados de ensinar o Evangelho na igreja. Condição prévia para tanto é que, na transmissão do cargo, haja o cuidado de que o detentor do cargo seja *didaktikós*, "apto para ensinar" (1Tm 3.2; 2Tm 2.24; Tt 1.9), "também idôneo para instruir a outros" (2Tm 2.2), que a ninguém se imponha as mãos precipitadamente, porque a culpa cairá sobre quem o ordenou (1Tm 5.22). A disciplina doutrinária começa já antes da ordenação ao ministério. Vida e morte da igreja dependem da extrema escrupulosidade neste caso. A disciplina doutrinária, porém, não termina com a ordenação ao ministério, mas tem aí apenas o seu início. Mesmo o ministro comprovado – Timóteo – tem necessidade de ser continuamente admoestado a permanecer na reta e sã doutrina. O que se recomenda especialmente a ele é a leitura das Escrituras. O perigo de se desviar é demasiado grande (2Tm 3.10; 3.14; 4.2,15; 1Tm 4.13,16; Tt 1.9; 3.8). A isso tem que se acrescentar à admoestação à vida exemplar: "Tem cuidado de ti mesmo e da doutrina" (1Tm 4.13ss; At 20.18). Ser admoestado à castidade, humildade, imparcialidade, dedicação não é vergonhoso para Timóteo. Assim, a disciplina em relação aos portadores de cargos precede a toda disciplina em relação à igreja. É dever do ministro propagar, na igreja, a reta doutrina e combater qualquer perversão. Onde se instalam heresias evidentes, o ministro

ordenará que "não ensinem outra doutrina" (1Tm 1.3), pois ele é portador do ministério da doutrina e tem direito de ordenar. Além disso, deverá evitar contendas de palavras (2Tm 2.14). Se for comprovada a heresia, admoeste-se o herege primeira e segunda vez; se não ouvir, rompa-se a comunhão com ele (Tt 3.10; 1Tm 6.4s.), pois ele seduz a igreja (2Tm 3.6s.). "Quem não permanece na doutrina de Cristo, este tal não tem Deus". A esse falso pregador negam, inclusive, a hospitalidade e a saudação fraternal (2Jo 9ss). No herege se nos depara o Anticristo. Não o pecador contra a disciplina da vida cristã, mas exclusivamente o herege é denominado Anticristo. O anátema de Gálatas 1.9 dirige-se exclusivamente contra o herege. A respeito da relação entre disciplina eclesiástica e disciplina doutrinária, diga-se o seguinte: não há disciplina eclesiástica se não houver disciplina doutrinária. Não há, todavia, disciplina doutrinária que não leve à disciplina eclesiástica. O apóstolo Paulo acusa os cristãos coríntios de provocarem cismas em sua soberba, sem exercerem disciplina eclesiástica (1Co 5.2). Essa separação de doutrina e conduta cristã é impossível.[4]

Para os membros da igreja, o *Credo* pode ser usado para conferir o que um pregador está ensinando. Será que algo que este mestre ensina viola algum artigo ou ensino do *Credo*? Portanto, usemos o *Credo dos Apóstolos* como um guia, um roteiro, para tentar entender o que pregadores e mestres estão dizendo sobre Deus e a fé, nos ajudando a discernir a voz de Deus, nas Escrituras, de outras vozes, que não procedem de Deus: "Filhinhos, vós sois de Deus e tendes vencido os falsos profetas, porque maior é aquele que está em vós do que aquele que está no mundo. Eles procedem do mundo; por essa razão, falam da parte do mundo, e o mundo os ouve. Nós somos de Deus; aquele que conhece a Deus nos ouve; aquele que não é da parte de Deus não nos ouve. Nisto reconhecemos o espírito da verdade e o espírito do erro" (1Jo 4.4-6).

....

4 Dietrich Bonhoeffer, *Discipulado* (São Leopoldo: Sinodal, 2013), p. 194-95.

Quarto: o *Credo* pode ser usado como um guia da pregação e do ensino na igreja e escolas teológicas. Pregadores, pastores e professores podem e devem usar o *Credo* como um roteiro para pregação e ensino. Por exemplo, podemos pensar nas festas chamadas "cristãs". No mês do Natal pode-se, pregando, ensinar e cantar sobre a encarnação do Verbo, tratando diretamente de perguntas-chave para a fé cristã, como o que significa o nascimento virginal, e sua importância para a doutrina da salvação. Ou pode-se pregar ou ensinar sobre as muitas profecias do Antigo Testamento que foram totalmente cumpridas em Jesus Cristo. Isso faz a fé da igreja crescer, isso conduz a igreja a ter uma apreciação maior pelo nascimento de Jesus, pela encarnação do Verbo, pela unidade da Palavra, pela coerência e consistência da Escritura, que se cumpriu em Jesus Cristo. Na chamada "semana da Paixão", pode-se realizar um culto na sexta-feira, celebrando a importância da crucificação, e a centralidade da cruz de Jesus Cristo para a fé cristã, louvando a Deus pela morte do seu Filho no Calvário, "o Cordeiro de Deus, que tira o pecado do mundo" (Jo 1.29). Pode-se meditar e celebrar a morte vicária, substitutiva e penal de Cristo, que traz justificação, redenção e reconciliação a pecadores. No domingo da ressurreição pode-se organizar um culto logo cedo, talvez em jejum. E, com muita alegria, celebrar a ressurreição de Cristo, com hinos cantados com paixão, e depois do culto os crentes se reúnem para comer e beber juntos, porque Jesus Cristo ressuscitou dentre os mortos.

Pode-se celebrar também a festa do Pentecoste: cinquenta dias depois da celebração da Paixão de Cristo, comemora-se a vinda do Espírito Santo. Pode-se ter sermões destacando a importância do Espírito Santo para a vida cristã e para a igreja, sua relação com a santificação, com os sacramentos/ordenaças. Pois é o Espírito que quebranta as pessoas, que leva as pessoas a saberem que são pecadoras, concedendo a fé e o arrependimento aos que se convertem; e é o Espírito Santo que concede o avivamento para toda a igreja. Então, podemos celebrar o Espírito Santo neste culto. Note, se usarmos o chamado "calendário cristão", teremos a oportunidade de usar o *Credo* como roteiro de pregação, reforçando ano após ano, para a igreja, os ensinos mais básicos e importantes da fé cristã.

Quinto: o *Credo* pode ser usado como reafirmação da fé no culto público. E pode-se ser criativo aqui. Tradicionalmente o culto tem quatro partes: adoração, confissão, proclamação e, no final, consagração. Algumas igrejas fazem o recolhimento de ofertas ao final, porque eles entendem, corretamente, que o "apresentar ofertas a Deus" é um sinal da nossa consagração à Palavra proclamada. Mas, ao final do culto, após as pessoas retornarem aos seus bancos, pode-se terminar o culto com a recitação do *Credo dos Apóstolos*. Deus falou por meio da pregação da Palavra, nós consagramos nossa vida a Deus, e reafirmamos nossa fé, a fé de toda a comunidade, a uma só voz.

Pode-se usar o *Credo* nos cultos da Ceia do Senhor, por meio de perguntas e respostas. Explica-se o que significa a Ceia e o partir e oferecer do pão e do cálice; presbíteros ou diáconos distribuem os pães e cálices, e antes das pessoas comerem e beberem, com fé, pode-se ler o *Credo* em forma de perguntas e respostas, esperando que os cristãos reunidos para participar da "mesa do Senhor" (1Co 10.21) confessem sua fé publicamente. Ao fim, aquele que dirige este momento da Ceia pode dizer com bastante força:

> "Esta é nossa fé. Esta é a fé da Igreja. Estamos alegres de confessá-la, em Cristo Jesus nosso Senhor".

> E todo o povo de Deus pode responder, em uma só voz: "Amém!"

Então, todos os cristãos podem ser convidados a comer e beber com fé dos elementos da Ceia do Senhor.

BIBLIOGRAFIA

ANGLADA, Paulo. *Introdução à Hermenêutica Reformada*. Ananindeua: Knox, 2006.

BARTH, Karl. *Credo*. Eugene: Wipf and Stock, 2005.

_____. *Church Dogmatics*. Peabody: Hendriksen, 2010.

_____. *The Epistle to the Romans*. Londres: Oxford University Press, 1968.

_____. *The Teaching of the Church regarding Baptism*. Eugene: Wipf and Stock, 2006.

BETTERSON, Henry. *Documentos da Igreja Cristã*. São Paulo: ASTE, 1998.

BLAIR, William; HUNT, Bruce. *O Pentecoste Coreano*. São Paulo: Cultura Cristã, 1998.

BONHOEFFER, Dietrich. *Discipulado*. São Leopoldo: Sinodal, 2013.

_____. *Vida em Comunhão*. São Leopoldo, Sinodal, 1998.

BROMILEY, G. W. "Credo, Credos". Em: ELWELL, Walter (ed.). *Enciclopédia Histórico-Teológica da Igreja Cristã*. Vol. 1. São Paulo, Vida Nova, 2009.

BROWN, Robert McAfee. *The Significance of the Church*. Westminster: John Knox Press, 1956.

CALVINO, João. *As Institutas ou Tratado da Religião Cristã*. Edição francesa de 1541. Vol. 2. São Paulo: Cultura Cristã, 2006.

_____. *As Institutas ou Tratado da Religião Cristã*. Edição latina de 1559. Vol. 4. São Paulo: Cultura Cristã, 2006.

_____. "Instrução na Fé ou Catecismo de Calvino". Em: *João Calvino: Textos Escolhidos*. São Paulo: Pendão Real, 2008.

Catecismo da Igreja Católica. Edição típica vaticana. São Paulo: Loyola, 2000.

DENZINGER, Heinrich. *Compêndio dos Símbolos, Definições e Declarações de Fé e Moral*. São Paulo: Paulinas & Loyola, 2013.

FERREIRA, Franklin. *A Igreja Cristã na História*. São Paulo: Vida Nova, 2013.

_____. *Avivamento para a Igreja:* o Papel do Espírito Santo e da Oração na Renovação da Igreja. São Paulo: Vida Nova, 2015.

_____. "Deus Trindade: Agostinho de Hipona e o Dogma Trinitariano". Em: *Teologia Brasileira*. Disponível em: <https://teologiabrasileira.com.br/deus-trindade-agostinho-de-hipona-e-o-dogma-trinitariano/> Acesso em: 31/07/2024.

_____. *Servos de Deus:* Espiritualidade e Teologia na História da Igreja. São José dos Campos: Fiel, 2014.

FINKENRATH, G. "Segredo". Em: COENEN, Lothar; BROWN, Colin (eds.). *Dicionário Internacional de Teologia do Novo Testamento*. Vol. 2. São Paulo: Vida Nova, 2009.

FRAME, John. *Não Há Outro Deus:* uma Resposta ao Teísmo Aberto (São Paulo, Cultura Cristã, 2006).

GEORGE, Timothy. *Teologia dos Reformadores*. São Paulo: Vida Nova, 1994.

GODAWA, Brian. *Cinema e Fé Cristã*. Viçosa: Ultimato, 2004.

GOLDSWORTHY, Graeme. *Pregando Toda a Bíblia como Escritura Cristã*. São José dos Campos: Fiel, 2013.

GONZÁLES, Justo L. *História Ilustrada do Cristianismo:* a Era dos Mártires até a Era dos Sonhos Frustrados. Vol. 1. São Paulo: Vida Nova, 2011.

GUARINO, Thomas G. *Vincent of Lérins and the Development of Christian Doctrine*. Grand Rapids: Baker Academic, 2013.

HOEKEMA, Anthony. *O Cristão Toma Consciência do Seu Valor*. São Paulo: Luz para o Caminho, 1987.

HURTADO, Larry. *As Origens da Adoração Cristã:* o Caráter da Devoção no Ambiente da Igreja Primitiva. São Paulo: Vida Nova, 2011.

_____. *Senhor Jesus Cristo*. Santo André: Academia Cristã; São Paulo: Paulus, 2012).

KAISER JR., Walter C. *O Cristão e as Questões Éticas da Atualidade:* um Guia Bíblico para Pregação e Ensino. São Paulo: Vida Nova, 2016.

KANTZER, Kenneth. "For Once We Knew to Quit". Em: *Christianity Today*, 11/1987.

KEVAN, Ernest F. "Gênesis". Em: DAVIDSON, F. (org.). *O Novo Comentário da Bíblia*. São Paulo: Vida Nova, s/d.

KREEFT, Peter. *O Diálogo*. São Paulo: Mundo Cristão, 1986.

KOSKENNIEMI, Erkki. *Toda Vida Pertence a Deus:* A Ética Judaica e Cristã sobre o Aborto e o Infanticídio no Mundo Antigo. São Paulo: Vida Nova, 2016.

KUHN, Thomas S. *A Estrutura das Revoluções Científicas*. São Paulo: Perspectiva, 2006.

KULIKOVSKY, Andrew S. *A Short Guide to Biblical Interpretation*. Disponível em: <http://hermeneutics.kulikovskyonline.net/hermeneutics/introherm.htm> Acesso em: 31/07/2024.

LEWIS, C. S. *Cristianismo Puro e Simples*. São Paulo: Martins Fontes, 2005.

_____. *Surpreendido pela Alegria*. Viçosa: Ultimato, 2015.

MACGRATH, Alister. *Creio*. São Paulo: Vida Nova, 2013.

MCALPINE, Stephen. "Cristão, Você Está Pronto para a Segunda Fase do Exílio?" Em: *IBRMEC*. Disponível em: <http://www.ibrmec.com.br/artigos/cristao-voce-esta-pronto-para-a-segunda-fase-do-exilio/> Acesso em: 31/07/2024.

MARTIN, R. P. "Credo". Em: DOUGLAS, J. D. *O Novo Dicionário da Bíblia*. São Paulo: Vida Nova, 2006.

MURRAY, Iain. *The Puritan Hope: Revival and the Interpretation of Prophecy*. Edimburgo: Banner of Truth, 1998.

OSBORNE, Grant R. *A Espiral Hermenêutica:* uma Nova Abordagem à Interpretação Bíblica. São Paulo: Vida Nova, 2009.

PANNENBERG, Wolfhart. "Amor Vincit Omnia — ou não?", *Teologia Brasileira* 25, fevereiro de 2014. Disponível em: <https://teologiabrasileira.com.br/amor-vincitaomnia-ou-nao/> Acesso em: 27/08/2024.

_____. *Teologia Sistemática*. Vol. 2. Santo André: Academia Cristã; São Paulo: Paulus, 2009.

_____. *The Apostles' Creed in Light of Today's Questions*. Eugene: Wipf and Stock, 2000.

PELIKAN, Jaroslav. *A Tradição Cristã:* o Surgimento da Tradição Católica 100-600. Vol. 1. Uma História do Desenvolvimento da Doutrina. São Paulo: Shedd, 2014.

PIERATT, Alan; SHEDD, Russell P. (eds.). *Imortalidade.* São Paulo: Vida Nova, 2000.

RUSHDOONY, Rousas. *The Word of Flux:* Modern Man and the Problem of Knowledge. Vallecito: Ross House Books, 2002.

SCHIRRMACHER, Thomas. *Esperança para a Europa:* 66 propostas. Nürnberg: VTR, 2003.

VON RAD, Gerhard. *Teologia do Antigo Testamento.* São Paulo, ASTE & Targumim, 2006.

WAKELEY, J. B. *The Prince of Pulpit Orators.* Nova York: Carlton & Lanaham, 1871.

WATSON, Philip S. *Deixa Deus ser Deus:* uma Interpretação da Teologia de Martinho Lutero. Canoas: ULBRA, 2005.

WILSON, Douglas (org.). *Eu (Não) Sei (Mais) em quem Tenho Crido:* a Falácia do Teísmo Relacional. São Paulo, Cultura Cristã, 2006.

WRIGHT, N. T. *A Ressurreição do Filho de Deus.* Santo André: Academia Cristã; São Paulo: Paulus, 2013.

ZUCK, Roy B. *A Interpretação da Bíblia.* São Paulo: Vida Nova, 1994.

FIEL
MINISTÉRIO

O Ministério Fiel visa apoiar a igreja de Deus, fornecendo conteúdo fiel às Escrituras através de conferências, cursos teológicos, literatura, ministério Adote um Pastor e conteúdo online gratuito.

Disponibilizamos em nosso site centenas de recursos, como vídeos de pregações e conferências, artigos, e-books, audiolivros, blog e muito mais. Lá também é possível assinar nosso informativo e se tornar parte da comunidade Fiel, recebendo acesso a esses e outros materiais, além de promoções exclusivas.

Visite nosso site

www.ministeriofiel.com.br

Esta obra foi composta em AJenson Pro Regular 12, e impressa na Promove Artes Gráficas sobre o papel Apergaminhado 70g/m², para Editora Fiel, em Setembro de 2024.